●本书的写作与出版分别得到中央编译局科研基金与出版基金资助

批判与解释
Criticism and Hermeneutics

鲁 路／著

序　言

　　自上世纪中叶以来，在德国学术界，批判理论与解释学开始成为两股重要的学术思潮，深刻地影响了后来的德国学术走向。进入八九十年代以后，批判理论影响逐渐式微，法兰克福大学社会研究所的学术重点转向规范性建设，而早期批判理论的批判倾向则散见于法兰克福大学社会研究所之外的若干所德国大学中。相形之下，解释学始终保持为德国学术的主流，并同解释学的源头现象学进一步融合，展示出德国哲学带有顽强生命力的发展前景。

　　我们国内分别研究批判理论与解释学的著述甚多，但专门研究批判理论与解释学相互关系的成果较少。鉴于批判理论与解释学的关系是一个重要议题，而且哈贝马斯与伽达默尔曾展开过关于批判与解释之普遍性的学术争论，其影响丝毫不弱于伽达默尔与德里达展开的关于对话与解构的解释模式之争、伽达默尔与赫施展开的关于意义与含义的真理模式之争、伽达默尔与阿佩尔展开的关于经验与先验的真理标准之争，所以本书选取批判理论与解释学的相互关系作为研究主题，期望从这一角度涉入德国哲学研究。同时，本书作者希望，能够从二元对话这一角度深入批判理论与解释学各自的思想，揭示出单单靠分别正面论述这两种理论所难于揭示出来的它们各自的特点。

　　本书首先在第一章论述批判理论本身若干有代表性的问题，随后在第二章论述解释学本身若干有代表性的问题，接下来在第三章论述批判理论与解释学的交锋所直接涉及的若干重要问题，最后在第四章中分别论述解释学与批判理论在直接交锋之后的进一步发展。前两章论述的作用在于为第三章的论述做出铺垫，以便第三章在前两章论述的基础上揭示批判理论与解释学相互关系的实质。出于这种结构安排上的考虑，第一章论述的内容集中于非同一性、星丛、交往等批判理论的概念，第二章论述的内容集中于文本、解释、游戏、瞬间等解释学的概念，第三章则顺理成章地利用对上述概念的论述直接切入对话、交往、反思、主体间性等等问题，而这些问题是批判理论与解释学相互关系中的关键性问题。同时，前两章顺带分别论述批判理论与解释学各自的思想渊源，第三章纳入德国学者就批判理论与解释学的关系问题所展开的诸多争论，以便本书在一个更为广泛的思想由来和学术背景上研究批判理论与解释学的关系这一主题。最后，鉴于仅限于哈贝马斯与伽达默尔的争论，批判理论与解释学的相互关系难于得到进一步的拓展研究，所以本书最后专辟一章，研究解释学与批判理论在这场争论之后各自的发展情况，以期表明，这一问题有其得到进一步发掘的余地。正如解释学思想如今已经突破德国哲学的框架，并尤其在法国思想界得到进一步发展一样，批判理论在当今的发展也不局限于法兰克福大学，所以本章在论述时，也考虑到法兰克福大学之外的批判理论，以及解释学在法国的发展情况，以期分别揭示批判理论与解释学更为广阔的思想背景。

同样是考虑到，国内分别研究批判理论与解释学的著述以及相关译著甚多，所以本书不拟对这两个学术流派做全面而系统的论述，而是将重点对准批判理论与解释学的相互关系。批判理论与解释学的相互关系集中体现在哈贝马斯与伽达默尔的争论中，而他们的争论内容主要是围绕一些具体问题展开的。所以，本书自然而然地就将重点放在这些具体问题上，而没有必要勉强地为他们争论的问题编织出一个所谓的体系。好在哲学基本问题才是哲学研究的最终落脚点，无论这种研究是否体系性很明显。毕竟，哲学基本问题不受体系的限制。另外，哈贝马斯与伽达默尔都触及到主体间问题，而早期批判理论却一直回避主体间问题。但是，阿多诺的非同一性思想为哈贝马斯转而注重主体间问题奠定了思想基础。因此，论及哈贝马斯与伽达默尔的争论，或者说论及批判理论与解释学的关系，阿多诺的非统一性思想是不可回避的。这是本书收录阿多诺非同一性问题研究的理由，尽管本书的主旨是哈贝马斯的批判理论思想与伽达默尔的解释学思想相互关系的研究。同样也是出于相互关系研究这一目的，本书论述当今批判理论代表人物霍奈特的思想，有意选择他论述解释学的思想，论述当今解释学代表人物利科的思想，有意选择他的意识形态批判思想，以便凸显这两个学派更加密切的关系。

需要补充说明的是，本书的主题并非批判理论研究与解释学研究之外的边边角角、零零碎碎式研究，因为从批判理论研究与解释学的相互关系入手，可以发掘出仅仅专注于批判理论或仅仅专注于解释学所未必能明显揭示出来的问题。本书作者曾就本书研究主题的必要性和可行性求教于奥尔登堡大学祖·里波教授，该教授作为阿多诺最年轻的亲传弟子，对本书作者不局限于批判理论地研究批判理论表示认可。另外，在海德格尔的再传弟子当中，弗莱堡大学君特·菲加尔教授在当今德国学术界地位举足轻重。而他本人曾经研究过批判理论，这是他研究解释学并取得出色成果所不可或缺的条件。法兰克福大学社会研究所的霍耐特教授也曾亲口向本书作者印证自己与菲加尔教授的学术合作关系。德国学者不拘泥于门户之见、不固步自封的学风，鼓励了本书作者采取这样一个学派间研究的主题。

最后需要说明的是，批判理论与解释学的相互关系涉及哲学研究的方方面面，远非本书管中窥豹式论述所能全面覆盖。但是，无论是学术研究的无限性与课题研究的时限性之间的张力，还是哲学研究的艰深性与作者水平的局限性之间的张力，都迫使作者勉强交出目前这样一份作业，一是求得学界内行的批评指导，二是为自己将来进一步研究相关主题做出一个阶段性积累。

作者
2012年圣诞夜于弗莱堡

目 录

第一章 批判理论刍议 … 1
 第一节 阿多诺非同一性观念对统治的批判 … 1
  一、对黑格尔的颠覆 … 1
  二、对马克思的吸收 … 4
  三、对康德的继承 … 6
  四、阿多诺的局限性 … 8
 第二节 阿多诺建立在批判与非约束性基础上的乌托邦 … 9
  一、为批判正名 … 10
  二、非约束性 … 11
  三、乌托邦 … 13
  四、中国式呼应 … 16
 第三节 阿多诺星丛概念的解释学内涵 … 18
  一、星丛概念的思想动因 … 18
  二、星丛概念与解释学 … 21
  三、星丛概念与客观性解释学 … 22
 第四节 哈贝马斯重建历史唯物主义的尝试 … 25
  一、重建历史唯物主义的途经 … 25
  二、"我们"作为一种关系 … 27
  三、从批判到建构 … 30
 第五节 哈贝马斯交往概念的思想来源 … 32
  一、交往术语的辨析 … 33

二、交往概念的由来 …………………………………… 34
三、交往概念的演变 …………………………………… 36

第二章 解释学刍议 ……………………………………………… 41
第一节 在文本与解释之间 ……………………………………… 41
一、文本与解释 ………………………………………… 41
二、游戏与游戏者 ……………………………………… 43
三、历史间距与视域融合 ……………………………… 46
四、历史的延续性与完全性前把握 …………………… 49

第二节 解释学的浪漫主义渊源 ………………………………… 52
一、浪漫派与启蒙的对立 ……………………………… 52
二、真正的启蒙 ………………………………………… 54
三、伽达默尔对浪漫派的发扬 ………………………… 56
四、浪漫派与启蒙的互补 ……………………………… 59

第三节 伽达默尔的瞬间概念 …………………………………… 60
一、空洞的时间与充实的时间 ………………………… 61
二、瞬间与永恒 ………………………………………… 64
三、旧时代与新时代 …………………………………… 67
四、余论 ………………………………………………… 69

第四节 伽达默尔对游戏概念的发挥 …………………………… 70
一、席勒的游戏观念 …………………………………… 70
二、伽达默尔的游戏观念 ……………………………… 72
三、伽达默尔游戏观的转变性意义 …………………… 74

第五节 语言作为解释学思想的归宿 …………………………… 77
一、语言作为人的存在方式 …………………………… 77
二、语言作为理解性事件 ……………………………… 79
三、语言作为可理解的存在 …………………………… 82
四、语言作为存在的家园 ……………………………… 84

第三章 批判理论与解释学的交锋 ……………………………… 86
第一节 批判理论与解释学的互补关系 ………………………… 86

一、精神科学与社会科学的分野 …………………………………… 86
　　二、间断性与连续性观念的分野 …………………………………… 89
　　三、反思与共识的分野 ……………………………………………… 92
　　四、批判理论与解释学的互补 ……………………………………… 95
　第二节　对话与交往作为伽达默尔与哈贝马斯之争的一个角度 …… 96
　　一、哈贝马斯与伽达默尔的分歧 …………………………………… 97
　　二、交往理论与解释学的不同侧重点 ……………………………… 98
　　三、对话与交往的相互参照 ………………………………………… 102
　第三节　解释学反思与批判性反思 ……………………………………… 106
　　一、反思作为批判理论与解释学的共同基础 ……………………… 106
　　二、对解释学的批判 ………………………………………………… 108
　　三、对批判本身的批判 ……………………………………………… 112
　第四节　解释学与意识形态批判面面观 ………………………………… 114
　　一、阿佩尔：科学学、解释学和意识形态批判 …………………… 115
　　二、哈贝马斯：论伽达默尔的《真理与方法》…………………… 117
　　三、伽达默尔：修辞、解释学与意识形态批判 …………………… 118
　　四、波尔曼：解释学经验的歧义性 ………………………………… 120
　　五、哈贝马斯：解释学的普遍性要求 ……………………………… 124
　　六、布普纳：何为批判理论 ………………………………………… 125
　　七、布普纳：哲学是思想所把握的时代 …………………………… 127
　　八、汉斯·约阿希姆·吉格尔：反思与解放 ……………………… 128
　　九、伽达默尔：答复 ………………………………………………… 129
　　十、综述 ……………………………………………………………… 131
　第五节　霍奈特对伽达默尔主体间思想的发挥 ………………………… 132
　　一、解释学历史意识的事件特点 …………………………………… 133
　　二、非普遍性道德法则下的相互承认 ……………………………… 134
　　三、古典道德观念与现代道德观念的结合 ………………………… 135

第四章　批判理论与解释学之争的反响 ……………………………………… 139
　第一节　利科的意识形态观 ……………………………………………… 139

一、意识形态现象……………………………………139
　　二、意识形态与社会科学……………………………142
　　三、意识形态批判与解释学…………………………144
　　四、结论………………………………………………145
第二节　阿佩尔的先验解释学……………………………146
　　一、先验解释学对哲学的改造………………………146
　　二、批判理论对解释学的补充作用…………………148
　　三、解释学对批判理论的补充作用…………………151
第三节　费加尔的解释学哲学……………………………152
　　一、哲学解释学与解释学哲学………………………153
　　二、实际性解释学与语言存在论……………………156
　　三、理解与解释………………………………………158
　　四、有限的理性与自由的文本………………………160
第四节　解释学在当今的面貌……………………………163
　　一、意义与可理解性、解释与待解释性……………163
　　二、理解与自我理喻、理解与语言…………………165
　　三、表述与理解、重构性理解与批判性理解………166
　　四、作为对话的理解与作为意义事件的理解………170
　　五、理解与解释、语言与符号………………………173
　　六、解释与建构、解释与自我解释…………………175
　　七、解释学与哲学、解释与解构……………………177
第五节　内在自然的观念…………………………………180
　　一、自然作为外界自然………………………………180
　　二、当今法兰克福学派批判理论的有关认识………182
　　三、法兰克福学派之外的当今批判理论的有关认识…184

外文参考文献………………………………………………189
中文参考文献………………………………………………194

第一章 批判理论刍议

第一节 阿多诺非同一性观念对统治的批判

批判理论是上世纪德国哲学界的一门显学,而为批判理论奠定思想基础的,是阿多诺提出的非同一性概念。非同一性概念形成于阿多诺对黑格尔哲学的颠覆、对马克思思想的吸收,以及对康德哲学的继承。阿多诺颠覆黑格尔的同一性哲学,构建非同一性哲学的理论形态;他吸收马克思批判资本主义的思想,勾画否定性乌托邦;他继承康德的实践理性,倡导在道德自决与审美中达到自由。非同一性概念的形成过程,同时是阿多诺对统治观念展开批判的过程。

一、对黑格尔的颠覆

阿多诺的非同一性观念诞生于他对黑格尔哲学的批判,是他针对黑格尔的同一性哲学提出来的。同一性观念是西方哲学传统的核心线索,并在黑格尔哲学中得到最为充分的体现。在黑格尔哲学中,虽然说意识、思维、精神要以关联外界对象为前提,并从对象性、外在性、他在性存在中得到承认,但外界的他在性存在归根结底是为我们的存在,意味着精神通过他在性存在、在他在之中、甚至作为他在而与自身同一。因此,凡呈现为意识之对象、思维之他者的一切,实质上就包含在同一性的精神或思维之中,是精神或思维自身的辩证性因素。事实实质上就是精神本身的事实,它只是呈现出表面上的他在特征而已。因此,黑格尔主张,外物的存在不具有真理性。

针对黑格尔的这种思想，阿多诺认识到，德语有一种习惯，即将动词或谓词予以实体化。伴随着动词或谓词的实体化，像动词"思维"，就变成名词"思想"，像作为谓词的具体事物的共同属性，就变成超越具体个体的同一性实体。因此，所谓同一性，只是因语言的误用而产生出来的问题。黑格尔的同一性哲学就是这样误用语言的典型。针对黑格尔由抽象而来的、作为事物之共性的同一性概念，阿多诺提出非同一性概念，借此来突破同一性概念的界限。非同一性指的是，感觉、知觉、思维与语言反映的，是外界的个别事实。而外界的个别事实是无法充分把握的，因为任何个别事实及其特点、其历史性变化及其与其他事物的种种关系都无法为认识和陈述所穷尽。而这又是因为，认识和陈述是抽象的。因此，个别代表着非同一性，它始终溢出自身所属的同一性概念的界限之外，并为人进一步有所体验留下余地。要认识和把握具体事物，事物的非同一性特点是不可消除的，非同一性观念是不可消除的。

黑格尔对同一性概念采取拜物教式态度，仿佛同一性概念是哲学思维无法超越的整体。而实际上，塑造哲学概念，需要有现实性因素。否则，同一性概念会导致经验的贫乏。因此，阿多诺认为，概念应当指向非同一性，我们要借助概念去认识非概念之物，即原先被概念抛弃之物。这就是非概念性、非同一性的由来。而认识到概念中非同一性的建构性作用，同一性的约束力便解体了，因为这样一来，非同一性便释放出来，黑格尔所讲的和解也就走到了尽头。在黑格尔那里，主体占有优先性，而阿多诺的否定性辩证法则要给出客体的优先性。客体的优先性并不是要削弱主体，而是要克服主体的抽象性，从而丰富主体的内涵，即要求高度自觉的主体。

这样，阿多诺就在非同一性观念下坚持了唯物主义原则。但是，这里需要补充说明的是，阿多诺自觉地同朴素实在论保持着距离，因为他辩证地认识到，对于这种非同一性、非概念之物，只有借助于概念、借助于同一性作手段，才能做出哲学反思。所以，虽然说非同一性观念指向事实本身，但事实本身并非绝对的，而要以反思为中介，是一种"贯穿同一性的非同一性"。[①] 这意味着，确定概念，靠的是事物；确定事物，靠的是概念。我们既要遵循概念

---

① Th. W. Adorno, Negative Dialektik, Suhrkamp Verlag, Frankfurt am Main, 1975, S. 187.

与事物的区分，衡量事物是否符合概念，又要遵循事物本身的自我生成、自我变化、自我区分和自我运动，衡量概念是否充分表露事物。① 这样，准确地说，阿多诺不是要致力于概念符合事物，而是要致力于概念与事物的和解，即致力于概念与事物的亲和性，致力于事物自身在差异性与统一性中的亲和性、事物与概念在断裂性与同一性中的亲和性。这样一种亲和性的观念显然突破了朴素实在论意义上的反映论，将反映论与观念论结合起来了。

同时，阿多诺截然对立于黑格尔对同一性与非同一性相互关系的理解，因为黑格尔哲学最终是一种肯定性辩证法。尽管它将同一性与非同一性的矛盾当作逻辑发展的动因，但每一个逻辑层面上的矛盾都可在更高逻辑层面上得到扬弃，非同一性可以扬弃进同一性之中。而且，在逻辑发展的终点，矛盾的辩证发展过程最终停顿下来，矛盾最终得到彻底扬弃。与此相反，阿多诺的非同一性哲学是一种否定性辩证法，它将非同一性与同一性置于不可解除的矛盾关系之中，认为矛盾始终不可扬弃："矛盾即同一性视角下的非同一物，矛盾在辩证法中的优先性即用同一性思想衡量不同之物。不同之物触及自身的界限，便超出自身。辩证法即对非同一性的持久意识。"② 所以说，非同一性永远超出同一性之外，事物永远超出自身的界限、自身概念的界限之外。要认识具体事物，就要保留矛盾，保持非同一性观念。

正因如此，阿多诺借助"星丛"与"棱镜"式概念来反映外界事物，并拒绝黑格尔的同一性概念，因为这种同一性概念在确定事物时，用主体做客体的中介、用先验性做经验性的中介，不但有可能因抽象性而遮蔽事物自身的具体规定性，而且意味着同一性对非同一性的统治。阿多诺反其道而行之地用客体做主体的中介，是因为主体无论如何本身首先是客体。脱离客体性，主体便不成其为主体。由客体建构起来的主体，才是具体的主体、现实的主体。所以，以客体为中介来建构主体，不同于以主体为中介建构客体。以客体为中介来建构主体，是一种相对于主体的"客体优先性"理论，是非同一性相对于

---

① 参见 Jürgen Ritsert, Das Nichtidentische bei Adorno: Substanz-oder Problembegriff?, in: Zeitschrift für kritische Theorie, herg. von Wolfgang Bock, Sven Kramer, Gerhard Schweppenhäuser, Zu klampen Verlag, Heft 4 (1997), S. 29 – 51.

② Th. W. Adorno, Negative Dialektik, Suhrkamp Verlag, Frankfurt am Main, 1975, S. 17.

同一性的优先性理论，经验性相对于先验性的优先性理论。可以说，阿多诺的非同一性哲学带有唯物论倾向，它奉行的宗旨是：消除以黑格尔同一性哲学为代表的"主体意识形态"的统治，达到批判理论奉行的解放目的。

二、对马克思的吸收

阿多诺的非同一性思想不仅来源于对黑格尔同一性哲学的颠覆，它还来源于对马克思思想的吸收，而且这种颠覆与吸收是彼此交织在一起的。针对资本主义生产采取的集体劳动、分工协作这一组织形式，马克思憧憬了人的全面发展这一理想。在马克思的启发下，阿多诺意识到，形而上学中的同一性建构是现实社会生产的精神性表露，是资本主义工业生产最为精湛的形式。隐藏在它背后的劳动分工既意味着合理化秩序与强制性组织，又意味着对个体的统治、对个体全面发展的限制与妨碍。因此，在这一现实背景下建构同一性思想，意味着在理论层面上对非同一性进行统治。同时，客体与主体的彼此中介同样来自于恒定的生产，它将主体塑造为恒定的自我、自我的恒定同一性，将客体塑造为恒定的实体、状态变化而自身不变之物。① 这种建立在约束性、强制性基础上的同一性观念割裂了主体与客体原本相互融合的关系，导致恒定的主体对恒定的客体采取征服和统治的态度。有鉴于此，传统形而上学应当为摆脱统治因素、取得主体与客体真正和谐的理论所取代。显然，这样一种理论就是阿多诺自己的非同一性哲学，因为它谋求的是主体与客体之间的非统治性关系，是人与外界彼此和谐的相互分享关系。而要达到这样一种关系，前提是尊重他在性，赋予自我的他者以自由，摆脱同一性对非同一性的约束与统治。

联系同一性与非同一性的关系来说，最为突出的是，马克思提出使用价值与交换价值这一对概念，为阿多诺阐述非同一性思想提供了重要启发。随着资本主义社会中的劳动力转变为商品，个人被置于交换原则之下。交换原则意味着等量交换，即从量的角度衡量不同的质。它对具有不同的质的劳动采取等量齐观的看法，将具有丰富多彩的质的规定性的劳动者统统予以通约。这种

---

① 参见 Hermann Schweppenhäuser, Zur Dialektik der Subjektivität bei Adorno, in: Zeitschrift für kritische Theorie, herg. von Wolfgang Bock, Sven Kramer, Gerhard Schweppenhäuser, Zu klampen Verlag, Heft 4 (1997), S. 5 – 27.

"可公约性"不但造成人的齐同均一性,造成人的单维度特点,而且祛除了人的主体性,因为正如上文所述,人的主体性是建立在人的非同一性基础上的。同一性交换价值祛除了非同一性使用价值,就祛除了主体存在的基础。所以说,资本主义社会得以维系,靠的是它将非同一性的人扭曲为同一性的人,靠的是它维系交换价值下的无主体性,维系非主体性,毁灭使用价值下的主体性。

阿多诺追随马克思,强调非同一性的使用价值不应当为交换价值所彻底同一化,也就是抗拒交换价值对使用价值的殖民化,抗拒同一性在生产领域、社会领域对非同一性的统治。这里,我们可以看出同一性与非同一性这一对概念同主体性观念的背谬性关系。就传统哲学而言,同一性原本意味着主体性的建构,非同一性原本意味着主体性的解构。但是,由于阿多诺意识到,同一性意味着物化与压抑、统治与征服,所以同一性反而背谬性地意味着祛除主体性。相反,由于非同一性意味着伸张个体,反抗社会统治,所以非同一性反而背谬性地意味着建构主体性。阿多诺意图消除资本主义社会的这种背谬性、荒谬性,所以他不但致力于建树对立于同一性哲学的非同一性哲学这一理论形态,而且发挥出马克思思想中蕴涵的革命性主旨。综合这两方面说,他用批判哲学的语言发挥出马克思的革命性思想,批判资本主义社会的同一性统治,而这种批判体现为人们耳熟能详的他对工具理性的批判。进而,阿多诺将马克思的使用价值概念同自己的非同一性观念结合起来,从中提炼出一个乌托邦式观念:"为了让生活甚至在占统治地位的生产关系下也可持存下去,需要有不可归属于同一性的东西,这东西用马克思的术语来说就是使用价值。这就是乌托邦的不可言喻之处。"①

之所以说乌托邦"不可言喻",是因为在充斥着交换价值的资本主义现实条件下,阿多诺很难找到充分发挥使用价值的具体途径。所以,建立在非同一性观念基础上的乌托邦没有具体的可操作性,它只是对同一性统治的抗拒和反叛,并在这种抗拒和反叛的意义上成为一种否定性乌托邦。它有别于历史上的肯定性乌托邦,因为历史上的那些肯定性乌托邦都一味沉溺于对乌托邦做正面

---

① Th. W. Adorno, Negative Dialektik, Suhrkamp Verlag, Frankfurt am Main, 1975, S. 22.

描述，反而在资本主义现实面前显得孱弱无力。相反，否定性乌托邦直接面视的不是乌托邦，而是资本主义现实，反而可以始终保持其批判的力度。因此，阿多诺同样无意将否定性乌托邦转变为实证性科学，因为否定性乌托邦本身就有其不可替代的思想魅力，而这种魅力恰恰来自于它的不可言喻之处。这是因为，可以言喻的，即实证性内容，会在不同程度上得到证实或证伪，而不可言喻的，就像康德那种并非建构性的、而是规范性的道德实践性理念一样，虽然无法实证性地具体"建构"现实，却可以在道德哲学的意义上永远保持为"规范"现实的理想。

三、对康德的继承

除了颠覆黑格尔的哲学、吸收马克思的思想之外，阿多诺的乌托邦思想还反映出他对康德道德伦理思想的继承，而这种继承尤其反映在阿多诺的道德哲学之中。同时，阿多诺的非同一性观念为他自己的道德哲学置入了强烈的否定性辩证法因素。这种否定性辩证法因素意味着，我们不可以肯定性地确定，何为人的道德本质，因为这样一种本质是从同一性观念出发的。它独立于我们关于人的概念在历史与文化中的发展变化，先天性地推定什么是正当的，而不是从道德情感出发，判定人和事物的道德属性。但是，对于"二战"期间人们对纳粹大屠杀抱以麻木不仁的态度这一事实，阿多诺深感切肤之痛，并从中得出自己的痛彻认识，即人类在道德上取得的进步只能来自于人类在道德情感中取得的进步，道德情感才是人在具体境遇中有所体验、有所认识的道德评判标准。脱离道德情感，伦理规范就是抽象性的，并有可能变质。所以，阿多诺看到，同一性伦理观念与非同一性道德情感彼此间呈现出一种矛盾关系，这种矛盾关系确定了他的二元论道德哲学。

这种二元论道德哲学指的是，一方面，伦理规范具有同一性意义上的普遍性，道德戒律呈现为绝对命令，它拥有的效力建立在其约定俗成的权威性基础上，尽管约定俗成的权威性不一定具有绝对充分的合理性、合法性。所以说，同一性伦理规范既影响和引导由道德情感而来的自由抉择，又限制和压抑自由的道德情感。同一性伦理规范甚至有可能对非同一性道德自决采取暴力性统治形式，正像阿多诺所说的那样："正是伦理习俗中的暴力和恶使得伦理习俗本身与德行相矛盾。"① 另一方面，没有至少在一定程度上的自由抉择，人们就无法形成伦理规范，也就无法遵循道德戒律。同时，只有在承认伦理规范这一基础上，人们的道德情感才能激发出来，普遍性道德戒律才可发挥效用。而且，由于人们可以感受到彼此之间的共性，所以道德情感本身就具有普遍性因素，这一点为人们承认普遍性伦理规范奠定了基础。结合这两个方面，可以得出一个结论：同一性道德约束与非同一性道德自由抉择既彼此矛盾，又彼此成全。道德情感支撑着伦理规范，却不意味着伦理规范绝对符合道德情感；伦理规范固然压抑道德情感，但也成全道德情感。

显然，这种二元论道德哲学是以康德的实践理性为基础的。在康德那里，实践理性高于理论理性，在理论理性中保持为矛盾性悖论的，在实践理性中要得以扬弃。这是阿多诺能够在道德哲学中结合伦理规范与道德自决的理论基础。这样，阿多诺将伦理规范当作规范性的，而非建构性的。在建构性层面上，道德情感发挥着作用。伦理规范与道德情感的结合，即道德伦理的规范层面与建构层面的结合。同时，阿多诺将马克思有关实践的思想吸收为一种否定性乌托邦，将这种乌托邦展现为对资本主义社会中的统治现象的批判，并在此意义上将康德的实践理性同他吸收的马克思的实践思想结合起来。这意味着，阿多诺建构否定性乌托邦，目的在于，在批判资本主义统治现象的同时，解决同一性伦理规范与非同一性道德自决之间的矛盾。但是，以否定性乌托邦的方式来解决这一矛盾，其特点必然是思辨性的，因为积极的乌托邦有强烈的实践冲动，而相形之下，否定性乌托邦总会在一定程度上回归理论理性。正如西方学者评论的那样："在阿多诺那里，这一目的是否是一种康德意义上的规范性认识理念，还是说是马克思意义上的实践性乌托邦，而且在何种意义上是这样一种理念或乌托邦，自然并不总是清晰可见的。"②

但是，正是由于在"规范性认识理念"与"实践性乌托邦"之间，阿多诺的重点"并不总是清晰可见的"，所以我们可以判定，阿多诺的思想另有重

---

① 阿多诺：《道德哲学的问题》，谢地坤、王彤译，谢地坤校，人民出版社2007年版，第20页。
② Gerhard Schweppenhäuser, Gibt es ein "stellvertretendes Leben" im falschen? Moralische Aporien nach Adorno, in: Zeitschrift für kritische Theorie, herg. von Wolfgang Bock, Sven Kramer, Gerhard Schweppenhäuser, Zu klampen Verlag, Heft 20–21 (2005), S. 151.

点所在。而这一重点想必在于,他因循康德以审美为理论理性与实践理性的中介这一思路,在相当程度上将对社会性统治的批判落实在艺术中。或者说,他的道德哲学最终走向艺术。在艺术当中,无论是就人与人之间的关系而言,还是就人与自然的关系而言,精神都绝不沾染丝毫暴力和统治,因而可以说取得了纯粹的自由。阿多诺的这种思想可追溯到康德美学的无功利性、无目的性思想上去。它无意符合需要地改造与利用自然与他人,更无意征服与统治自然与他人,因而可以在以他人为目的、而不是以他人为手段这一意义上达到自由。这种自由观显然符合阿多诺的非同一性思想,即承认他人的他者性这一思想。阿多诺讲过一句著名的话:"在错误的生活中不存在正确的生活。"① 这句名言既意味着,阿多诺主张,针对不道德、伪道德、强制性道德,要做出一定程度的自由与自决的抗争,借助非同一性的道德自决来反抗占统治地位的同一性观念;同时也可理解为,阿多诺在一定程度上意图逃逸出这种现实性抗争,因为现实性抗争往往带来阿多诺所反对的暴力。相形之下,艺术彻底摆脱了统治和暴力,非同一性的艺术美是自由的象征。逃逸进艺术,也就是以非暴力的形式达到了自由,而自由是包括阿多诺哲学在内的所有哲学殊途同归的宗旨所在。对于这种所谓的逃逸,我们不能仅仅做消极性理解,因为阿多诺想必意识到,批判不是绝对的,任何一种批判本身也要接受批判、反思和限定,而一定程度上的逃逸既是有别于抗争的另外一种选择,也可以理解为对抗争的反思、限定和补充。

四、阿多诺的局限性

阿多诺在表述同一性思想时,习惯于将"概念"等同于"同一性",并进而将"同一性"等同于"统治"、"暴力"等等。由此,"概念"自然就等同于"统治"、"暴力"。例如,他在《启蒙的辩证法》中讲到,认识与权力是一回事。这样,他便径直从认识论过渡到对权力与统治的批判。而这种直接的过渡是否合法,却有待于我们做出进一步辨析。这是因为,即使认识论中的同一性概念带有人统治自然的欲望,认识论中的概念也是必要的,并在一定程度上

---

① 阿多诺:《道德哲学的问题》,谢地坤、王彤译,谢地坤校,人民出版社2007年版,第1页。

是合法的。而仅在政治哲学、道德哲学的意义上，同一性概念带有的统治色彩才是需要批判的。而像阿多诺那样，将政治哲学、道德哲学的意义上的统治扩大到认识论的概念中去，即将统治予以泛化，势必给理论研究带来举步维艰的困难。而且，以其人之道还治其人之身地说，如果可以将认识径直归结为统治欲、权力意志，那么阿多诺本人关于统治的批判性话语也可理解为，他是在贯彻自己的批判性话语权力与思想统治。所以，涉及统治问题，这是一个理论内容与理论形式的循环问题，或许是批判理论无法完全避免的，因为任何一种意识形态批判，包括以非同一性为原则的对统治的批判，本身都有可能沦为一种意识形态。但是，我们不能由此就得出结论说，要彻底放弃意识形态批判。而这又是因为，意识形态批判不断地做出自我反思和自我批判，它就可以尽量涤除自身可能带有的意识形态色彩。同样，即使阿多诺批判统治的话语不能完全免除本身就是统治性话语这一嫌疑，即使阿多诺从认识论径直过渡到对权力与统治的批判，而且这种过渡的合法性仍值得进一步研究，他对统治的批判仍有其必要性与合理性，因为理论表述上过渡得略显牵强，并不足以遮掩理论内容的价值。而且仅就阿多诺的非同一性思想对黑格尔哲学的颠覆、对马克思思想的吸收、对康德哲学的继承来说，他对统治的批判就有着坚实的理论基础。

第二节　阿多诺建立在批判与非约束性基础上的乌托邦

阿多诺不仅借助于非同一性思想展开对统治的批判，而且在此基础上建构起一种乌托邦观念。对于阿多诺在批判中的这种建构，国外学者做出了大量研究和分析。他们通过分析阿多诺的批判理论来揭示阿多诺的乌托邦观念，并指出这一观念是阿多诺从后现代性角度对马克思的思想做出的批评性回应。[①] 而这种批评性回应可以理解为对我们对上一节论述的补充和发挥。

[①] 格尔哈特·施威蓬豪依塞尔：《泰奥多·维·阿多诺导论》，中国人民大学出版社2008年版，拙译。本节引文均转引自该书。

一、为批判正名

德国学者认为,阿多诺首先致力于为批判正名,因为阿多诺看到,集权政治通常"对批判抱有敌意",并在社会心理学上将这种"对批判的德国式偏见"归结为"对权力的认同"。[①] 这种偏见宣称,一味批判,只是揭示了社会弊端,却未开出济世良方。但是,阿多诺看出,批判与社会结构变迁相伴相生,是从危机性境遇中概括出来的,是对现存事物的否定,而否定的目的是达到更为完善的事物,即达到某种值得去创造的、肯定性的东西,无论这种东西我们是否说得出来,以及如何描绘它。所以,尽管批判是否定性的,具有一种解构性特征,尽管我们应当考虑,如何将批判的否定方面与肯定方面彼此联系起来,或者说将批判的解构性与建构性彼此联系起来,但我们不能等准备好建构性方案后,再去发挥批判的作用,因为在现代社会,随着分工的普及,行事者与批评者已经彼此分离开来。从事批判理论的学者,就是专职从事批判的。

阿多诺认识到,从事批判时,真正需要注意的,是它的规范性前提。这就是说,要避免过于轻而易举地从事批判。而将批判限定在规范性前提下,才是批判理论的职责所在。当然,本节所讲的建构与规范,不同于上一节所讲的建构与规范,因为上一节是在康德哲学的意义上运用这一对范畴的,而本节是针对解构的意义讲建构,针对不规范的意义讲规范的。这里,我们不得不使用通常的术语,但要注意术语的特定含义。那么,这里讲的规范内涵是什么?批判理论源于启蒙运动,因而批判理论联系着人的解放、人的自主性、成熟性这些启蒙观念,而这些观念就是批判的规范。由此,批判理论得出结论:"用支撑现实的规范来应对现实,遵循规范就是更为完善的。"[②] 在遵循规范性这一点上,康德是杰出的代表。康德讲的纯粹理性批判具有两重含义,一是运用理性进行批判,二是对理性本身进行批判。在康德那里,确定知性能力的应用界限,实质上是理性的自我批判。所以说,从事批判的理性与接受批判的理性是同一个理性。因此,深受康德批判哲学启发的批判理论为自身确定的规范性标

[①] Theodor W. Adorno, Gesammelte Schriften, (以下简称 GS) hrsg. von Rolf Tiedemann, Suhrkamp Verlag, Frankfurt am Main, Bd. 10, 2, 1978, S. 798.

[②] GS, Bd. 10, 2, 1978, S. 726.

准之一是"消灭社会弊端的热情"①,标准之二是自我反思。将热情与自我反思结合起来,便可"在思维中以合法的方式确定实践的目标"②,并衡量社会在何许程度上符合社会自身的客观要求。另外,阿多诺之所以赞赏"启蒙者康德",也是因为康德没有将批判概念限定仅仅在学术性工作上,而是认为批判是公众的使命,康德的批判哲学"要将社会从其咎由自取的不成熟状态中解放出来"。③ 所以,阿多诺的批判理论发挥康德的思想,以改变社会整体、实现作为自由人的共同体的未来社会为宗旨。他的批判的宗旨是:成为所有人的事业,让所有人都过上美好生活。

批判理论认为,社会是一个整体,而整体概念是不可放弃的,因为没有整体概念,批判理论就无法把握社会这一研究对象。阿多诺认为,固然,从事批判的哲学家置身整体性之中,因而他的立场不会超出他批评的那种整体性。但是,因此就要求说,真正的批判必须明确地在经受批判的事物之外确立一种立场,否则就要保持沉默,这种要求却是错误的,因为批判的标准并不能证实自身是独立性的,批判的标准取自事实本身,而事实的进程不会停顿下来。这样,批判就要承认这一涉及整体性的疑难,并在承受这一疑难的同时做到有所创造,而不是因噎废食地面对整体性疑难而无所作为。对于经过概念中介建构起来的现实,思维可以依照这一现实中体现出来的理性要求来加以衡量,并借此加以批判。这就是独立性思维的解放性力量,而这种解放性力量也是思维能够不断反思自身缺陷的前提。而反思自身缺陷,就是将自身从缺陷中解放出来。所以说,从事批判,不仅解放社会,而且解放批判性理论自身。这样,阿多诺起到了为批判正名的作用。

二、非约束性

作为阿多诺批判理论的思想基础,非同一性哲学是针对同一性提出来的,而同一性是思维的标志,没有同一性的约束力,就不可能有思维。只要人类精

---

① Traditionelle Theorie und Kritische Theorie, in: Max Horkheimer Gesammelte Schriften, Suhrkamp Verlag, Frankfurt am Main, Bd. 4, 1978, S, 216.
② 同上, S, 185.
③ GS, Bd. 10, 2, 1978, S. 726.

神还不具备思维能力,主体就无从谈起,而脱离了思维能力,主体就面临着解体的危险。人类思维所能做的,无非就是分类。所谓分类,就是将混乱之物、偏差之物、个别之物分别归入各种认识格式。而这样做,首先要保持主体的认知结构自身的同一性,其次要剥夺客体的特殊性,将彼此不同的客体转变为同一性认知物,令其同我们的感知与构成概念的普遍性结构协调一致。由此导致的一个结果是,在思维当中,一切理性主体,只要他们作为个体隶属于社会整体,就要始终听命于同一性的约束力。

但是,认识性主体之所以能够构造概念,是因为它忽略了作为对象之规定性的杂多性。而要真正认识客体那保持自我同一的特性,这种杂多性却是必要的。因此,思维的抽象化过程势必将客体建立在杂多性基础上的自身同一性置于理性主体的同一化原则之下。思维的目的是,借助同一化来认识对象的本质。但是,这一目的偏偏注定要因同一化过程而落空,因为它始终将那些仅属自身的对象理解与确定为其他什么东西的样品,即某种普遍之物的样品。思维要在概念中把握对象,而概念会剥离对象的本质与现象。因此,思维不能结合本质与现象来说明,对象本身具体说来到底是什么。至于概念性思维无法实证性地确定对象自身的同一性,则是一种客观疑难的表现。正因如此,非同一性才显示出其重要性和必要性。也正因如此,非同一性不是一种肯定性概念,似乎其内涵在理性之彼岸,只可由非理性认识来把握。"非同一之物不可作为肯定性之物而得以直接的把握。"① 这就是阿多诺对非同一性概念做出的否定性结论,或者说对非同一性概念做出的有规定性的否定。所谓有规定性的否定,指的是阿多诺注意到,认识对象具有质的丰富性,这种质的丰富性不能通过被单一化来加以肯定。因此,对它只能做出否定性结论。而这种否定性结论恰恰同时意味着肯定性内涵,因为对于思维无法回避的这种疑难,阿多诺使用了同维特根斯坦的语言哲学针锋相对的话语:"如果哲学存在的话,那么哲学可定义为一种尝试,即说出人们无法说出什么来;它将非同一之物表述出来,而表述总是将非同一之物予以同一化。"②

---

① GS, Bd. 6, S. 161.
② GS, Bd. 5, S. 336.

阿多诺认为，本质在存在论上不是实体性的，它不是形而上学式实质，而是抽象的存在。因此，现存的社会本质是一个错误，因为它漠视个体的差异性、非同一性，妨碍作为个体的人去实现自身的本质。阿多诺的社会理论首先致力于把握社会同一性，即把握社会的本质，其次将其当作同一性约束力来加以批判，为的是揭示出，无论是就社会这一方面来说，还是就个人这一方面来说，只有非约束性的非同一性才是唯一值得追求的，因为同一性的约束力不仅是理性的实质性标志，而且是那样一种现实性约束力的副本，这种现实性约束力的实质就是统治。批判理性证明，理性与统治相联系，不可避免要导致一个结果，即统治会给理性打上烙印。事实上也的确如此，因为理性概念根源于人类统治自然的观念，根源于资产阶级的自然概念。这一概念将自然这一理性的他者同理性等量齐观，因为这种理性力图统治自然。针对这种理性与统治彼此交织的情况，阿多诺认为，能够引导人们正确处理人与自然的关系的，不是对自然的非反思性的、技术性的统治，而是反思性的、非技术性的"对人与自然的关系的掌握"。[①] 所以说，阿多诺强调的，是非同一性带来的非约束性。

三、乌托邦

阿多诺的批判理论以改变现存社会为宗旨，就必然要面对社会总体与个人的关系问题。针对黑格尔将个体置于社会整体之下这一观点，阿多诺总结说"史前时期，客观倾向不由人左右，甚至依靠毁灭个体而实现出来，直到今天，也未在概念中历史性地建构起普遍性与特殊性的和解，这种情况曲折地反映在黑格尔那里就是：他冷漠无情地再度选择清除特殊性，他从未怀疑过整体的优先性。"[②] 但是，阿多诺对黑格尔表示谅解，说黑格尔的看法毕竟清除了个体自主性的幻想，而启蒙运动的哲学，尤其是康德哲学，还在滋养这种幻想。[③] 不过，黑格尔清除幻想的理由是错误的，因为他不是想表明，我们迫切需要的个体自主性可惜还根本没有得到实现，而是想强调，我们最好还是摆脱

[①] Walte Benjamin, Einbahnstraße, in: Walte Benjamin Gesammelte Schriften, hrsg. von Rolf Tiedemann, Hermann Schweppenhäuser, Frankfurt am Main, 1980, S. 147.
[②] GS, Bd. 4, S. 15.
[③] 参见 GS, Bd. 5, S. 290, ff.

个人要在社会中实现自主性这一想法。

批判理论认为,个体主义原则在当今是不合时宜的。这是因为,从理想状态上说,一个摆脱了盲目追求利润动机的、合理地建立起来的社会,会否定将资产阶级个体主义原则予以绝对化的做法,并致力于寻找符合人性的其他社会形式。社会的实质性进步就在于,它超越了个体主义原则。因此,在个体主义原则达到现有水平之后,它彻底消亡的趋势便随之而至。着眼于现实来说,当今社会受生产过程的操纵,而生产过程已然独立化,泯灭了其符合人性的可能性。社会整体原本应当为成全人的本质奠定条件,但它作为无主体的整体,将人贬低为它的附属物。同时,各种社会集团之间不可和解的矛盾渗透于个人身上,导致不符合人性的情况愈演愈烈。所以,无论是从理想状态上说,还是从现实状态上说,个体主义都是不合时宜的。在这种情况下,解决现实状态中的矛盾,当然是当务之急。所以,阿多诺将自己关于个体的理论理解为一种针对现实的批判与拯救行动,这种行动的目的是,拯救个体原则蕴涵的符合人性的内容,激发丧失了主体性的个体的反抗性潜能。出于这一目的,阿多诺讲道:"必须在个体主义消亡的时代重新追问个体主义。"①

考虑到阿多诺心目中有关个体主义的理想状态,似乎阿多诺的个体性理论蕴涵有一种危险的倾向,即这种理论似乎在一定程度上导向了个体性之终结的结论,因为它讲求超越个体主义原则的理想状态,便赋予原本在一定历史条件才可能的事实以事成定局这一假象,以至于它似乎将个体之终结表述为一种不可逆转的历史过程的结果了。但是,这种假象掩盖了一种真实情况,即个体正在竭力反抗这一事成定局的趋势。正如阿多诺的评论者所说的那样:"个体消亡的命题,其危险在于,将一种社会趋势理解为封闭性历史结果。如果不准确地判定它的时间与力量分布情况的话,客观事实的优先性有转变为命定论的危险。"② 但是,阿多诺原本的意思是,正是由于个体面临消亡的危险,所以他才觉得个体愈发重要。因此,阿多诺实际上无意得出上述消极性结论,而是有意尝试,将个体原则的辩证法阐明为一种为建设社会自主性而始终具有影响力

---

① GS, Bd. 1, S. 145.
② Detlev Claussen, Unter dem Druck der Identität. Zum Verhältnis der Kritischen Theorie und der Psychoanalyse, Bremen 1988, S. 24.

的辩证法。

只要个体的自主性尚未与社会整体取得和解，我们就像马克思与阿多诺所确定的那样，还生活在"史前时期"。但马克思认为，市民社会形成，意味着这一史前时期到了最后阶段，因为市民社会已然具备了真正的人类社会的基本构成因素，因而它开启了人类的解放进程。马克思讲道："资产阶级的生产关系是社会生产过程的最后一个对抗形式。这里所说的对抗，不是指个人的对抗，而是指从个人的社会生活条件中生长出来的对抗"。马克思确信："在资产阶级社会的胎胞里发展的生产力，同时又创造着解决这种对抗的物质条件。因此，人类社会的史前时期就以这种形态而告终。"①

马克思的这样一种信心，20世纪的批判理论再也没有了。在阿多诺看来，马克思讲的那种革命的可能性在今天已经希望渺茫了，因为"史前时期"延伸入无形之中，"市民社会"也发生了根本性转变。但是，阿多诺认识到当今社会本质的否定性，却未得出消极的结论，而是积极发挥蕴涵在马克思思想中的那种"在对抗中进步的社会的否定性本体论"②，只是，他对马克思所讲的阶级意识做出了限定，一方面承认，谈论历史，就是谈论阶级斗争的历史，因而阶级概念作为诊断社会的手段是不可废弃的，尽管阶级意识在当今社会并不像在马克思的时代那样强烈，因为没有阶级意识，"同阶级的存在并不矛盾，这有别于没有公共意识。阶级取决于同生产资料的关系，而不取决于阶级成员的意识。"③ 另一方面，他强调马克思的阶级斗争理论不可简单地应用于当代，因为当今"……无法在标准的资本主义国家谈论无产阶级意识"。而且，"再没有什么比马克思关于一切历史都是阶级斗争的历史这一命题更成问题了……正如市民社会的退化所表明的那样，阶级斗争在客观上以高度社会一体化及社会分化为前提，在主观上以阶级意识为前提……社会对抗由来已久，从前，在同市民社会密切相关的市场经济形成之前，它们只是间或成为阶级斗争。因此，既然马克思借以来构想和外推的那种模型是自由的产业资本主义的模型，那么将一切历史解释为阶级斗争的历史，就带有一点儿将后来的现象转移到往

---

① 《马克思恩格斯全集》，人民出版社1998年版，第31卷第413页。
② GS, Bd. 8, S. 233.
③ GS, Bd. 8, S. 357.

昔这一特征。"① 综合这两个方面说，阿多诺是在不同于马克思的时代，以符合自己时代的方式发挥马克思的思想的。

最后，阿多诺认为，如今在社会理论中至关重要的，不再是阶级对抗，而是呈现为人类自我毁灭这一暴力形态的社会整体的内在对抗。而要克服这种内在的对抗，建立一种正当的社会，就要否定对不断进步的盲目崇拜，并用沉思冥想、和平安宁的生活来代替积极有为、不断运动的努力。至于阿多诺并不明确，如何才能过渡到这样一个摆脱了资本主义价值规律的社会，这也是由于批判理论同马克思借助经济学来论证的革命理论的做法保持一定距离的缘故。他讲："马克思的希望过于乐观，他认为生产力的优先地位在历史上是确定无疑的，它必定会冲破生产关系。就此而言，马克思这位德国唯心主义的死敌仍然忠实于德国唯心主义的肯定性历史结构。"② 由此，阿多诺只能得出乌托邦式结论，即一个摆脱了以利润为取向的商品生产法则的社会，才是真正自由的社会。这样一种社会看起来近乎一首田园诗，因为它看上去满足了个人的需要，靠脱离生产发展来实现自由。但是，值得注意的是，阿多诺并没有勾勒出这样一种乌托邦的面貌，他也拒绝活灵活现地召唤出乌托邦，而是以有规定性地否定现存社会结构这一方式来反衬出一个正当而理想的社会，这才是阿多诺的乌托邦思想的宗旨所在。

四、中国式呼应

不难看出，阿多诺的乌托邦可以理解为后现代性思想对马克思有关思想的批评性回应。在已出现马克思所期望的生产力水平、却未出现马克思所期望的生产关系变革这一现代资本主义现实中，它对社会发展做出了进一步的憧憬。同时，作为中国读者，我们还可以引申出西方学者出于文化间隔而难于得出的、从中国传统文化角度才可以得出的认识，因为这样一种近乎田园诗一般的乌托邦思想，两千多年前就出现于中国。它同样用沉思冥想来替代积极有为，用和平安宁来取代生产发展。但是，中国传统文化中的这种思想并非像阿多诺

---

① GS, Bd. 7, S. 378.
② GS, Bd. 8, S. 363.

的乌托邦那样,形成于对现代资本主义的认识,并因此而带有后现代性特征,而毋宁说带有前现代性特征。它不是从阿多诺涉及批判理论时所讲的"正名"及"非同一性"引申出来的结论,反而恰恰来自于有中国传统文化意味的"非名"与"同一性"思想。它建立在"物无非彼,物无非是"、"是亦彼也,彼亦是也"的齐物论思想基础上,来自于中国人对超越性存在的同一性把握。所以,这种思想截然对立于阿多诺讲求的非同一性以及他为之正名的批判,因为非同一性讲求的就是"是"与"非",批判的基本含义是考证与辨析,也就是分化与疏离。尽管阿多诺并未像德里达那样明确使用过"分化"与"疏离"这些术语,但阿多诺的非同一性思想明显蕴含着后现代思想的萌芽。所以,前现代性乌托邦同后现代性乌托邦在理论前提上南辕北辙、大相径庭。

中国式乌托邦从理论表述上说拒绝文明带来的分化与疏离,致力于回归混沌,从宗旨上说却在"非名"与"同一性"理论形态下蕴涵着"越名教而任自然"意义上的中国式个人自由主义含义。这种自由主义建立在"道法自然"的基础上,即建立在内在性自然与超越性存在的同一性基础上。它针对的是与此相反的现象,即"名教"意味着考证与辨析意义上的正名,意味着内在性与超越性的分化与疏离。由于名教与"道法自然"背道而驰,令超越性存在与内在性存在的同一性分崩离析,并意味着自由的失落,所以中国式乌托邦采取了跨越分化与疏离的做法,以个人的内在性存在与超越性存在的同一性来确保个体自由。而这样一种做法迥异于阿多诺建构乌托邦的做法,因为阿多诺经历了对现代社会的否定,才得出其后现代性思想萌芽的。究其原因,这种区别既来自于前现代性与后现代性的区别,又来自于不同文化背景的分殊。

因此,我们似乎可以说,中国式乌托邦同阿多诺的乌托邦遥相呼应,并为我们理解阿多诺的乌托邦提供了一个角度,却不能说,后现代性乌托邦是向这种前现代性乌托邦的回归。我们只能有分寸地说,不绝如缕地出现于古今中外的乌托邦思想具有一定的可比较与可沟通之处,而沟通是我们中国人了解西方思想的宗旨所在。

第三节　阿多诺星丛概念的解释学内涵

批判理论与解释学虽然是不同的哲学流派，但它们的有些思想具有彼此间的可参照性。阿多诺的一个重要哲学概念是星丛概念，而星丛概念不但是我们理解阿多诺本人的批判理论思想的入手处之一，而且是我们对照与沟通阿多诺哲学与像解释学这样截然不同的哲学的入手处，因为这一概念本身就蕴涵着客观性解释学的思想内涵。星丛概念与客观性解释学的可通约性建立在客观性思想取向基础上，实现在主客体相互中介与突出个体的思想倾向中。

一、星丛概念的思想动因

阿多诺提出星丛概念的动机之一是，他看重个别事物彼此间的差异性、非同一性，因而怀疑概念能否覆盖个别事物的丰富内涵，进而批判概念与事物之间强求的同一性，认为这种强求性的同一性实质上意味着概念的绝对化。他讲道："矛盾是同一性视角下的非同一性，矛盾性原则在辩证法当中的优先性将异质物同统一性思维两相对照。"[①] 这种两相对照的结论就是：矛盾标志着非同一性不可转化为同一性，非同一性才是同一性的实质。在形成这一认识结论的基础上，阿多诺希望对概念与事物的关系持开放性态度，并在事物与诸多概念之间建立联系，借助各个概念的彼此限定来纠正单一概念与事物之间强求的同一性关系。这既是他用批判理论的非同一性哲学取代传统哲学的同一性思想、用自己特有的否定性辩证法取代黑格尔式肯定性辩证法的思想由来，又是他用星丛概念取代对应于事物的单一概念的思想由来。

阿多诺的星丛概念得自于本雅明关于幻想能力的认识，本雅明认为这种能力可以揭示事物之间的无限关系以及事物的开放性。星丛概念还受到韦伯的有关认识的启发，韦伯认为只有借助于诸多彼此异在的事物、人物、行动的相互

---

① Theodor W. Adorno: Negative Dialektik, Suhrkamp Verlag, 1966 Frankfurt am Main, S. 17.

联系，才能取得用来称谓变化着的事实的精确术语。所以，由此而来的阿多诺的星丛概念指的是围绕着事物形成的概念与概念、概念与事物的具体联系，而不是低级概念对高级概念的归属关系。所谓低级概念归属于高级概念，也就是肯定性辩证法的内涵。它讲的是，什么隶属于什么，什么代表着什么。而这也意味着，这个"什么"并非事物自身。与此相反，否定性辩证法讲的是，什么就是什么本身。当然，这个"什么"要在星丛中得以界定。这就是说，事物不为某一概念所穷尽，而要在概念的星丛中得以无穷的界定。仅当再无其他概念可用来界定事物时，认识才算接近了事物的真相。所以说，单一概念实质上遮蔽了对事物的认识，而星丛远胜于单一概念，起到了解蔽的作用："星丛外在地表征着概念内在地消除的内涵，表征着概念理当如此却无法企及的更多内涵。"①

阿多诺提出星丛概念的另一个动机是，他反对黑格尔用思维统率对象这一统一主客体的方式，承认主客体彼此间的异在性、非同一性，尤其是承认康德的物自体的价值，因为物自体可以确保经验的来源，而物自体是无法被思维所同一化的。由于主客体的统一在认识上来自于主观抽象，在实质上可归结为主体对客体的统治，而这种抽象与统治束缚并压抑了个别之物、具体之物、感性之物、经验之物、审美之物，因而阿多诺否认主客体最终可以和解，坚持矛盾的不可和解性，并一反西方哲学自古以来的常态，不是追寻在主客关系中起主导作用的一方，而是追寻主客体的相互中介。另外，阿多诺固然承认客体相对于主体的优先性，但他讲的这种客体优先性主要指社会相对于个人意识与经验的优先性，而不是指存在论意义上的客体相对于主体的先在性。针对这种存在论意义上的客体先在性，他讲道："批判性思想并不想给客体指定空缺的主体王位，客体坐在这一王位上，无非是偶像而已。"②由此可见，在存在论的意义上，阿多诺并未因为否定主体的先在性就主张客体的先在性，因为他接受康德的影响，主张客体带来的经验因素与主体起到的建构作用汇合在认识的形成过程中。正像西方学者总结阿多诺的思想所说

---

① Theodor W. Adorno: Negative Dialektik, Suhrkamp Verlag, 1966 Frankfurt am Main, S. 164.
② Theodor W. Adorno: Negative Dialektik, Suhrkamp Verlag, 1966 Frankfurt am Main, S. 182.

的那样:"这种观点要在辩证地形成的认识之两极性中相对于主体赋予客体一点儿微不足道的有利地位。"① 可见,客体优先性思想同主客体相互中介的思想并不矛盾。承认客体优先性,即承认社会相对于个人意识与经验具有优先性,只是针对黑格尔哲学带来的理性压抑经验这一偏颇,起到了承认经验的重要性这一作用。

在阿多诺看来,一方面,认识由对象引导而来,而非由概念引导而来;另一方面,星丛的真实性在于其差异性、多维度性,而不在于它从主体方面得到证明。在前一意义上,阿多诺讲求的是真理的符合论;在后一意义上,他讲求的是真理的自明论。概念固然要符合事物,事物也要符合概念。因而综合这两个方面完整地说,真理得自于自明论与符合论的相互补充。② 自明论与符合论的相互补充这一看法不同于科学性理解,就连阿多诺对语言的理解也不同于科学性理解中的语言观。科学性理解依靠的是下定义、建立语言符号彼此间的逻辑联系,以便利用这一符号体系来精确地反映科学性理解所意指之物。所以说在科学性理解中,语言就是工具。而阿多诺更为强调语言的客观性,认为语言所表露的,是概念的意向对象,即概念意指之物。语言不只是要为认识功能提供单纯的符号体系而已,不只是要界定概念而已,而更是要围绕着有待认识的事物设定概念的星丛,从而达到指称对象的客观性。这就是说,语言的实质在于所指,而不在于能指。所谓星丛,即围绕有待认识的事物汇集而成的概念群。它不是要将个别事物予以固定,而是注重特殊个体的背景,将特殊之物揭示在其与他者彼此中介的关系中。所以,把握个体性对象,即把握该对象在与他者的关系中的价值,也即把握该对象的背景、把握该对象的历史、把握作为个体的该对象所承载的历史积淀。③ 所以说,对星丛的解释构成了理解的语境。

---

① Ulrich Müller: Theodor W. Adornos "Negative Dialektik", Wissenschaftliche Buchgesellschaft, Darmstadt, 2006, S. 95.
② 参见 Ulrich Müller: Theodor W. Adornos "Negative Dialektik", Wissenschaftliche Buchgesellschaft, Darmstadt, 2006, S. 90.
③ 参见 Helga Gripp: Theodor W. Adorno—Erkenntnisdimensionen negativer Dialektik, Ferdinand Schöningh Verlag, Paderborn, 1986, S. 130.

二、星丛概念与解释学

这样，区别于科学性理解的星丛概念反而接近于解释学思想。建构概念的星丛，用解释学的话语来表述，就是理解与解释的过程。而解释学所讲的理解与解释过程确实同星丛的建构有诸多吻合之处。这是因为，第一，解释学的任务同样不在于理解语言，而在于理解发生在语言媒介中的事情。所以，解释学的宗旨同星丛概念的宗旨一样，指向客观事物。第二，按照解释学的看法，不同视域的融合，带来了新的经验或者说现实性经验，开启了理解与解释的条件。这一点同阿多诺关于星丛的思想极其吻合，因为它们都将认识或者说理解、解释建立在非同一性思想基础上，只是解释学采用了不同于批判理论的术语，如间距、断裂等等。而间距与断裂等等术语的意旨同星丛概念所依据的非同一性思想殊途同归，都有游离出同一性思想窠臼之外的意思。所谓不同视域的融合，即非同一性之物的相互关系。第三，按照阿多诺的星丛概念，要理解作为既成之物的个别事物，就要依据前知识。因而认识的形成不仅需要对历史性个体做出解释，而且同时需要考虑解释者的理论立场与认识旨趣。这也符合解释学思想，因为在解释学思想中，理解依赖于传承，依赖于前见，而且理解贯穿着教化的力量，发挥着审美趣味的作用。更何况，理解与解释的关系本来就是解释学思想最为重要的内容。第四，阿多诺强调客观经验在认识中起到的作用，正像解释学强调理解依赖于被理解物一样。就连阿多诺关于真理的符合论与自明论相互补充这一思想，也暗合解释学关于理解的循环这一思想，因为在解释学当中，整体观念的自明性与更为依赖、更需符合对象的局部性理解构成相互依赖的关系。如此等等，不一而足。

但是，阿多诺以星丛概念为核心的批判理论虽然蕴涵许许多多同解释学相契合的因素，它仍显示出区别于通常意义上的解释学思想的特定内涵，而这种特定内涵来自于上文所述阿多诺提出星丛概念的两重动机。首先，就第一重动机而言，星丛概念较之解释学思想更为突出地侧重个别事物。伽达默尔极其重视传统，因而既有对传统的批判力度不够的倾向，又有在传统中湮没独特个体内涵的倾向，或者说有湮没个体对传统的突破作用的倾向。相形之下，阿多诺对启蒙这条传统的批判是众所周知的，而他的否定性辩证法也专注于不受制于普遍性的个体。阿多诺之所以批评伽达默尔讲求的传统与理解的辅助工具是扭曲内容的手段，想必就是因为阿多诺本人更在意突出个体性。对此，西方学者总结说："否定性辩证法以新的思维分享着'解释学的特征'，据阿多诺判断，它做出的'符号指谓'区别于'通常的解释学'之处在于，它要阐明具体的个别事物，而不是将个别事物归类于普遍性概念。"① 其次，就第二重动机而言，阿多诺的星丛所起的作用，是在主客体相互中介这一思维模式下阐释对象的，因而有别于解释学阐释文本的情况，因为解释学是在对话基础上阐释作为对象的文本的。对话反映的是主体间的相互关系，而主客体关系更像是主体的独白。所以说，阿多诺的星丛概念同时又有别于伽达默尔的解释学思想。

三、星丛概念与客观性解释学

鉴于星丛概念同解释学思想既相互吻合又不完全吻合这一情况，我们可以将星丛概念与解释学思想的吻合性归结到特定维度上去。这种特定维度指的是，在阿多诺那里，星丛不仅像在本雅明那里一样，意味着主观幻想，而同时具有韦伯相关思想的内涵，即意味着解读个别事物之间的联系这一意旨。由于个别事物与他者的关系不是随意建立的，所以阿多诺致力于星丛的客观性。星丛作为概念的汇集，有一个在理解与阐释事物时选择概念的问题。而这种选择，如前所述，是由对象本身引导而来的，因而是客观性的。星丛的这种客观性用解释学的话语表述出来就是：对文本的解释不是主观随意性的，而需要得以客观性论证。伽达默尔不遗余力地讲述教化、审美共通感等内容，起到的作用就在于，论证对文本的解释不是随意性的，而是具有普遍有效性的。像审美判断力、趣味、天才等等这些看似主观性很强的内容，也因贯穿着教化与共通感而具有普遍有效性。无论是阿多诺，还是伽达默尔，都深受康德的影响。在康德哲学中，普遍有效性就是客观性。这种理解与解释的客观性突出地体现在尤其注重客观性的解释学思想中，即体现在客观性解释学中。按照客观性解释学的看法，文本的主题是潜在的、留待解释的，需要在解释文本的过程中发掘

---

① Emil Angehrn: Kritik und Versöhnung—Zur Konstellation Negativer Dialektik bei Adorno, in: Wozu Adorno?, herg. von Georg Kohler und Stefan Müller-Doohm, Velbrück Wissenschaft, Weilerswist, 2008, S. 282.

出来。发掘文本主题的过程即建构文本的过程，而文本的建构则超越于解释者的动机、期待与观点之上。文本可理解为客观性社会结构的载体，尽管客观性社会结构需要作为理论假设存在于解释者的思想世界中。① 因此，解释首先是一个客观的过程。由于客观性解释学不是着眼于解释者的主观偏好来运用概念，而是考虑到文本环境来采纳需要应用的概念的，所以它在客观性维度上符合阿多诺的星丛概念。

进而言之，通常意义上的理解过程指的是，揭示正确的意义联系，以便揭示文本的面目。而客观解释学所讲的理解过程指的是，首先探明文本的各种意义背景，以便考虑尽可能多的各种可能的解释；其次考察具体文本的细微之处，以便指明文本中的人物的行动与言谈可能具有的意义。这前后两个步骤之间的联系在于，要确定与文本密切相关的是某一种意义背景而非其他意义背景，根据在于对文本中的个别人物的行动与言谈可能具有的意义做出判定。这样，由于任何一种对意义背景的解释都有具体事例为证，所以对文本的解释便具有可信性与说服力。同时，借助于特定意义背景来阐述具体文本，便可区分开文本中蕴涵的彼此不同的各种含义，并且展现出含义彼此不同的个别事物所带有的普遍性意蕴。② 客观性解释学的这两重步骤表明，理解的过程形成于整体性理解与局部性理解的循环中，而整体性理解与局部性理解的循环构成不同的视域，以及视域的融合。这种视域的融合也就是阿多诺的星丛概念所表达的内涵：通过不同的概念来表达同一事物，从而发掘出事物的丰富内涵。由此可见，如果说通常意义上的解释学因过分强调普遍性而在一定程度上弱化了个体的不可归类特点，因而同阿多诺的星丛概念多有出入的话，那么客观性解释学则因强调具体文本的细微之处而突出了个体性，因而在个体性维度上同星丛概念彼此吻合。

另外，需要补充说明的是，客观性解释学这前后两个步骤都不是摹写现实

---

① 参见 Reinhard Uhle: Zur Erschließung von Einzelnem aus Konstellationen—Negative Dialektik und "objektive Hermeneutik", in: Die Negative Dialektik Adornos, herg. von Jürgen Naeher, Leske und Budrich Verlag, Opladen, 1984, S. 366.

② 参见 Reinhard Uhle: Zur Erschließung von Einzelnem aus Konstellationen—Negative Dialektik und "objektive Hermeneutik", in: Die Negative Dialektik Adornos, herg. von Jürgen Naeher, Leske und Budrich Verlag, Opladen, 1984, S. 361.

的过程，而是建构对象性的过程。建构对象性的过程需要发挥解释者的主观性理解，像审美判断力与趣味在具备普遍有效性意义上的客观性的同时，必然带有主观性因素，所以建构对象性的过程又是在客观性基础上实现的主客体相互中介的过程。所以说，星丛概念与客观性解释学都是在主客体相互中介的意义上建构对象性文本的。这一点是对上文所述星丛概念与客观性解释学在客观性维度上彼此吻合这一论断的补充。至于说星丛概念未涉猎解释学强调的对话关系，这是因为阿多诺在总体思想上始终牢牢把握主客体关系，很少涉猎甚至并未涉猎主体间关系。可以说，主体间关系是阿多诺哲学中的一个明显空缺。他的总体思想中的这一空缺限制了他在星丛概念中阐发出对话这一内涵来。后来，这一空缺为哈贝马斯的批判理论所填补，因为哈贝马斯超越阿多诺的主客体思想，在主体间层面上发挥出交往思想。而交往思想与解释学思想之间同样具有可通约性，因为交往理论的宗旨同解释学的宗旨一样，在于取得主体间的共识。解释学反思的，不仅是对客体的理解是如何可能的，而且是主体间理解是如何可能的。这就是说，它不仅反思主体如何理解对象，而且反思主体如何为其他主体所理解，即同样反思说服他人、令他人信服的艺术。所以说，阿多诺哲学中的这一空缺并不意味着，批判理论与解释学之间在对话或者说主体间性层面上不具有可通约性，而仅仅意味着阿多诺的星丛概念具有进一步得以阐发的空间，而这一空间为我们在主体间层面上发挥阿多诺的星丛概念、沟通批判理论与客观性解释学留下了余地。

综上所述，星丛概念与通常意义上的解释学不相吻合之处，即个体性维度与主体间维度，其一在阿多诺哲学的现有理论形态上同客观性解释学相吻合，其二在其有待进一步发挥的理论形态上同客观性解释学相吻合。而直接引发阿多诺的星丛概念的动机，即关于非同一性个体性与主客体相互中介的思想，则为星丛概念与客观性解释学的可通约性奠定了基础。就连阿多诺星丛概念遗留的思想空缺也昭示出，进一步发掘星丛概念，也就意味着进一步发掘星丛概念与客观性解释学的可通约性。通常来说，批判理论与解释学是南辕北辙的两种哲学。但是，任何一种哲学都是对我们这个世界的领悟，以及对这种领悟的领悟，因而它们往往具有彼此契合的可能性，甚至具有相当程度的可通约性，批判理论的星丛概念与客观性解释学就是这种情况。

第四节　哈贝马斯重建历史唯物主义的尝试

哈贝马斯区分交往理性与工具理性，借助生活世界重建历史唯物主义。他的这一尝试以黑格尔的相互承认观念为思想来源，以确立作为群体性自我同一性的"我们"为理论基础之一，以建构性视角取代批判性视角为思维取向，是在西方福利国家这一现实社会背景上做出的一种有别于马克思思想及早期批判理论的理论表述。

一、重建历史唯物主义的途经

在哈贝马斯的思想中，重建历史唯物主义是他的一条宗旨。按照他在自己的著作《重建历史唯物主义》中所做的说明，重建历史唯物主义，就是赋予历史唯物主义理论以新的形式，从而达到马克思的历史唯物主义未曾达到的目的。[①] 所谓达到马克思未曾达到的目的，就是用系统这一概念来概括马克思论述的生产领域，并在系统概念之外确立一个生活世界概念。系统是以主客关系为取向的工具理性所建构的世界，生活世界是以主体间关系为取向的交往理性所带来的世界。哈贝马斯建构生活世界的目的是，对交往的普遍性前提做出论证，超越工具理性层面即马克思论述的生产力层面，在交往理性层面即马克思论述的生产关系层面上论述道德观念、文化价值与社会规范等上层建筑现象及其发展逻辑，从而将交往理论发展成新的历史唯物主义。由于哈贝马斯是借助生活世界来重建历史唯物主义的，所以我们有必要从一定角度出发，对生活世界概念的思想来源、现实背景、理论关联及实际作用做出辨析，从而认清哈贝马斯的思想主旨。

从思想来源上说，哈贝马斯汲取黑格尔哲学，与马克思有所不同。马克思汲取黑格尔在《精神现象学》中阐述的主奴意识以及有关劳动的观点，依据

---

① 参见 Jürgen Habermas. Zur Rekonstruktion des Historischen Materialismus, Suhrkamp Verlag, Frankfurt am Main, 1976, S. 9.

劳动带来主奴地位的翻转这一思想，为自己在劳动基础上阐发历史唯物主义埋下一条思路。与此相反，哈贝马斯汲取黑格尔在《耶拿手稿》中表述的另一条思路，即独立于劳动的相互承认这一思路，因而不是得出在劳动基础上形成社会斗争这一结论，而是得出在相互承认基础上形成交往行动这一结论。交往行动不同于目的合理性行动，不可实现在技术层面上，它只能实现在道德实践层面上，并凭借交往形成的共识来促成人们的共同行动。① 在汲取黑格尔思想时各有取舍，是哈贝马斯形成有别于马克思观点的由来，也是他要重建历史唯物主义的思想动因。

从现实背景上说，马克思那个时代，八小时工作制尚未确立下来，劳动占据了劳动者每一天当中的绝大部分时间，工作之余只是劳动者用来恢复体力，以便投入第二天的劳动的。就此而言，劳动者完完全全被纳入生产的"系统"。而在哈贝马斯这个时代，劳动者的闲暇时间远远超出了劳动时间，劳动者在相当多的时间内游离出生产的"系统"之外，而"系统"之外的大众休闲和娱乐不同于"系统"之内的生产劳动，似乎为劳动者提供了充分的自由，这是哈贝马斯能够提出"生活世界"的现实背景。可见，"生活世界"与"系统"是对人在资本主义社会中的两种现实生活状态的理论反映。

就理论关联而言，生活世界密切关联着一个重要概念：同一性概念。同一性原本是古典哲学的概念，但在早期批判理论看来，同一性是理性的标志，它意味着理性的约束性，而理性的约束性代表着现实的约束性，这种现实的约束性就是统治。因此，早期批判理论反抗同一性观念，致力于摆脱社会对的个人的统治，从而焕发出每一个体的差异性，即非同一性。早期批判理论针对古典哲学做出这一思想转折，而哈贝马斯针对早期批判理论再度做出一个思想转折。他意图达成主体间性，即超越"个体"彼此间的非同一性，趋向个体"彼此间"的同一性，在交互性基础上确立个体间的同一性。由于早期批判理论讲求的非同一性是就作为个体的主体而言的，而哈贝马斯讲求的同一性是就超越个体的主体间性而言的，所以哈贝马斯对早期批判理论做出的思想转变，

---

① 参见 Jürgen Habermas. Technik und Wissenschaft als "Ideologie", Suhrkamp Verlag, Frankfurt am Main, 1969, S. 9–47.

就是将以个体为取向的非同一性思想转变为以个体交互性为取向的同一性思想。当然,经历了早期批判理论,哈贝马斯讲求的同一性也在相当程度上容纳了非同一性的思想因素,而不再是古典哲学中的那种同一性了。

以交互性为取向的同一性是生活世界的主旨,因为生活世界区别于系统。充斥于系统的,是人与人之间的强制性关系。这种强制性是一种单向关系,而非双向关系,即非交互性关系。无论是马克思那个时代,还是哈贝马斯这个时代,生产都要依靠人与人之间的这种强制性关系来维系。相反,通行于生活世界的,是人与人之间的非强制性交往关系。在生产领域之外,似乎也确实没有什么必要,将强制性关系强加于人。而且在生产领域之外,在民主性的政治氛围、社会氛围、舆论氛围与生活氛围中,似乎也只有非强制性关系才能将人与人联系起来。在这种非强制性关系中,人与人才能平等地彼此交往,谋求共识,通过交互性影响来形成每一个个人组成的共同体。

二、"我们"作为一种关系

值得注意的是,哈贝马斯借助于交互性来确定人的自我同一性,并不完全等同于现代西方形而上学通常讲述的那种在交往中确定的自我同一性。后一种在交往中确定自我同一性的理论,以"我—你"关系为代表。"我—你"关系是主体间关系,指交往双方在保持距离的前提下致力于相互理解与影响,而不一定导致一方完全放弃自身的观念,彻底接受对方的观念。"我—你"关系是针对"我—他"关系而言的,"我—他"关系指通行于"系统"中的人与物的关系,这种关系中充斥着以自身为主体与目的,以他人为客体与手段这一观念。哈贝马斯讲,要在交互性中确定自我同一性,就排除了有效于"系统"的"我—他"关系。但是,对于哈贝马斯的思想,我们还可以做出进一步的辨析,即哈贝马斯不仅要在"我—你"关系中确定"我",而且同时要在"我们"这样一种关系中确定"我"。这里,由于"我们"不同于"我"与"你",所以在"我们"中确定的自我同一性便不同于在"我—你"关系中确定的自我同一性。所谓"我们"不同于"我"与"你",指的是"我们"较"我—你"关系情况更为复杂。

"我—你"关系对立于"我—他"关系,是彼此独立、不可替代的个体之间的交往关系,且排除可以替代的"他"在外。而"我们"既可以是"我—你"关系的复数化,又可以是"我"的复数化,而后一种情况排除"你"或"你们"在外。哈贝马斯曾列举两个语句予以说明:一是"我们同舟共济",二是"我们参加游行了(指你们没有参加)"。① 前一语句是"我—你"关系的复数化,后一语句是"我"的复数化。仅就后一语句而言,"我们"确定自身同一性,无需"你"或"你们"的认可,因为"我们"确定自身同一性,仅需"我们"中的各个成员认可就行。这里,"我们"中的成员彼此间并非"我"与"你"的关系,而是直接的同一性关系。这就是说,所有成员都隶属于同一观念,各个成员均可彼此替代。因此,每一名成员相对于其他成员都不再完全是"你",反而在一定程度上接近于"他"了。

当然,哈贝马斯不会认可这样一种结论,所以他补充说明:"群体成员的相互承认要求有我—你—我们关系。"② 这表明,"我们"在确定自身同一性时,并不局限于"我—你"关系,而是将其拓展为"我—你—我们"关系。可见,"我们"是继"我—你"关系与"我—他"关系之后的第三种人际关系,或者更准确地说,是介于前两种关系之间的第三种人际关系。之所以说它介于前两种关系之间,是因为它在一定程度上分别带有前两种关系各自的特点。第一,它排除了工具理性,因而排除了完整意义上的"我—他"关系,在交往中确定自我同一性,因而接近于"我—你"关系。第二,它确定的,是群体性同一性,而不是个体间的同一性,因而用复数化的"我"替代单数形式的"我—你"中的"我"。伴随着"我"的拓展的,是"你"的萎缩,不可替代的"你"的萎缩导致可彼此替代的"他"渗透进交往领域。第三,"我们"不仅可以是"我"的拓展,而且可以像哈贝马斯列举的第一个语句表明的那样,是"我—你"关系的拓展。哈贝马斯讲求表述的可理解性、表述内容的真实性、表述者的真诚性以及由此而来的行动的正当性,为的就是奠定言语的有效性及主体间的有效规范,促成共识,导致共同行动。所以,

---

① Jürgen Habermas. Zur Rekonstruktion des Historischen Materialismus, Suhrkamp Verlag, Frankfurt am Main, 1976, S. 22.
② Jürgen Habermas. Zur Rekonstruktion des Historischen Materialismus, Suhrkamp Verlag, Frankfurt am Main, 1976, S. 22.

"我们"所带有的"我—你"因素可以抑制"他"的因素的蔓延，确保交往性生活世界相对独立于受工具理性支配的系统。因此，咬文嚼字以求准确地说，哈贝马斯讲求的，既不是"我—你"，也不是"我们"，而是"我—你—我们"。

哈贝马斯之所以强调"我—你—我们"的作用，原因在于他接受了黑格尔对自我意识与精神的阐述。黑格尔认为，在相互承认中形成的自我意识上升到普遍性，便成为精神。而且："针对主观意识，精神具有生活习惯与规范的真正客观性。精神是自我的反思性借以同时联结相互承认的主体间性的媒介。只要这一精神保持为局限性的，保持为某一个别家庭或某一个别民族的精神，由它促成的个别群体成员的同一性也就分别联结着特定的传统、特定的规范或角色。"① 也就是说，形成于相互承认之中的自我意识只是主观精神，相反，落实在家庭、民族与伦理之中的精神才是客观精神。伴随着主观精神上升为客观精神，个人之间的主观性相互承认也就落实在客观性伦理与社会规范之中。如果说"我—你"关系确定的是个体间的真实关系，因而是确定自我同一性的主观语境，或者说理想语境，那么"我—你—我们"确定的就是群体性关系，是确定自我同一性的客观语境，或者说现实语境。形而上学家往往侧重理想语境，而社会哲学家通常更为侧重现实语境。所以，作为一名社会哲学家，哈贝马斯讲，个人从属于群体："横贯个人生活史的群体同一性是个体同一性的条件。"②

之所以说自我同一性关联着生活世界，是因为"我—你"关系同"我—他"关系在哈贝马斯那里分别对应着交往理性与技术理性，二者截然对立。系统意味着对生活世界的侵袭和殖民化，生活世界意味着对系统的彻底否定和拒斥。而"我—你—我们"既容纳"我—你"关系的因素，又容纳"我—他"关系的因素，可以贯通于生活世界与系统这两个领域之中，维系既生活于八小时之内又生活于八小时之外的同一个人的自我同一性，不至于因两个世界彼此

---

① Jürgen Habermas. Zur Rekonstruktion des Historischen Materialismus, Suhrkamp Verlag, Frankfurt am Main, 1976, S. 94.

② Jürgen Habermas. Zur Rekonstruktion des Historischen Materialismus, Suhrkamp Verlag, Frankfurt am Main, 1976, S. 92-93.

矛盾而造成同一个人自我同一性的分裂。从理论自身的完整性上说，这是建构群体自我同一性的必要性所在。况且，相对于建构个体性自我同一性来说，建构群体性自我同一性同哈贝马斯建构道德观念、文化价值与社会规范这一主旨更加吻合。从理论的功用上说，这是建构群体自我同一性的必要性所在。但是，哈贝马斯建构的群体性自我同一性毕竟蕴涵两个不同世界中的个体性自我同一性因素，而且交往理性同工具理性南辕北辙，所以说哈贝马斯建构的自我同一性带有二元论因素。

三、从批判到建构

在哲学史上，任何一种二元论理论都面临着一个问题，即如何解决二元世界的相互关系。从笛卡儿到康德，都有一个思维与广延、自由与必然的关系问题。一般来说，形而上学理论倾向于用思维统率广延，用自由统率必然，而社会学理论倾向于在广延的基础上论述思维，在必然的基础上追求自由。这就是我们通常所说的唯心主义与唯物主义的分野。由于现代哲学不太在意这条分野的重要性，所以哈贝马斯将生活世界与系统并列起来，将交往理性同工具理性并列起来，令解决这一二元论问题的答案诉诸阙如。相形之下，现实情况却是，生产联系着分配，而分配要求有交互性规则，因而交互性规则影响生产领域，这两个世界并非截然彼此分离。对此，哈贝马斯当然有所意识。只是他站在生活世界的立场上，先将这两个世界彼此分开，然后外在地建立两个世界的联系，认为系统侵袭了生活世界，将生活世界殖民化了。但是，他关于生活世界被系统殖民化的理论恰恰证明，正是经济关系为交往行动奠定了基础。对于哈贝马斯这种工具理性与交往理性的二元论，西方学者做出了批评，认为这种二元论采取的是价值中立的做法，它将阶级结构纳入交往行动理论，将资本的使用纳入系统理论，即赋予金钱与权力这些调节机制以系统整合的作用，因而掩盖了阶级结构与消费价值之间的关系，令马克思已然认识到的生产关系的实质淡出人们的视野。[①] 而割裂资本与阶级结构的关系，作用在于印证西方福利

---

① 参见 Gerhard Bolte: Einleitung, in: Gerhard Bolte: Unkritische Theorie. Zu Klampen Verlag, Lüneburg, 1989, S. 7 – 20.

国家取得的成就。所以说,区分工具理性与交往理性二重世界,客观上起到了掩饰现实世界的真相这一作用。①

就现实世界的真相来说,八小时之外似乎有不受制约的选择行动,但选择的结果往往受到方方面面的制约,就像八小时之内也有不受制约的选择行动,只是选择的结果必定要接受劳动合同的制约一样。就生活世界的自由与系统的不自由而言,这里只有形式上的区别而没有实质上的区别。由于资本控制着全部生产过程,而八小时之外是生产的总体过程所必须的,所以系统起到了八小时内外的一切的中介这一作用。哈贝马斯将八小时之外表面上的自由当作真实的自由,就是将形式性自由当成了实质性自由。对此,早期批判理论对意识形态与文化工业等等的批判都起到了触类旁通的提示作用。在这一点上,哈贝马斯的理论逊色于早期批判理论。另外,哈贝马斯一方面从生活世界出发重构历史唯物主义,另一方面认为系统是从生活世界中分离出去的,像阶级结构就可以理解为从生活世界中分离出去了:"哈贝马斯认为,在我们今天,阶级结构已经从生活世界挪到系统中去了。"② 既然系统从生活世界中分离出去是必然的,而且与上文援引的西方学者批评的情况相反,在哈贝马斯那里,阶级结构与资本共同纳入系统,对于生活世界具有建设性意义,那么自然就可以顺理成章地得出结论说,与其对系统采取一味否定态度,不如对生活世界与系统之间的矛盾采取宽容态度。由此可见,交往理论是一种非批判性理论。

最为重要的是,批判理论原本的宗旨是,揭示现代社会的潜力及其与现实之间的张力,将人从奴役状态中解放出来。而哈贝马斯致力于在现存物中建立秩序,借助交往理性为后现代社会寻找替代性伦理规范,因而放弃了对社会整体性的批判,脱离了批判理论变革社会的宗旨。消解了批判性维度之后,哈贝马斯致力于澄清理解的普遍性条件,确保在理解中达成共识,借以建构普遍性规范。但是,像表述的可理解性、表述内容的真实性、表述者意向的真诚性这些理解的条件固然可以用来满足理性的要求,构成交往的结构,但这些条件本

---

① 参见 Christoph Türke: Habermas oder Wie kritische Theorie gesellschaftsfähig wurde, in: Gerhard Bolte. Unkritische Theorie. Zu Klampen Verlag, Lüneburg, 1989, S. 21-38.

② Helmut Dubiel. Kritische Theorie der Gesellschaft. Juventa Verlag, Weinheim und München, 1988, S. 115.

身就蕴涵在共识之中。因此，在理解的条件与理解的结果之间，实际上形成了一种论证上的循环。这种循环表明，哈贝马斯交往理论的前提与结论互为表里，前提就是结论，结论就是前提。与此相反，早期批判理论以理性的矛盾为批判的中介，通过辨析非同一性来把握个人与社会的关系，同样可以克服哈贝马斯所讲的系统及工具理性的局限性。尽管早期批判理论也面临一个论证上的循环问题，即对社会整体的批判是由置身社会整体之中的人做出的，但批判理论可以通过自我批判来突破这一循环，即通过对人自身置身社会整体之中这一局限性同样做出批判，克服对社会整体的批判有可能带有的局限性。相形之下，交往理论因弱化了批判性维度，很难突破自身在论证上的循环。

  无论是意图重建历史唯物主义，还是针对早期批判理论做出思想转折，都显示出哈贝马斯的一个思想主旨，即从批判规范的角度转入建构规范的角度。或许，西方社会既经历过马克思所处的历史时代，即资本主义原始积累的时代，又已经历过霍克海默尔与阿多诺所处的历史时代，即纳粹及纳粹后时代，如今已进入福利国家的时代。从某一角度来看，在今天这个时代，社会似乎已不再需要批判规范，而是需要重建规范。哈贝马斯的理论想必就是对这样一种看法下的社会需要做出的理论应答。他重建历史唯物主义的主旨不是像马克思那样，要批判传统资本主义社会的规范，而是要重构现代资本主义社会的规范。认清这一点，是我们认识哈贝马斯交往思想的一个前提，也是我们认识哈贝马斯以交往理论为核心的批判理论与伽达默尔解释学思想相互关系所需要的一个准备。

第五节 哈贝马斯交往概念的思想来源

  哈贝马斯的理论是一种交往理论，它以雅斯贝尔斯的交往理论为思想来源，并在接受这一思想来源时经受了阿伦特的交往理论起到的中介作用，从而形成了哈贝马斯立足于公共领域的交往理论，而他的这一交往理论完全不同于马克思的交往理论。

一、交往术语的辨析

哈贝马斯的交往理论是当今国内的热点课题，哈贝马斯交往概念的思想起源也就成为这一热点课题中的热点话题。虽然说一个概念在不同哲学家那里可能有不同含义，但由于不同哲学家在表述同一概念时，往往使用同一术语，并因此而体现出彼此间在思想上的传承关系，所以一个概念的术语在一定程度上反映了它的思想来源。就哈贝马斯的交往概念来说，由于马克思也有交往概念，所以我们似乎可以先从术语上将哈贝马斯的交往概念同马克思的交往概念联系起来，然后总结它们彼此间在含义上的差别，从而反映出哈贝马斯对马克思思想所做的发展。但是，辨析马克思与哈贝马斯各自使用交往这一术语的情况，我们会发现，哈贝马斯使用的词汇，是 die Kommunikation，而马克思使用的词汇，却主要是 der Verkehr。《马克思恩格斯全集》德文版《德意志意识形态》专著卷与《政治经济学批判》专著卷都将马克思难得一用的 Kommunikation 当作外来词，并解释它的意思是泛泛的联系，也就是 Verkehr。这就是说，哈贝马斯与马克思讲述交往时分别使用的，是两个彼此不同的术语，只是由于它们都翻译成同一个中文词汇"交往"，因而相对于中文读者来说掩盖了它们在术语上彼此无关这一真实情况。

Verkehr 在德文中指铁路交通、贸易往来、货币流通、通信交往等等，在词义上偏重于人们在现实世界以物质媒介为手段来打破自身孤立状态、建立各种共同体之间的多种联系这一客观含义，也偏重于人们在一定社会场合泛泛地"打交道"这一现实情况。这里，这个词汇带有的客观性、物质性因素是显而易见的。而 Kommunikation 在德文中指通讯、联络等等，它尤其广泛应用于电信技术发展起来的时代，在词义上偏重于以语言与符号为媒介而进行的个体之间的人际交流。这里，这个词带有的信息性、思想性因素是显而易见的。正因如此，马克思是结合着生产力的发展讲述交往的，因为正是生产力的发展带来了 Verkehr 的扩大。而且，马克思恩格斯所处时代，正是铁路交通以前所未有的速度飞速发展的时代。这种时代感给马克思恩格斯著书立说带来了深刻影响，恩格斯甚至在自己撰写的《不来梅通讯》中将铁路交通的作用同康德的时空范畴给人类思维带来的解放作用相提并论。① 与此相反，哈贝马斯讲述的交往，其意义在后工业社会背景下更加彰显。这就是说，此时的交往概念已经超越了在工业社会背景下看问题的角度，不再侧重生产与劳动以及在此基础上形成的共同体之间的经济往来，而是侧重超越这种经济往来的个体间的思想、精神联系，侧重这种联系的亲身性、真实性，以及这种亲身性、真实性相对于人的思想交流、精神寄托以及社会参与的意义。从这个意义上说，哈贝马斯讲的交互行动同马克思讲的劳动概念大相径庭，哈贝马斯的交往概念同马克思的交往概念在术语与内涵上都大异其趣，与其说 Kommunikation 是从 Verkehr 那里引申出来的，不如说 Kommunikation 另有思想来源。

二、交往概念的由来

追寻哈贝马斯交往术语的术语起源，就要结合哈贝马斯交往概念的内涵，搜寻它在哲学史上先于哈贝马斯的使用情况。首先，仅就这一概念的内涵来说，它意味着主体间观念取代主客体观念这一哲学内涵，因而主体间观念在现代的滥觞为我们搜寻哈贝马斯交往概念的术语起源提供了思想背景。其次，结合 Kommunikation 这一交往概念的内涵与术语这两个层面来说，在上述背景下，明确地首先将 Kommunikation 当作一个哲学术语来大书特书的，当属雅斯贝尔斯。雅斯贝尔斯将 Kommunikation 意义上的交往概念当作自己的生存哲学的一个重要范畴，认为主体间交往突破了人的自我封闭性，将人的生存实现在与他人的交互性行动中；主体间交往突破了主客体关系强加于人的固定不变的本质，将人阐明为在主体间关系中不断生成的无限可能性；主体间交往突破了人在经验世界中的被给定性、客观上的不自由，使人得以在自我认识上超越自身这种被规定性、深入主体间关系所成就的自由。② 这样，雅斯贝尔斯借助于交往概念阐发了海德格尔的共在概念所不具备的内涵，因为海德格尔的共在概念更多地是从自我的存在出发的，是自我作为缘在的在世方式。而雅斯贝尔斯的交往概念是从自我与他人的交互性出发的，他否认人脱离交往可以单独阐发

---

① 参见《马克思恩格斯全集》第 41 卷，第 134 页，人民出版社 1982 年版。
② 参见 Karl Jaspers. Die Philosophie, Bd. 2. Existenzerhellung. Springer Verlag, Berlin, Heidelberg, New York，1973, S. 50. 117.

出生存的内涵来。

雅斯贝尔斯的哲学体系分为世界导向、生存阐明与形而上学这三个部分，所谓世界导向，即人遵循主客关系模式把握自身的经验性存在的方式，而生存阐明是人依照主体间关系把握自身超越性的方式。人作为经验性存在，也在进行交往，只不过是在主客体关系中进行交往，即 Verkehr。人要维系自身的生命性存在、社会性存在，就要为利益起见而同他人彼此争斗或相互联合，将他人视为对立于主体的客体，以自身为目的，以他人为手段，通过与他人建立 Verkehr 意义上的联系，来拓展自身支配的客观世界。人作为经验性存在，也在追求自由，只不过是在认识与掌握客观规律的意义上追求自由，而不是说要超越客观规律地追求自由。与此相反，生存阐明所揭示的，恰恰是超越客观规律的自由，因为它认为主体间世界超越主客体世界，因而对客观规律存而不论，专注于非功利性交往，即 Kommunikation。所以说，世界导向所演绎的，是社会学意义上的交往，而生存阐明所演绎的，是哲学意义上的交往。Verkehr 是世界导向意义上的交往，而 Kommunikation 是生存阐明意义上的交往。哈贝马斯区分交互行动与劳动、自由与必然，并试图在此意义上重建历史唯物主义，就是在因循雅斯贝尔斯区分生存阐明与世界导向这一思想。哈贝马斯的交往概念与其说来自于马克思的交往概念，不如说渊源于雅斯贝尔斯的交往概念。

Kommunikation 超越 Verkehr，有一个理论演变、发展过程。当年，与马克思同属青年黑格尔派、但与马克思思想南辕北辙的施蒂纳提出了关于唯一者的理论。用今天的眼光看，施蒂纳之所以强调人是唯一者，就是因为他认为，Verkehr 不足以做人的本质性规定。但是，施蒂纳尚局限于主客关系思维模式，无法进入主体间交往的视域。他的这一理论缺憾在克尔凯郭尔那里得到了一定弥补。克尔凯郭尔将人界定为一种与自身的关系，而且是通过关联上帝来关联自身这样一种关系。这样一种自我反思关系在一定程度上突破了主客体关系，但尚未完全进入主体间关系，因为克尔凯郭尔对主体间的人际交往是否可能，始终抱怀疑态度。直到马丁·布伯提出"我—你关系"，才最终肯定主体间交往是可能的。布伯将上帝当作绝对之你，将交往中的他人当作相对之你，将与绝对之你的交往同与相对之你的交往贯通起来，将自我反思关系转变为主体间关系。雅斯贝尔斯大书特书交往概念，就是对这一思想脉络的进一步发展。这一发展过程是主体间性观念逐步确立起来的过程，是交往观念越来越明确的过程。从这一思想脉络的形成与发展中可以看出，Kommunikation 尚在思想萌芽中时，就蕴涵着超越 Verkehr 的意向，而 Kommunikation 逐步演变为一个哲学概念的过程，也就是它超越 Verkehr 的意向得以明朗化的过程。哈贝马斯的交往概念以主体间关系为取向，尽管未必要追本溯源地联系到施蒂纳，但理所当然要追溯到雅斯贝尔斯的交往概念上去。

但是，我们不能由此就断言，哈贝马斯的交往概念直接且唯一来源于雅斯贝尔斯的交往概念，因为雅斯贝尔斯是在纯哲学意义上讲述 Kommunikation 的。在他那里，伴随着 Kommunikation 超越 Verkehr 这一过程的，是形而上学对社会科学的超越。他进一步说明，生存交往是有限的，不足以充分阐明人的生存，因为生存交往在很大程度上依靠人类语言，而人类语言是有限的。这就是说，海德格尔讲的言谈是不充分的，人应当去解读超越性存在诉说给人的语言，就像解读启示那样。当然，要以哲学式语言而非神学式语言来解读，才能把握多元性真理。这就是雅斯贝尔斯的形而上学所讲述的哲学信念。形而上学原本是哲学的同义语，但在雅斯贝尔斯那里是哲学的一个组成部分，是世界导向与生存阐明的归宿，Kommunikation 的归宿。雅斯贝尔斯这种浓厚的纯形而上学倾向使得他无意专门研究现实政治领域，而是将作为一个哲学概念的 Kommunikation 直接应用于现实政治领域，将现实政治语境直接当作哲学语境的延伸与拓展。而这种做法并非哈贝马斯的意旨所在，因为哈贝马斯作为一名从事社会批判理论的学者，自然要从现实政治自身出发讲述 Kommunikation，而且要牢牢把握现实政治语境，而不是超越现实政治语境。所以说，雅斯贝尔斯的交往概念虽然在超越 Verkehr 这一意义上成就了哈贝马斯的交往概念，但只有进一步辨析交往概念在现实政治语境中的独立应用情况，才算得上为哈贝马斯的交往概念提供最为直接的思想来源。这就是说，交往概念从雅斯贝尔斯过渡到哈贝马斯，还需要一个中介环节。

三、交往概念的演变

构成雅斯贝尔斯与哈贝马斯之间这一思想中介环节的，是雅斯贝尔斯的学生汉娜·阿伦特。阿伦特一方面发挥了雅斯贝尔斯的交往思想，另一方面涉入了社会批判理论的问题域。就前一个方面说，阿伦特对雅斯贝尔斯的交往概念做出总结，认为交往不仅是对思想的表达，而且是真理本身的特性，真理就是交往。① 就后一个方面来说，阿伦特区分开关涉哲学的理性真理与关涉政治的事实真理。例如，她讲道："政治自由不同于哲学自由……因为享有政治自由的人是公民，不是一般的人，所以政治自由仅仅体现在团体中……换句话说，政治自由只有在人类群体的领域中才是可能的，其前提是这个领域不是双重的'我和我自己'到复数的'我们'的延伸。"② 对她这番话，我们可以联系雅斯贝尔斯的交往概念得出一个结论，即雅斯贝尔斯意义上的"我"与"你"的哲学式交往所实现的自由无法直接引申出"我们"的社会性交往所实现的自由，因为前者作为个体间交往的成果属于哲学语境，而后者作为群体性交往的结果属于现实政治语境，后者不是前者的直接延伸与拓展，而有其独立性内涵，尽管前者与后者的关系类似于康德讲的规范与建构的关系一样，是相互联系的。

现实政治语境有其独立于哲学语境的内涵，事实真理有别于哲学真理，因而阿伦特一改雅斯贝尔斯从交往的哲学含义直接过渡到其社会政治含义的做法，专门辨析公共领域这一独立性现实政治语境，并认识到："将政治设想为操作，就是在理论中忽略人的多元性，在实践中压抑个体……而人是多元的，每个人都有能力形成新看法，采取新行动，不愿屈从可以预见的严整模式。"③ 因此，阿伦特将行动从劳动与工作中独立出来，并在行动这一现实政治语境中阐发"我们"针对集权现象负有的责任。这里的含义是，正因为 Verkehr 是泛泛之交，是不带有人的个体性与多元性的交往，所以才会导致将个体予以平均化、泯灭多元性的做法，并导致将政治设想为操作这一现象，即导致集权现象。而有多元性行动，就会有多元性行动间的 Kommunikation。个体的多元性行动以及个体间的 Kommunikation 消除了人在 Verkehr 中的齐同均一状况与麻木冷漠的政治态度，这才是克服集权现象、通向理想的现实政治之路。因此，

---

① 参见汉娜·阿伦特：《黑暗时代的人们》，王凌云译，江苏教育出版社 2006 年版，第 77 页。
② 汉娜·阿伦特：《精神生活·意志》，姜志辉译，江苏教育出版社 2006 年版，第 223 页。
③ Margaret Carnovan, Introduction, in: Hannah Arendt, The Human Condition, The University of Chicago Press, London, 1958, P. xii.

阿伦特的意旨是，要在现实政治领域中超越 Verkehr 地发挥出 Kommunikation 的意蕴。西方学者评价说，这就是阿伦特"对公共领域或曰作为生存之可能性的政治的关怀"①。这里提到的"关怀"同海德格尔的术语"忧"是同一个词汇，它意味着在西方学者心目中，阿伦特将多元性行动从劳动与工作领域中独立出来，突出了人在公共领域中的本己性。可见，阿伦特是从公共领域这一现实政治语境出发，阐发她受生存哲学启发而形成的思想的。只是，她在承接雅斯贝尔斯用 Kommunikation 超越 Verkehr 的思想时，消解了雅斯贝尔斯用形而上学超越社会科学的纯哲学倾向，将雅斯贝尔斯带有形而上学倾向的关于 Kommunikation 的认识转变为对内在性的公共领域中的 Kommunikation 认识。

阿伦特将 Kommunikation 从哲学语境转移到公共领域语境中这一做法启发了哈贝马斯，尤其是她将权力与暴力对立起来、将权力同交往联系起来这一做法为哈贝马斯提出交往权力概念奠定了基础。哈贝马斯评价说："阿伦特则把权力看作是非强制交往中形成的一种共同意志的潜力。……这样一种交往权力，只可能形成于未发生畸变的公共领域之中。它只可能产生于未受扭曲之交往中的那种未遭破坏的主体间性结构。"② 可见，哈贝马斯视 Kommunikation 为公共领域的理想状态。也正是在这一将交往观念贯彻于公共领域的论述中，哈贝马斯克服了阿伦特论述个体性、多元性文字较多，而论述个体间交往文字略少这一偏向。另外，哈贝马斯深入研究语言学③，固然是为了辨析作为社会行动的 Kommunikation 的规范性标准，但也是针对雅斯贝尔斯强调人类语言不够充分、因而超越 Kommunikation 地转向超越性存在所做出的举措。哈贝马斯要驻足于公共领域这一内在性思想层面，恪守 Kommunikation 的价值，就要充分辨析语言应用的合法性，挖掘语言作为 Kommunikation 之媒介的可能性。这也是他将普通语用学研究纳入自己的交往理论的原由。他强调陈述的真实性、正确性、真诚性、可理解性，辨析言内行为、言后行为，从目的上说，为的是从语用学角度出发辨析 Kommunikation 的可能性。正如哈贝马斯所说："普遍语

---

① Ronald Beiner, Wahrheit und Politik, in: Waltraud Meints and Katherine Klinger (herg.), Politik und Verantwortung, Offizin Verlag, Hannover, 1994, S. 134.
② 于尔根·哈贝马斯：《在事实与规范之间》，童世骏译，三联书店 2003 年版，第 181—182 页。
③ 参见 Detlef Horster, Jürgen Habermas zur Einführung, Junius Verlag, Hamburg, 1999, S. 47–48.

用学的任务是确定并重建关于可能的理解的普遍条件（在其他场合，也被称之为'交往的一般假设前提'）。"① 从认识结论上说，他指出，认知与陈述总要以交互行动为前提，即以对话双方就陈述的规范取得一致或默契为前提，因而交往是认知与陈述的真实性、正确性、真诚性、可理解性等等的由来。这种认识结论是哈贝马斯涉入商谈伦理学的条件，因为商谈论理学是以 Kommunikation 这一理想性语境而非 Verkehr 这一现实性更强的语境为条件的。卢曼之所以批评哈贝马斯的社会理论过于理想化，以至于它不成其为从实际出发的社会学理论，就是因为他认为哈贝马斯的商谈伦理学悬设了 Kommunikation 这一理想。对于这一理想悬设，另有西方学者评价说："为了将行为解释为富有意义的或理性的行动……我们必须认定，个体在总体上是在理想化假定条件下行动的。而且，个体的所有行动只有作为关联理想化假定条件的行动，才是可以理解的。"② 这就是说，Kommunikation 固然有理想化特点，但这种理想化特点是哈贝马斯的商谈伦理学所必需的语境，是他以 Kommunikation 为核心的社会哲学所必需的语境。

由此可见，哈贝马斯从雅斯贝尔斯与阿伦特这一思想脉络中秉承的交往观念贯彻于他的思想的始终，而雅斯贝尔斯在生存哲学意义上论述的交往概念有待于在涉及公共领域的社会哲学中进一步析化，这一点也在哈贝马斯的理论中得以完成。另外，当我们批评哈贝马斯忽略交往的物质性因素时，应当注意到，仅就交往理论本身来说，交往的物质因素在今天未必仍然是需要一再重复的哲学话题，而超越 Verkehr 这一思维层面，进一步阐发 Kommunikation 这一在当今更有时代感的话题，则可以理解为哈贝马斯对马克思做出的发展。对于这一更有时代感的话题，西方学者评论说："于尔根·哈贝马斯……从世界主义、多元主义与后威斯特法伦和约精神的后阿伦特倾向中看到了希望。……例如，哈贝马斯建议，用立宪爱国主义取代种族民族主义，因为在这种情况下，公民的团结不是立足于随便什么所谓的前定实质性同一性，而是形成于'在

---

① 于尔根·哈贝马斯：《交往与社会进化》，张博树译，重庆出版社1989年版，第1页。
② Kenneth Beynes, The transcendental turn: Habermas's Kantian pragmatism, in: Fred Rush (ed.), Critical Theory, Cambridge University Press, Cambridge, 2004.

交往中克服矛盾'。"① 这里讲到的实质性同一性，也就是马克思所面临的阶级、国家等实体的问题。而在哈贝马斯的时代，在西方社会，阶级界限越来越模糊，超越民族国家的治理已成为一个普遍的共识。所以，哈贝马斯的交往理论所针对的当今问题，不同于马克思的交往理论在历史上所针对的问题，即不再是 Verkehr 造就的实质性同一性，而是非同一性基础上的 Kommunikation。这是哈贝马斯的交往理论区别于马克思的交往理论的关键所在。

关于哈贝马斯交往思想的来源，国内学者多有著述，如哈贝马斯从马克思关于具体劳动与抽象劳动的分析中得出生活世界与社会系统之分的结论，② 哈贝马斯从黑格尔的耶拿手稿中识别出主体间性思想的意蕴，③ 哈贝马斯的交往理论受惠于阿伦特对权利与民主之认识的启发，④ 等等。而我们在这里专门论述哈贝马斯从雅斯贝尔斯、阿伦特这一思想脉络中汲取的 Kommunikation 超越 Verkehr 的含义，则构成国内学者认识哈贝马斯交往观念这一视域中的一个剪影。

---

① Nancy Fraser, Hannah Arendt im 21. Jahrhundert, in: Waltraud Meints and Katherine Klinger (herg), Politik und Verantwortung, Offizin Verlag, Hannover, 1994, S. 77 – 78.
② 参见王晓升：《哈贝马斯的现代性社会理论》，社会科学文献出版社 2006 年版。
③ 参见李淑梅、马俊峰：《哈贝马斯以兴趣为导向的认识论》，中国社会科学出版社 2007 年版。
④ 参见汪行福：《通向民主对话之路——与哈贝马斯对话》，四川人民出版社 2002 年版。

第二章　解释学刍议

第一节　在文本与解释之间

伽达默尔的解释学思想是围绕着文本与解释的关系展开的，而他所理解的文本与解释的关系具有一个特点：解释既不是对文本的被动性反映，也不是对文本的随意性表现，而是说在文本与解释之间充斥着一种相互中介的关系。这种认识同伽达默尔有关游戏、视域融合、完全性的前把握等解释学观念密切相关，而这些观念成就了伽达默尔关于文本与解释的关系的解释学思想。

一、文本与解释

首先，伽达默尔关于文本与解释的观点涉及他关于理解与解释、解释与演绎之间关系的观点。按照传统的观点，解释是理解的工具，所以先有解释，后有理解，因为掌握了工具，才能达到目的。海德格尔颠倒了有关理解与解释相互关系的这种传统性认识，认为先有理解，后有解释。在海德格尔那里，理解是缘在（亲在、此在）之忧，形成于缘在的被抛状态之中，是缘在用来把握自身的，因而实际上是一种前理解。解释形成于这种前理解之后，是对理解的加工，用于澄清前理解的结构，完成理解的过程。[①] 海德格尔这样阐述理解与解释的关系，目的在于澄清我们的解释性境遇，而他的阐述为伽达默尔进而论

---

① 参见 Jean Grondin, Einführung in die philosophische Hermeneutik, Wissenschaftliche Buchgesellschaft, Darmstadt, 2001, S. 134–137.

述自己关于文本与解释的观点打下了理论基础。

伽达默尔认为，文本本身尚不是现实的作品。文本需要经过解释，才成其为现实的作品。例如，曲谱本身尚不是乐曲，只有将其演奏出来，才有现实的乐曲。而演奏作品，也就是在解释曲谱。演奏者演奏（解释）乐曲时，有演奏者对乐谱的理解。也就是说，演奏（解释）本身就带有理解的因素。或者说演奏者演奏（解释）乐曲，为演奏者理解乐谱提供了机缘。所以说，没有解释，就没有理解。反过来说，演奏者不能理解乐谱，便没有能力演奏乐曲。所以说，没有理解，也就没有解释。综合这两个方面来说，理解与解释这两重因素互为表里，是将文本予以现实化的过程。而经过演奏的乐谱，或者说经过理解与解释的文本，也就成为现实的乐曲或作品。

这样，伽达默尔阐发了自己对文本的独特认识。通常，文本是文本，读者是读者。虽然说文本需要读者阅读，而不同读者阅读同一文本，会留下彼此不同的印象，也就是说，读者对同一文本的理解和解释有可能千差万别，但理解和解释毕竟属于文本概念之外的范畴，理解和解释的结果是读者进一步阐发出来、外在地追加给文本的。而文本本身独立于读者，因为它是已然由作者完成了的。伽达默尔将理解与解释纳入文本的概念，从而将文本从一个现成、完整而封闭的概念发展成一个未完成的、开放性的概念，从一个静态的存在物发展成一个动态的过程。文本存在于理解与解释之中，或者说理解与解释是文本的现实存在方式。至于通常意义上的文本，在伽达默尔那里只是一个潜在的文本。只有容纳了理解与解释因素的文本，才是真正的、现实的文本。理解与解释将潜在的文本予以现实化，理解与解释的程度决定了文本得以现实化的程度。

我们可以这样来理解：文本不但具有可理解性，而且具有待解释性。无论是由于文本属于遥远的时代而在今天难于理解，还是由于文本言不尽意，文本都有待于解释。而文本的待解释性决定了，解释不是附加给文本的，它本身就从属于文本。解释衔接文本的待解释性，最终完成了完整的文本。任何解释都隶属于留待解释的文本的框架，文本的可理解性就呈现在这种框架之中。文本为解释提供了游戏空间，而文本的这种游戏空间有赖于解释来填补。由此可以得出结论：解释具有无穷无尽的可能性，任何一种解释都无法完全覆盖某一文本。对同一份文本,有可能产生千差万别的种种解释,从而造成各种解释间的差别与冲突。例如,对于同一份文本,历史学家解读的结果不同于语文学家解读的结果。对于这些差别与冲突,早就流传着种种老生常谈的说法,如有一千个读者,就有一千个哈姆雷特,如解释者有可能比文本的作者更为了解文本等等。这意味着,解释既附着于文本,又相对游离于文本之外。正因如此,文本的现实化具有无穷无尽的可能性。读者解释文本时,既要依据前在的文本,又要阐明自己对文本的解读;不但要解读得与前在的文本有所不同,而且要解读出比前在的文本更多的内容来;不但不能一味重复以往的读者的解读结果,而且要相对于以往的读者解读得更具独到之处,要更加独辟蹊径。文本不是单义性的,而是以其多义性供读者解读的。这种多义性具有两种含义:其一,文本愈层次复杂,它对读者的解释便愈没有约束力;其二,留待解释的文本不可一劳永逸地解释完,而允许有无尽的解释。① 而且,解释者解释文本时,不仅面对文本,而且面对其他可能的解释,也就是说,是解释给其他解释者看的。解释者依据文本做出的解释,又为后继的解释者依据文本和此前的解释做出新解释提供了依据或者说参照。

因此,文本与解释作为解释学经验的两重因素,虽然彼此密切相关,却并不相互重叠,这样也就为无尽的解释留下无尽的空间。历史上的解释学大多讲求趋同,而如今的解释学哲学则反对趋同,因为趋同以特定目标和规范为前提,而这些特定目标和规范实际上仅仅具有主观效用。在新的解释学观念的指导下,文本的待解释性更加意味着开放性,而这也为潜在的文本显现为现实的文本留下了广阔的空间。在这一空间中,文本与解释是解释学经验中的两极,这两极不能彼此融合,却可相互补充。所谓理解,就是从解释的角度把握文本,并从文本的角度把握解释。解释学式理解就形成于文本与解释之间,形成于文本与解释这两极之间的互动关系之中。

二、游戏与游戏者

其次,伽达默尔关于文本与解释的观点同样受益于海德格尔关于存在自

---

① 参见 Günter Figal: Die Komlpexität philosophischer Hermeneutik, in: Günter Figal: Der Sinn des Verstehens, Philipp Reclam jun. GmbH, Stuttgart, 1996, S. 12 – 16.

身呈现的思想。海德格尔关于缘在的存在论思想也是一种实际性解释学思想，他不是将理解看作主体的行为方式，而是将其看作缘在的存在方式。缘在始终在领悟和解释自身的存在，只是这种解释不同于尼采或弗洛伊德所说的解释。这是因为，它不是出于权力意志或力比多而做出的解释，即不是纯主观性解释。权力意志与力比多属于形而下的层面，而海德格尔通过缘在领悟的，是形而上的存在自身。这是因为，海德格尔秉承了一条发轫于克尔凯郭尔的思路：人是一种关系，即与自身的关系。而人不遗余力地反思的这一关系，是上帝设定的。所以，人在关联自身的同时，也要关联上帝这位超越者。海德格尔涤除了克尔凯郭尔思想的神学痕迹，突出了哲学含义，通过缘在去领悟超越性的存在。但是，超越性存在不同于权力意志与力比多这些经验性、内在性概念，因而海德格尔的实际性解释学不可能像尼采那样，得出没有事实、只有解释这一结论，因为超越性存在远远不是缘在凭一己之力就可以揭示出来的。用同海德格尔思想相近的哲学家雅斯贝尔斯的话来说，人关联超越性存在，在终极意义上注定是一个失败。失败不是个消极的概念，而是个积极的概念。人关联超越性存在的努力在终极意义上注定失败，表明存在的超越性和无限性。所以，揭示存在，是一个方面，而存在的自身显示，是另一个方面。这两个方面彼此联系，因为只有以人领悟存在为机缘，存在才得以自身呈现出来。而且存在的这种自身呈现并非一次性的、完整性的、终极性的。

在海德格尔思想的影响下，伽达默尔将文本与解释的关系予以独立化。为此，他提出游戏概念，将文本与解释的互动关系当作一种游戏。在思想涵义上，游戏概念来自于海德格尔的节日庆典概念。在词义上，游戏在德语中是 Spiel，相当于英语中的 play，而不同于英语中的 game。game 是两个人之间的游戏，而 Spiel 或者说 play 是展示给他人看的游戏。这样，游戏的词义同其思想含义彼此吻合，即相当于海德格尔讲的节日庆典，因为节日庆典就是展示给观众看的。同时，游戏意味着，游戏者进入游戏这样一种存在，并接受游戏规则的支配。因此，从游戏者与游戏最基本的关系上说，游戏是压倒游戏者的，游戏者是受游戏支配的。所以，游戏者并非游戏的主体，游戏自身才是主体。游戏概念的意义就在于，它论证了游戏本身超越游戏者的主体性，或者说论证了理解与解释本身超越理解者、解释者个人的主体性。同时，游戏表明，伽达默尔不是把文本当作客观对象来看待，而是将文本看作一种在解释中的自我呈现。文本的现实性是一种现象学式的显现，其显现的程度由解释的程度而定，① 正如解释的程度同样取决于文本的显现程度，因为解释毕竟是以文本为依据，而不是纯主观性的、随意性的。联系上文所述文本的待解释性来说，文本虽然是文本解释的前提，但解释者所解释的，不是文本本身，而是文本的显现，是解释者对文本的理解。解释的意义在于，它实现了文本的存在。②

按照伽达默尔的理解，关键不在于游戏的本质，而在于游戏的存在方式。就游戏的存在方式而言，游戏仅在游戏者游戏时，才获得具体而现实的存在，而且游戏具体而现实的存在可以随游戏者的游戏而发生变化。相反，脱离了游戏者，游戏便不成其为游戏。因此，相对于游戏而言，游戏者同样是本质性的。在《真理与方法》中，伽达默尔谈到悲剧给人带来的伤悲、战栗、净化等等作用，表明游戏是为我们的存在。观众的参与是文本的意义得以完成的必要条件，文本的意义也随着观众的理解而发生改变。所以，得到理解，才是艺术的真理。这意味着，进一步说，游戏的主体性并不能强制游戏者，一味被动地接受游戏规则，因为游戏的关键性因素在于游戏者参与游戏，在于游戏（名词）要得到游戏（动词）。出于同样的道理，文本的权威性并不能强迫读者，一味接受作者的意图，因为文本要得到读者自己的理解和解释，而且是读者自己的独到理解和独到解释。解释文本像演奏乐曲一样，每一次演奏都有其独特之处，不可能因为乐谱已经为大家所熟悉就变为一成不变的重复了。所以说，文本与解释组成的游戏并不一定遵从作者的意图，而毋宁说是不确定的，是在具体的解释中演绎出来的。游戏的真理存在于游戏者参与的游戏中，文本的真理存在于读者根据文本做出的解释中。

同时，由于游戏者参与的，是 Spiel 或者说 play 意义上的游戏，而不是

---

① 参见 Günter Figal: Hermeneutik und Phänomenologie, in: Günter Figal: Verstehensfragen, Mohr Siebeck Verlag, Tübingen, 2009, S. 177 – 188.
② 参见 Günter Figal: Die Komlpexität philosophischer Hermeneutik, in: Günter Figal: Der Sinn des Verstehens, Philipp Reclamjun. GmbH, Stuttgart, 1996, S. 16 – 19.

game 意义上的游戏，因而解释者解释文本时，不仅面对文本，而且面对其他可能的解释，是解释给其他解释者看的。解释者依据文本做出的解释，又为其他解释者依据文本和此前的解释做出新解释提供了依据或者说参照。进而言之，参与游戏的，不仅有游戏者，而且有观赏者。在节日庆典中，观众也是庆典的参与者。游戏者游戏，就是展现给观赏者的。所以，与其说游戏相对于游戏者而存在，不如说游戏相对于观赏者而存在。哪怕没有观赏者在场，游戏也是为观看而存在的。所以，在游戏中，观赏者在更进一步的意义上占有优先地位。[①] 观赏者的优先地位表明，游戏概念的意义不仅在于论证游戏超越游戏者的主体性，而且在于论证游戏超越个别游戏者的主体间性，因为游戏是实现在游戏者与观赏者的相互关系之中的。

按照伽达默尔的解释学思想，文本不是固定不变的，而是形成于不断的解释之中。同时，没有什么本原的解释，因为任何解释都关联前在的解释，以前在的解释为前提。这样，原始文本与经过解释的文本衍生为互文，作者与解释者衍生为交互性主体。伽达默尔将解释学的理解建立在文本与解释的互动关系上，以至于解释不可能是向作者意图的回归，反而有可能离作者的意图越来越远。因此，理解文本，并不是要置身作者内心，而是要置身令人有所理解的那片视域。把握了对方的视域，即使不见得认可对方的视域，也可以理解对方。相反，如果一味拘泥于作者原意，势必错失文本的意义。所以，伽达默尔认为，必须抛弃作者意识，因为发言的不是作者，而是文本。这一点反映出伽达默尔对海德格尔的发展，因为在海德格尔那里，理解还侧重于自我理解。而在伽达默尔那里，理解已经侧重于相互理解了。

三、历史间距与视域融合

再者，伽达默尔关于文本与解释的观点，最为突出地表现在他关于视域融合的观念中。而伽达默尔关于视域融合的观念是他最富创建性的思想之一。视域融合的观念以间距观念为前提，而间距观念涉及理解的方方面面。通常说来，间距存在于作者原意与文本表述之间、能指与所指之间、文本与读者之

---

① 参见伽达默尔：《真理与方法》上卷，洪汉鼎译，上海译文出版社 2004 年版，第 130—134 页。

间、作者与读者之间，等等。我们可以根据书写与接受这两条线索把上述方方面面的间距划分为两大类，即作者原意与文本表述之间的间距及文本与读者之间的间距。这是因为，能指与所指之间的间距可以同作者原意与文本表述之间的间距归并为一类，因为作者原意已经在意指所指，只是要通过能指来意指所指，而能指也就是文本表述的意思。从作者原意经文本表述即能指到所指，构成一个书写的过程。而作者与读者之间的间距可以同文本与读者之间的间距归并为一类，因为读者是透过文本把握作者原意的，从读者经文本到作者，构成一个理解的过程。伽达默尔的解释学思想所关注的，主要是文本与读者之间的间距，因为它关注的，主要是文本产生时代与读者所处时代之间的时间间距、待理解的文本意义与解释之间的间距，并致力于沟通表述与理解、在一定语境中对意义的接受。至于作者意图与文本表述之间的间距，则是利科的解释学的主题了，因为利科致力于揭示作者的误指。[1]

按照通常的看法，文本与解释者之间的历史间距给解释造成了障碍，因为它令解释者对文本感到陌生。解释者如何能够克服由历史间距造成的陌生性，表达文本蕴含的真理？伽达默尔采取了另外一条思路：文本的意义并不来自于作者及原初的读者，而来自于受历史境遇影响的种种解释。历史对象及其影响融合在一起，而历史影响无法脱离解释。所以，单纯的历史事件是不完整的，后发影响是用来确定先发事件的。没有解释，便难于确定历史事件。[2] 所以，历史距离并不意味着空洞的时间间距，它是由历史传承所填充的。历史传承为理解奠定了条件，因而恰恰是历史距离使得理解成为可能。一方面，审美距离使得观赏者能够将一个事件从它的连续性中抽取出来，与观赏者自身相同时。在历史传承中，随着审美者自失于审美对象，往昔与当下才结合在一起，非时间性的现时才成为可能。另一方面，历史间距使得仅具有局部性而不具有普遍性的种种解释统统失效，并由此而突出了具有普遍性意义、从而能够跨越历史间距的解释。例如，古典文化的意义就在于，它持存于一切时代的历史性追忆

---

[1] 参见 Emil Angehrn: Interpretation und Dekonstruktion—Untersuchungen zur Hermeneutik, Velbrück Wissenschaft Verlag, Weilerswist, 2004, S. 71 - 72.

[2] 参见 Habermas: A Review of Gademaers Truth and Method, in: Fred R. Dallmayr and Thomas A. McCarthy (ed.): Understanding and Social Inquiry, University of Notre Dame Press, Indiana, 1977. S II?

之中。因此,当今的解释者之所以能够解释文本,原因恰恰在于历史间距。可以判定,恰恰是历史间距成就了理解和解释。历史间距固然存在于理解性主体与历史对象之间,但理解性主体并不是与历史对象直接相遇,而是从经过历史中介的立场出发的,因而作为文本的历史对象要经受种种解释起到的中介作用。

在历史间距观念的基础上,伽达默尔展开了视域融合的观念。所谓视域融合,即我们对文本的理解与该文本与我们的境遇的关系彼此整合,以至于文本的原始意义无法同为我们而存在的意义相互区别开来。解释学区别于自然科学,没有独立于我们的对象,对象的意义即解释者的观点与对象相融合的意义。由于我们只能理解自身从属的世界,不能置身自身所属世界之外地去理解,所以我们只能在与自身境遇的关系中理解文本,却不能把文本放到原始关联中恢复其意义。因此,要保持文本视域与解释者视域的开放性,将解释者的视域同陌生的视域融合在一起。理解不是从一个视域跳入另一个视域,而是将熟悉的视域与陌生的视域融合起来。解释的领域存在于在陌生性与熟悉性之间,因为完全熟悉的,无需解释,完全陌生的,无法解释。恰恰是居于陌生性与熟悉性之间,才为解释者依据自己所熟悉的去把握自己所陌生的、从而不断扩大自己熟悉的视域创造了条件。伽达默尔论述翻译,主要是将翻译当作语言作用的实例,说明翻译并非简单地将一种语言转换成另外一种语言,而毋宁说是在吸收外语,发展自身的语言系统。但是,翻译同样可以用来说明视域融合克服主体间断裂的作用。翻译既出现在不同世代的人之间,也出现在不同语言之间。它将陌生的语言视域纳入我们熟悉的语言视域,视域拓展即一种语言吸收另外一种语言的过程。

过去的视域不是封闭性的,当今的视域同样不是封闭性的。我们从当今出发看待往昔的目光,是伴随着当今视域的延伸而延伸、拓展而拓展的。过去的视域是从当今视域出发向过去的投射,过去的视域要一再为当今的视域所替代。所以,视域融合既伴随着过去的视域,又消解着过去的视域。[1] 一方面,

---

[1] 参见 Günter Figal: Fremdheit und Entferntheit, in: Günter Figal: Verstehensfragen, Mohr Siebeck Verlag, Tübingen, 2009, S. 223–231.

当今的视域消解着过去的视域,另一方面,历史视域不同于我们的视域,因而我们的视域要融入历史的视域,以至于我们的视域成为历史视域的一个视角。这一历史视域不是我们可以外在地加以认识、客观地加以批判的,毋宁说我们要将其当作一个历史之你来接纳。历史之你的陌生性带来不同的理解,与其说向我们提供了固有的意义,不如说向我们透露了隐藏的意义。这种透露既属于文本的应用过程,又属于文本的效应史。伽达默尔在理解和解释之外提出应用概念,以及效应史概念,便突出了一点:同我们的视域向历史视域的运动相反,还有一个从历史视域向我们的视域的运动。因此,理解不仅仅是我们的视域的单向扩大过程,而同时是历史向我们迎面而来的过程。视域融合是我们的视域同历史传承的双向运动。

尽管视域融合概念是伽达默尔的首创,但伽达默尔在主旨上是遵循海德格尔的思想的。视域是缘在的世界,而缘在是有限的,因而视域及视域融合也是有限的。伽达默尔之所以提出视域这一概念,就是因为这一概念适用于有限的理性。视域固然可以通过视域融合而不断扩大,但视域在流动之中总有其边界,意味着理解始终有其界限。

四、历史的延续性与完全性前把握

视域融合之所以可能,有赖于伽达默尔将历史理解为一种延续性。我们可以将伽达默尔对待历史的态度分为三个层次:在第一个层次上,即在表面的层次上,伽达默尔对待传统很"友善",因为他承认历史存在物可以流传下来,因而理当主张历史的延续性。在第二个层次上,即在更深一个层次上,伽达默尔认为,在过去与当今、传统与现代性之间充斥着一种张力关系。从这一点上说,他理当主张历史的断裂性。在第三个层次上,即在最深的层次上,伽达默尔的历史间距与视域融合等观念最为明确地说明,历史的延续性要历经断裂性,历史是断裂性中的延续性,因为是历史的延续性沟通了解释与文本之间的间距。① 为了有所理解,人需要不同的、陌生的东西,而这不同的、陌生的东

---

① 参见 Günter Figal: Philosophische Hermeneutik-Hermeneutische Philosophie, in: Günter Figal: Verstehensfragen, Mohr Siebeck Verlag, Tübingen, 2009, S. 1–10.

西来自于历史的断裂性。同时,不同的要化为自己的、陌生的要化为熟悉的,历史存在物才能流传下来,延续性才能贯穿于断裂性之中。所以说,解释学的真理并不存在于断裂性之中,而存在于延续性之中。①

视域融合之所以可能,还有赖于伽达默尔将文本的视域与解释的视域纳入一个共同的历史性过程。历史传承既包括解释者的活动,又包括历史传承对历史对象起到的中介性作用。解释者既依靠历史来理解对象,本身又从属于历史。正如伽达默尔本人所说:历史并不属于我们,毋宁说我们属于历史。② 因此,解释是在历史传承中做解释,借助于历史传承做解释。解释活动从属于历史自身的运动,解释者的活动从属于历史实体。这样一来,真正的历史对象并不是历史对象自身,而是历史对象自身与他者的统一体,或者说是一种关系。在这种统一体或者说关系中,历史这一实在与历史性解释这一实在两相对照。而这就是伽达默尔所讲的效应史的含义:解释不是主观意识,而是历史实在,或者说解释是一种效应史事件。伽达默尔的解释学之所以并不去建构解释者自我的封闭性主体体系,而是把自我当作解释活动,就是为了保持解释的开放性,发挥效应史的作用。因此,解释就是传承与当下的调和,而这不仅是解释者的作为,而且是效应史发挥作用的方式。③ 解释是超主体性的,是过去与现在的调解和转化,它超越了人为的有意识控制。正因如此,解释是解释者所无法控制的事件,解释者从属于他解释的文本。理解与解释对象,同时意味着自我理解与自我解释。④

伽达默尔关于文本与解释的观点还有一个思想前提,这就是关于完全性前把握的观念。所谓完全性前把握,指我们阅读文本时认定,文本具有内容和形式上的完整性,文本的意义是融贯一致的。这样,我们才能对文本做出合乎文本逻辑的解释。当文本的意义成为问题时,即当文本的叙述令我们感到陌生

---

① 参见 Günter Figal: Gegenständlichkeit, Mohr Siebeck Verlag, Tübingen, 2006, S. 17.
② 参见汉斯·格奥尔格—伽达默尔《真理与方法》洪汉鼎译,上海译文出版社 2004 年版,第 281 页。
③ 参见 Claus v. Bormann, Die Zweideutigkeit der hermeneutischen Erfahrung, in: Hermeneutik und Ideologiekritik, Suhrkamp Verlag, Frankfurt am Main, 1971, S. 91 - 92.
④ 参见 Emil Angehrn: Interpretation und Dekonstruktion—Untersuchungen zur Hermeneutik, Velbrück Wissenschaft Verlag, Weilerswist, 2004, S. 87 - 91.

时，我们会借助于完全性的假设来修补文本的意义，因为只有文本的规范性才能确保解释的非随意性。另外，文本的意义是主体间性的，作者肯定希望得到读者的理解，读者应当明白作者的意思。因此，就要确信或者说假设作者所说的是真的。这样才能将作者的信念与表述联系起来，将文本与事实联系起来。相反，认定作者的表述是错误的，就无法建立起统一的意义。所以，认定作者表述为真，是文本实际为真的前提条件。就完全性前把握而言，形式性假设是内容性假设的条件。只不过，留待理解的文本无需意义完全统一，而只需要意义充分即可，因为解释者并不怀有明确认识，而毋宁说只是怀有一种意义预期。况且，从视域融合的角度说，预期也不是一种主观活动，而是由解释和文本共同决定的。

这样，完全性前把握在文本与解释之间悬设了一种共识。但是，有所共识，并不意味着文本与解释分享完全一致的真理，否则我们只能理解与我们完全一致的东西。只不过，解释与文本之间的分歧是以基本共识为前提的。这样，解释者也才能同作者一道，瞄准同一对象，并通过视域融合，同作者互为主体地分享同一文本世界。文本与读者的关系是我与你的对话关系，文本的视域与解释者的视域融为一体，因而文本的意义是一种超越主体或者说主体间的理想性存在。解释者从总体出发理解局部，就是以完全性前把握为条件的。它预设了文本意义的统一性，并以对意义的预期来指导阅读活动。只有在文本的具体内容不符合意义预期这一前提下，读者才会质疑历史流传的可靠性，并因此而从局部出发理解整体。而这一从局部到整体的过程也是区分正当前见与不正当前见的过程。这就是说，不是我们决定文本的阅读结构，而是文本决定我们如何理解文本的意义。在阅读文本时，一方面，我们对文本抱有意义预期，另一方面，阅读过程又促使我们不断纠正自己的预期。而我们不断修正自己的假设，文本才会不断符合我们的预期，文本相对于我们的他在性才会得以不断地演绎出来，我们才能把握实际性真理，而不是随意做解释。这样，伽达默尔通过一系列彼此密切相关的思想，弱化了作者的作用，突出了读者的作用，从而将解释学式理解建立在文本与解释的互动关系上。

第二节　解释学的浪漫主义渊源

伽达默尔的解释学思想像西方哲学史上的任何一种思想一样,有其历史上的思想渊源。海德格尔的思想对伽达默尔的影响是有目共睹的,而在这样一条明显的影响之外,还有一条潜移默化的影响,这就是德国历史上的浪漫派的影响。在德国历史上,浪漫派作为对通常意义上的启蒙运动的反动,同德国特有的启蒙运动一样,深刻地影响了后世的德国学术思想,也因此而构成了伽达默尔解释学思想的一条历史渊源。

一、浪漫派与启蒙的对立

上世纪 60 至 70 年代,伽达默尔与哈贝马斯展开了一场学术争论。这场争论的具体内容、参加争论的各个人物的学术观点都已为学术界所熟悉,无需赘述。这里需要进一步补充的是,这场争论固然直接来自于解释学与批判理论的思想分歧,但它还来自于解释学与批判理论各自的历史渊源之间的分歧,而这一历史渊源上的分歧就是德国历史上浪漫派与启蒙运动之间的思想分歧。解释学秉承了浪漫派的思想,而批判理论秉承了启蒙的思想,因而解释学与批判理论的分歧意味着浪漫派与启蒙的分歧在今天的延续。

德国知识界对待启蒙的态度可分为三类,一是反对启蒙,二是拥护启蒙,三是修正启蒙。马克思属于第二类,批判理论属于第三类。[①] 马克思和恩格斯主要是从经济与社会发展的角度出发评判启蒙的,因而承认启蒙的进步性。霍克海默尔和阿多诺则从意识形态批判的角度出发,因而判定启蒙回归神话。至于伽达默尔,从表面上看,我们似乎可以将他归入第一类,即反对启蒙这一类。这一点既表露在伽达默尔对启蒙的直接评价中,也流露于他涉及启蒙时对立于批判理论的态度中。例如,启蒙致力于消除偏见,批判理论继承了这种观

---

① 参见 Peter Pütz: Die deutsche Aufklärung, Wissenschaftliche Buchgesellschaft, Darmstadt, 1991, S. 3.

点。本雅明认为，历史传承无法摆脱蒙昧，因为历史本身就是统治的历史。①哈贝马斯认为，传统是统治与社会暴力的媒介。但是，伽达默尔认为，权威并非专制，也不一定引发盲从，而会带来见识。因此，它将权威的主体从个人转变为传统，将偏见解释为前见，并认为人类理性孱弱无力，无法清除全部偏见。因此，所谓清除偏见的说法，本身就是一种偏见，或者说前见。所以，在正当的前见中接受教育，毋宁说是人的一种幸运。对于由前见构成的传统，伽达默尔并非像历史上的启蒙与后来的批判理论那样，采取一味批判的态度，而是像历史上的浪漫派一样，采取了敬重的态度。所以，从表面上看，我们似乎可以将他归入第一类。

反过来说，伽达默尔对启蒙采取了一定程度上的批评态度，而他对启蒙的批评完全符合德国历史上包括浪漫派在内的传统看法。早在1787年，德国神学家 Karl friedrich Bahrdt 就在《论普鲁士的自由及其限度》一文中阐明，为取得信念，人不仅要有明晰的概念，而且要有充足的证明和充分的权威，因为个人的理智有可能犯错误。② 这里所讲的权威，指的是"各个时代和民族中智慧而开明人士的一致认可"③，它同伽达默尔建立在共识基础上的权威观念完全一致。由此可以看出，伽达默尔关于权威的看法有其历史渊源，而这种历史渊源引发他对启蒙批判权威和传统的观念持保留意见。同样，德国浪漫派持有历史主义观点，认为历史不属于我们，而是说我们属于历史。这种历史主义观点也原汁原味地保留在伽达默尔的思想中，以至于他在一定程度上将历史性的真理同非历史性的科学方法对立起来。正因如此，在《真理与方法》中，伽达默尔开宗明义地大书特书教化、共通感、判断力、趣味、天才、体验等原本属于浪漫派的审美观念，试图从审美经验入手而不是从科学方法入手揭示解释学真理，充分体现了他同浪漫派的思想联系，显示出迥异于哈贝马斯代表的批判理论从科学性的经验分析入手处理"社会科学的逻辑"的思路。凡此种种表

---

① 参见斯文·克拉默：《静默或流动》，载于格尔哈特·施威蓬豪依塞尔等著：《多远视角与社会批判》上卷，拙译，人民出版社2010年版，第298页。
② 参见 Karl friedrich Bahrdt: Ueber die Preußfreyheit und deren Gränzen, Züllichau, 1787, S. 29，转引自 Werner Schneiders: Die wahre Aufklärung, Verlag Karl Alber GmbH, Freiburg/München, 1974, S. 90.
③ 参见 Karl Friedrich Bahrdt: Ueber die Preußfreyheit und deren Gränzen, Züllichau, 1787, S. 33 f., 转引自 Werner Schneiders: Die wahre Aufklärung, Verlag Karl Alber GmbH, Freiburg/München, 1974, S. 91.

明,伽达默尔是秉承浪漫派的观点,形成与批判理论不同的对待启蒙的态度的。应当说,对待启蒙不同态度,是解释学与批判理论产生思想分歧的一个重要原因。

二、真正的启蒙

上文所述启蒙,是泛泛意义上的欧洲启蒙。解释学对待泛泛意义上的欧洲启蒙的态度,来自于特定的德国启蒙运动。而德国启蒙运动,又联系着德国浪漫派。德国的启蒙运动晚于英法启蒙运动,但一经诞生,就有其不同于英法启蒙运动的特点。例如,伴随着主张启蒙与反对启蒙的思想冲突,很早就在德国产生了一个讨论的主题,即启蒙是否有益于国家。究其原因,法国的启蒙侧重于社会实践,最终导致革命,而革命并不符合德国当时的国情。正因如此,批判理论主张复兴启蒙,更多地是援引18世纪的英法启蒙,而不是德国启蒙,因为英法启蒙是政治运动的先声,而德国启蒙是非政治性的。[1] 批判理论也因主张具有政治含义的启蒙因而区别于恪守传统、更接近于德国启蒙的解释学。

通常说来,启蒙肇始于批判传统、创立新的真理,它对准的是社会实践。[2] 但是,当启蒙涉及信仰与理性的关系时,它便逐渐显示出了局限性。[3] 这是因为,理性与信仰并不是简单对立的,基督教讲求的,是符合理性的信仰,有信仰的理性。因此,德国的启蒙并不反对宗教。它反而是从新教内部产生的,并自居为宗教改革的继承人。[4] 所以,德国的启蒙思想一直对宗教留有余地。这同样表现为,德国的启蒙与教化和文化紧密相连。[5] 启蒙侧重于理论

---

[1] 参见 Werner Schneiders: Die wahre Aufklärung, Verlag Karl Alber GmbH, Freiburg/München, 1974, S. 7 – 11.

[2] 参见 Werner Schneiders: Die wahre Aufklärung, Verlag Karl Alber GmbH, Freiburg/München, 1974, S. 13 – 14.

[3] 参见 Peter Pütz: Die deutsche Aufklärung, Wissenschaftliche Buchgesellschaft, Darmstadt, 1991, S. 19 – 20.

[4] 参见 Werner Schneiders: Die wahre Aufklärung, Verlag Karl Alber GmbH, Freiburg/München, 1974, S. 16.

[5] 参见 Peter Pütz: Die deutsche Aufklärung, Wissenschaftliche Buchgesellschaft, Darmstadt, 1991, S. 28.

方面，文化侧重于实践方面，启蒙和文化共同构成了教化。伽达默尔在自己的代表作中直接从教化入手，就体现了德国启蒙的特点。另外，虽然说启蒙表现在文学、艺术、政治学和历史观等方方面面，但哲学是启蒙的主要动机。莱布尼茨、康德、黑格尔的哲学本身就蕴含着启蒙的动机，在这一动机的驱动下，哲学和艺术被当作市民阶层的教化的一部分，启蒙成为教育的概念。①

这样一来，在当时的德国便形成了一种相对普遍的共识，即法国的启蒙不是真正的启蒙。② 言下之意，德国的启蒙才是真正的启蒙。这便涉及到真正的启蒙的概念。所谓德国的真正的启蒙，指的是对启蒙进行启蒙。而德国的启蒙从一开始就伴随着这种对启蒙的启蒙，它涉及独立性思维与自由性思维问题、亲身性思维与权威性思维问题，因为启蒙事关客观真理，而不仅是对真理的主观探求。例如，莱布尼兹与伍尔夫主张正确的、概念明晰的思维，因为启蒙的目的不在于自由的思维，而在于正确的思维。启蒙不在于人们偶尔运用理性，而在于人们随时随地遵从理性。③ 莱布尼兹与沃尔夫在理论上同传统哲学密不可分，直至康德才开启了全新的批判。从康德开始，哲学作为普遍性科学已经不复可能，而成为理性批判这样一门特殊科学，④ 康德哲学也因此而达到了启蒙的巅峰。⑤ 康德主张独立的思维，因为客观真理难于获取，自由却可以获取，而自由是认识真理所必需的条件。⑥ 因此，启蒙要确立人的自律性而非他律性。关于权威与前见等问题，当时就是在这种复杂的背景下得到讨论的。

在这一背景下，"作为一种历史现象，浪漫派可以从其历史背景中即同启

---

① 参见 Peter Pütz: Die deutsche Aufklärung, Wissenschaftliche Buchgesellschaft, Darmstadt, 1991, S. 65 – 69.

② 参见 Werner Schneiders: Die wahre Aufklärung, Verlag Karl Alber GmbH, Freiburg/München, 1974, S. 85.

③ 参见 Werner Schneiders: Die wahre Aufklärung, Verlag Karl Alber GmbH, Freiburg/München, 1974, S. 93.

④ 参见文德尔班：《哲学史教程——特别关于哲学问题和哲学概念的形成和发展》上卷，罗达仁译，商务印书馆1987年版，第8—11页。

⑤ 参见 Werner Schneiders: Die wahre Aufklärung, Verlag Karl Alber GmbH, Freiburg/München, 1974, S. 14 – 15.

⑥ 参见 Werner Schneiders: Die wahre Aufklärung, Verlag Karl Alber GmbH, Freiburg/München, 1974, S. 191 – 194.

蒙的对立中得以理解。"① 当时，思想界的主要矛盾并不是由德国浪漫主义同古典主义及狂飙突进运动的矛盾构成的，而是由浪漫主义同启蒙运动的矛盾构成的。这是因为，启蒙运动得益于感性和理智伴随着近代自然科学的发展而得到重视，似乎世界无非就是感性和理智向我们揭示出来的那样。而浪漫派持有机世界观，相信只有靠幻想才能深入作为有机体的世界内部。"能够真正认识世界的，不是科学，而是诗学。"② 诗学追求的是高于现实的真理。浪漫派将有机观同康德的物自体概念联系起来，认为感性提供的世界图像是不充分的现象，而封闭的有机性物自体仅呈献给想象力。浪漫派依靠幻想突来破理智限制的想法实质上是一种幻想式信念，但它同康德扬弃知识以便为信念留下地盘的观念并不矛盾。

所以说，"在最深层的意义上，德国浪漫派是德意志精神对空洞而肤浅的西欧启蒙最终和最强有力的反叛。"③ 浪漫派对启蒙的反叛淋漓尽致地表现在它独特的世界观中："浪漫派回归启蒙所怀疑的形而上学，它针对仅属理性的、清晰的认识提出直接性的、直觉性的把握，针对启蒙冷冰冰的理性宗教提出活生生的、热情奔放的宗教体验，针对单纯的推理提出富有责任意识、对生活充满热忱的对最终事物的意识。"④ 可以判定，浪漫派与泛泛意义上的启蒙的对立是激情与理性的对立、浪漫与科学的对立。而浪漫派对泛泛意义上的启蒙构成的冲击有助于人们反思启蒙，消除泛泛意义上的启蒙所带有的片面性，即有助于对启蒙进行启蒙，从而形成所谓德国真正的启蒙。

三、伽达默尔对浪漫派的发扬

如上所述，伽达默尔的诸多解释学概念都来自于浪漫派，而这些概念早已

---

① Georg v. Below: Zum Streit um die Deutung der Romantik, in: Helmut Prang (herg.): Begriffsbestimmung der Romantik, Wissenschaftliche Buchgesellschaft, Darmstadt, 1968, S. 138.
② Hermann August Korff: Das Wesen der Romantik, in: Helmut Prang (herg.): Begriffsbestimmung der Romantik, Wissenschaftliche Buchgesellschaft, Darmstadt, 1968, S. 198.
③ Walter Linden: Umwertung der deutschen Romantik, in: Helmut Prang (herg.): Begriffsbestimmung der Romantik, Wissenschaftliche Buchgesellschaft, Darmstadt, 1968, S. 244.
④ Martin Honecker: Die Wesenszüge der deutschen Romantik in philosophischer Sicht, in: Helmut Prang (herg.): Begriffsbestimmung der Romantik, Wissenschaftliche Buchgesellschaft, Darmstadt, 1968, S. 225.

为读者所熟悉，无需赘述。这里尤其值得一提的，是他的偶缘性概念。偶缘性原本是笛卡尔在心灵与身体之间设定的联系，是用来回避心灵与身体之外的第三者即上帝的作用的。① 因此，在历史上，偶缘性专指人随不同境遇而采取不同态度，因而世界成为人有所作为的机缘："机缘一再创造出仅属偶缘性的世界，这个世界没有起作用者的实质及其依附性，没有固定引导、结论、定义和最终判决，而永远受魔幻般的偶然之手引导。"② 这就是说，偶缘性首先指的是偶然性，它是对因果性、必然性观念的克服。所以，对偶缘性概念的进一步评价就是："这是一个消融一切的概念，因为凡赋予生命与事件以连贯性和秩序的，……都同纯偶缘性观念毫无共同之处。"③

其次，偶缘性指的是因缘相生性，即主体——如果我们可以区分出主体的话——以被给定的客观条件为机缘，创造出既非前定又无法预见的世界。从这一意义上说，"浪漫主义就是主观的偶缘性，这就是说，借助于浪漫之物，浪漫性主体将世界当作自身浪漫式创造性的缘由与机缘。"④ 浪漫派摒弃了古典主义的理性和严谨，脱离了赫尔德总结的那种"高贵的单纯和静穆的伟大"，依靠神话和传说来宣泄一种集体无意识。正如后人评价浪漫派的那样："浪漫派反对启蒙的个人主义和理性主义，由此强调人对普遍性力量的依赖，强调无意识、无可解释之物、历史之物、给定之物。"⑤ 由此导致的结果就是："在政治上，浪漫派似乎要'遁入往昔'，讴歌古老的、遥远的状态，并回归传统。"⑥ 但是，我们不能由此得出结论说，浪漫派复归蒙昧，因为正如霍克海默尔与阿多诺在《启蒙的辩证法》中所揭示的那样，启蒙本身也会变成自己

---

① 参见 Viktor Klemperer: Romantik und französische Romantik, in: Helmut Prang (herg.): Begriffsbestimmung der Romantik, Wissenschaftliche Buchhgesellschaft, Darmstadt, 1968, S. 58.

② Oskar Walzel: Wesensfragen deutscher Romantik, in: in: Helmut Prang (herg.): Begriffsbestimmung der Romantik, Wissenschaftliche Buchhgesellschaft, Darmstadt, 1968, S. 184.

③ Georg v. Below: Zum Streit um die Deutung der Romantik, in: Helmut Prang (herg.): Begriffsbestimmung der Romantik, Wissenschaftliche Buchhgesellschaft, Darmstadt, 1968, S. 136.

④ Carl Schmitt: Romantik, in: Helmut Prang (Hg.): Begriffsbestimmung der Romantik, Wissenschaftliche Buchhgesellschaft, Darmstadt, 1968, S. 89.

⑤ Georg v. Below: Zum Streit um die Deutung der Romantik, in: Helmut Prang (herg.): Begriffsbestimmung der Romantik, Wissenschaftliche Buchhgesellschaft, Darmstadt, 1968, S. 138.

⑥ Carl Schmitt: Romantik, in: Helmut Prang (herg.): Begriffsbestimmung der Romantik, Wissenschaftliche Buchhgesellschaft, Darmstadt, 1968, S. 81.

所批判的神话，因而启蒙与神话的关系是辩证的。所以说，浪漫派主张的，是一种特殊的启蒙，即继承传统这一前提下的启蒙。

应当说，伽达默尔所讲的历史流传物就是这样一种传统的写照，因为它是未经理性批判地流传下来的。而伽达默尔认可这样一种未经理性批判的历史流传物，意味着他漠视批判理论指出的传统的虚假性和权威的压抑性，而这恰恰是解释学的弱点所在。但是，伽达默尔并不是在重复浪漫派的主观偶缘性，而是将其提升到客观偶缘性的高度上。按照伽达默尔的理解："偶缘性指的是，意义在内容上依旧由指谓意义的机缘来规定，以至于意义所包含的，远过于其不含机缘的情况。"① 如果说伽达默尔这番话说得略微有些令人费解的话，那么他在《语义学与解释学》一文中则讲得更加浅显易懂："偶缘性即对一种表达的机缘的依赖性。"② 还有，他在《语言与理解》一文中举例说明偶缘性的含义：当我们讲到"此时此刻"时，肯定对自己讲这话的时刻有所意识。这就是说，"此时此刻"的意义要充实以讲话时的场合、机缘。③ 而这意味着，偶缘性是客观存在的一个组成部分，而不是主观强加的。这样，历史流传物得以流传，这本身就属于历史流传物的偶缘性，即属于历史流传物的客观存在。历史流传物不仅是一种客观存在，而更是一种客观过程，是实现在偶缘性中的过程。就像伽达默尔在《真理与方法》中以艺术品为例所讲的那样，偶缘性本身就是艺术品的现时性，是艺术品的客观存在形式，以至于即使它未得到理解，也仍然是客观意义整体的一个必要组成部分。因此，偶缘性意味着在的扩充。伽达默尔用它来反对审美的主观性，从而将审美当作一个存在事件。所以说，偶缘性概念不但体现了伽达默尔同浪漫派的思想联系，而且体现出，伽达默尔是通过发挥浪漫派思想来充实解释学思想的。偶缘性概念同历史流传物等概念交织在一起，为解释学同批判理论的交锋奠定了理论基础，并在我们这个时代重温了浪漫派与启蒙之间的交锋。

---

① Hans-Gerg Gadamer: Wahrheit und Methode, in: Gesammelte Werke 2, J. C. B. Mohr, Tübingen, 1986, S. 195.
② Hans-Georg Gadamer, Semiotik und Hermeneutik, in ders: Gesammelte Werke, Band 2, Mohr Siebeck, Tübingen, 1986, S. 178.
③ 参见 Hans-Georg Gadamer: Sprache und Verstehen, in Hans-Georg Gadamer: Gesammelte Werke 8, Mohr Siebeck, Tübingen, 1993, S. 339 – 340.

四、浪漫派与启蒙的互补

上文是就总体情况来判定,解释学更接近于浪漫派,而批判理论更接近于启蒙。但是,具体而言,批判理论对于启蒙并非完全没有戒心。早期批判理论曾对 18 世纪的启蒙的幼稚性做出过批判,如批判当时的启蒙对人类理性做了夸张。霍克海默尔和阿多诺早在《启蒙的辩证法》中就对启蒙做了深入的分析。哈贝马斯称,启蒙本身同样需要启蒙,否则文化批判就会陷入悲观主义。哈贝马斯的这种主张有其具体针对性,它针对的是早期批判理论的文化批判确实陷入了悲观主义这一情况。也就是说,仅仅意识到启蒙与神话的辩证关系,是不够的,还要将对这种辩证关系的意识上升为对启蒙进行启蒙。批判理论对启蒙的这种戒心是有其历史渊源的。早在 1789 年,德国法学家 Christian Daniel Erhard 就在《论有限的即虚假的启蒙的原因及危害》一文中指出,针对旧权威的反叛本身有可能成为权威。① 而且,这种戒心不绝如缕地一直延续到批判理论中:"从民族史的角度看,启蒙是一种同'德意志实质'不相吻合、甚至相敌对的力量,是这个民族的灵魂共同体要加以防范的。用社会史的观点看,尤其是用其突出表现即批判理论的观点看,尽管启蒙的活力得到了原则性的认可,它的内在矛盾依然是有目共睹的,因为果敢的反思意志已经扭曲为未经反思的理性机制化现象,因而 20 世纪的大屠杀不仅未得到阻止,而且效果愈演愈烈。"② 所以,准确地说,在对待启蒙与浪漫派的态度上,批判理论只是较之解释学更加倾向启蒙而已。

同样,浪漫派对启蒙也不仅仅是一味反叛而已,因为启蒙毕竟是人类历史上辉煌的一页,因而浪漫派同样起到了启蒙的作用。"如果说在社会史的意义上,启蒙在早期浪漫派那里得到继续,并且发扬光大,那么早期浪漫派便不再是对启蒙的反动,而可理解为启蒙所倾向的完善化。"③ 因此,解释学秉承浪

---

① 参见 Christian Daniel Erhard: Ideen über die Ursachen und Gefahren einer eingeschränkten und falschen Aufklärung, Leipzig, 1789, 转引自 Werner Schneiders: Die wahre Aufklärung, Verlag Karl Alber GmbH, Freiburg/München, 1974, S. 133.
② Peter Pütz: Die deutsche Aufklärung, Wissenschaftliche Buchgesellschaft, Darmstadt, 1991, S. 165.
③ Peter Pütz: Die deutsche Aufklärung, Wissenschaftliche Buchgesellschaft, Darmstadt, 1991, S. 190.

漫派的思想，与其说是反对启蒙，不如说是力图修正启蒙。从这个意义上说，像本节开头部分所讲的那样，将伽达默尔划归反对启蒙这一类，便有失偏颇了，毋宁说应当将伽达默尔划归力图修正启蒙的第三类。只不过，解释学同批判理论同归而殊途，它们应当是一种互补关系，只是这种互补关系要从他们各自的侧重点及其相互间的交锋中看出来。而这一点，也可从当今德国哲学家的一些评述中得到印证。这些评述讲道，在二战之后的几十年当中，一些德国学者致力于反思浪漫派与德国文化的关系，另一些德国学者则力图消除这种关系："而这两种倾向可以富有成效地彼此补充，只是迄今尚未取得经过普遍认可的、稳妥的、摆脱了偏见的一致。"① 也正是因为解释学与批判理论未取得一致，所以在包括对启蒙的看法等一系列问题上，它们之间才呈现出一种交锋状态。

第三节　伽达默尔的瞬间概念

《真理与方法》是伽达默尔的代表作，集中表述了他的哲学解释学思想。此外，伽达默尔还有一系列论述哲学解释学的文章，它们为我们理解伽达默尔的代表作提供了多方线索。例如，伽达默尔在其代表作中提出有关历史性与时间性问题的一系列解释学概念，而这些概念只有借助于参考他在代表作之外专门论述时间问题的一系列文章，才能为我们充分理解。十卷本的《伽达默尔全集》第四卷在"时间之谜"这一题目下收录了伽达默尔专门论述时间问题的四篇文章，即《西方的时间观》（1977年）、《论空洞的时间与充实的时间》（1969年）、《旧与新》（1981年）、《死亡作为问题》（1975年），② 第二卷在《真理与方法》的"补充"这一题目下收录了两篇文章，即《历史的连贯性与生存的瞬间》（1965年）与《论未来的规

---

① Gerhard Schulz: Romantik—Geschichte und Begriff, Verlag C. H. Beck, München, 1996, S. 132.
② Hans-Georg Gadamer, Gesammelte Werke, Band 4, J. C. B. Mohr (Paul Siebeck) Tübingen 1987, S. 119 – 172.

划》(1965年),① 第十卷在"解释学的转向"这一题目下收录了《宇宙的历史与人的历史性》(1988年)、在"解释学与实践哲学"这一题目下收录了《历史性与真理》(1991年)等伽达默尔论述历史性问题的文章。② 上述文章为我们进一步理解伽达默尔在其代表作中提出的有关时间问题的思想提供了重要参考。

一、空洞的时间与充实的时间

时间问题是人类自古以来就在思考的一个重要问题,但在历史上,神话和神学都未能对这一问题给出明确答复,所以时间问题便遗留给哲学来解答。哲学似乎可以借助理性的概念,来回答何为时间这一问题。但是,时间问题却像存在问题等哲学基本问题一样,难于依据理性的概念来解答。奥古斯丁在《忏悔录》第十一卷中就曾感叹:"时间究竟是什么?没有人问我,我倒清楚,有人问我,我想说明,便茫然不解了。"③ 奥古斯丁这番名言表明,时间似乎逃逸出我们的概念之外,以至于我们借以把握它的概念都成了问题。这样看来,把握时间,不能仅仅依靠理性概念,还要借助体悟,这是致思时间问题的一个前提。

伽达默尔总结西方哲学史上的时间观,认为古希腊哲学采取的,是循环性历史时间观,因为自然万物生生灭灭,循环往复。应当说,古希腊人的时间观同中国古代人的时间观彼此暗合,因为中国古代人同样持有历史循环论。对此,我们在这里无须展开论述。而我们需要注意的是,基督教哲学在时间问题上做出了一个重大转折。它采取的,是直线性历史时间观,因为人无法像自然界那样,将生命过程的终点与起点连接起来,因而人是有死的。直线性历史时间观设定了时间流逝的单向性与历史的终点,这是后人思考时间问题的又一个前提。

---

① Hans-Georg Gadamer, Gesammelte Werke, Band 2, J. C. B. Mohr (Paul Siebeck) Tübingen 1993, S. 133 – 145, 155 – 173.
② Hans-Georg Gadamer, Gesammelte Werke, Band 10, J. C. B. Mohr (Paul Siebeck) Tübingen 1995, S. 206 – 222, 247 – 258.
③ 奥古斯丁:《忏悔录》,周士良译,商务印书馆1982年版,第242页。

在上述前提下，致思时间问题，最重要的是要考虑：何谓时间？时间在何种意义上存在？通常的看法将往昔、当下、未来组合成一个前后连贯的整体，并将这一整体序列理解为时间。整体时间序列为我们带来一个结论：时间不是实体，也不是万物的运动，而是始终伴随万物运动的数字序列。这一结论又带来两个进一步的结论：第一，时间本身是空洞的，正像牛顿的时间观所反映的那样。第二，时间是人计数出来的，因而有赖于人的主观抽象能力。这后两个进一步的结论彼此补充，因为要将空洞的时间同在时间内运动的物体分开，就需要人在主观上从万物中抽取出这一空洞的时间；而人能够抽取出时间的前提是，时间是空洞的。

进而言之，由于时间本身是空洞的，或者说时间本身被虚化了，所以涉及时间问题时，主观作用愈发突出出来，并为我们对时间的计算奠定了基础。而这种主观作用还表现为我们对时间的亲身体验，即我们亲身体验到，时间是短暂而有限的。这种对有限性的体验将我们置于一个时间问题的窘境之中：时间似乎仅存在于当下，而时间又恰恰在当下无法得以把握，因为当下随即成为往昔。也就是说，我们把握的，仅仅是短暂的当下而已。往昔不复存在，未来尚未到来。所以，相对于我们对时间的体验来说，时间是消逝着的。

因此，后来的西方哲学关注时间，不是关注时间经受测量的物理维度，而是关注时间的内在意识维度，即关注时间意识。时间意识针对的，是我们在时间问题上陷入的上述窘境。为了摆脱这一困境，柏罗丁从永恒出发理解时间，并提出生活时间的观念。生活时间指有机世界的永恒时间，即永恒的现时。它既不伸展向未来，也不退缩回往昔，因而既不存在往昔或未来在萎缩的情况，也不存在它们在增长的情况。但是，柏罗丁仅仅假设，时间在主观上是永恒的，或者说他仅仅在主观上令时间停顿下来。而他这样做，与其说解决了时间问题，不如说回避了时间问题，因为他只是在主观上否定了时间的短暂性、有限性，而未能富有思辨性地说明，时间是如何从短暂性、有限性过渡向永恒性、无限性的。

相形之下，奥古斯丁解决时间问题的方案显得更富有思辨性。他不但将时间予以内化，而且从当下出发来把握往昔和未来，从而更为细致地将往昔、当下和未来贯通起来："说时间分过去、现在和将来三类是不确当的。或许说，时间分过去的现在、现在的现在和将来的现在三类，比较确当。这三类存在我们心中，别处找不到；过去事物的现在便是记忆，现在事物的现在便是直接感觉，将来事物的现在便是期望。"① 由此可见，奥古斯丁依然将时间归结为主观感受能力，但他区分了不同的时间感受，并进一步将体验不同类别时间的主观感受能力统统归结为体验当下的主观感受能力，从而将它们联系起来。这样，相对于柏罗丁来说，奥古斯丁丰富了时间的内涵，并借助于各种主观感受的相互关系，更富有思辨性地探讨了时间从有限性向无限性过渡的问题，即从瞬间向永恒过渡的问题。

近代哲学在时间问题上突出主观作用的最终表现是，康德在《纯粹理性批判》中将时间当作纯粹而先验的主观范畴。但是，康德在认识论中将时间提高到先验主观认识形式这一无以复加的高度上，却在一定程度上消解了以柏罗丁、奥古斯丁为代表的西方哲学时间观所蕴含的丰富多彩的生命内涵。直到海德格尔在生存现象学的视域内提出本真时间观念，上述丰富多彩的生命内涵才得到恢复。海德格尔的本真时间作为缘在的存在方式，作为人的生存的建构性因素，是一种充实以丰富生命内涵的时间性。海德格尔追问缘在（此在）的先行之"此"，把缘在之忧的结构当作对时间与存在的体验的先验条件。伽达默尔认为，对于海德格尔的"此"，要从时间角度来加以理解。这是一种先行体验时间的模式，而这种体验模式之所以可能，是因为我们对时间的体验首先是对未来的体验，也即对未来这一非当下的体验，因为我们可以把非当下同当下联系起来，把未来当作当下来看待，从而联系对当下这一时间的体验来把握未来的意义。之所以说未来的意义在于对时间的体验，是因为在我们的筹划中，从当下到目标时间的这一段时间不同于流逝掉的时间，它被人体验为一种时间张力。伽达默尔称之为期限（Dauer）。期限突出了合乎预期意义的东西，遮蔽了不符合预期意义的东西，使得未来先行到时。

海德格尔还将时间阐发为存在的"发生"，认为时间性不是人的未来存在或往昔存在，而是存在的发生。在存在的发生中，未来与往昔才呈现出来，并为人所洞悉。例如，希望与有益的遗忘指向未来，一如回顾与听天由命的态度

---

① 奥古斯丁：《忏悔录》，周士良译，商务印书馆1982年版，第249页。

指向往昔。正因如此，海德格尔讲，历史并不存在于记忆之中，而存在于遗忘之中，因为有所遗忘，才会有所记忆，遗忘使得我们有可能去把握被遗忘之物。反过来说，空洞的时间之所以需要人打发，是因为人不知道如何筹划它。由于期待之物迟迟不至，人无所预计，它便呈现为无聊。至于时间往往不凑巧这一现象则意味着，时间当中有人不可企及的东西。期待之物迟迟不至及其不可企及的现象意味着，存在在时间当中独立于人地自行发生。这一关于存在之发生的思想同人先行体验时间的思想相互补充，共同为伽达默尔所吸收，从而形成伽达默尔自己的时间观。

二、瞬间与永恒

伽达默尔总结西方哲学截至海德格尔的时间观，为形成自己的时间观做出了理论铺垫，为形成自己的历史性、历史间距、应用、效应史等观念提供了形而上的依据。

从时间性概念引申出来的，首先是历史性概念。在伽达默尔那里，历史性概念表述的，不是客观历史联系，而是人在历史中的存在方式。由此，我们可以进一步引申出几点结论：第一，理解首先意味着自我理解。只有理解人的存在方式，即人的历史性，人才能理解自身。而人理解自身，最终靠的是历史性，而不是客观历史等等。第二，流逝着的时间是无限的，本真的时间反而是有限的，这种本真的时间就是历史性。历史性不是时间的均匀流逝，而是在瞬间从有限性向无限性的飞跃。第三，体验历史性，不同于体验流逝着的时间。流逝着的时间呈现出一味消逝的特征。而在历史性中，没有生成，便没有消逝。所以，尽管时间流逝，但历史性的连贯性却依然能保存下来。第四，与我们直接谋面的，不是客观历史的时间过程，而是我们自身的历史性。或者说，我们出于自身的历史性同历史相遇。在相遇时，历史因关联我们的历史性而对我们有所诉说，我们出于自身的历史性而对历史有所倾听。第五，历史性的连贯性并不等同于现实历史联系的连贯性，但建立现实历史联系的连贯性，依靠的是我们体验历史性的连贯性。第六，伽达默尔的效应史意识顺理成章地指的是，我们并非从历史中脱身出来，将历史视为外在的客观对象，而是置身于历史之中来理解与我们谋面的历史的。不断地同历史相遇，构成历史的连贯性。

只有当历史同我们漠不相关时,即同我们的历史性毫无瓜葛时,历史才成为我们的外在的、非连贯性的客观对象。

从自身的历史性出发,与历史相遇,相当于同历史交往,相当于同历史展开一场对话,而对话双方的问与答不会完全吻合。对此,伽达默尔以艺术为例,来说明不同视域间的对话:对于西方人来说,东方艺术无疑是陌生的,属于完全不同的视域。但与东方艺术交流,无疑可以对西方艺术起到启发作用。对于伽达默尔的这一观点,我们不妨做一番发挥:对于西方来说,东方在空间上遥远,相当于它在时间上遥远,它甚至比西方的任何遥远艺术时代都要遥远得多。但这样一种遥远的艺术,却可以同西方自身的艺术产生伽达默尔所讲的视域融合。而且一种艺术越是遥远,它同西方人最为切身的艺术产生的融合视域越宽广,哪怕这里同样遗留下更多的不解、更多的迷茫。相反,彼此最为接近的艺术,反倒失去了视域上的间距,失去了视域融合的条件。由此可以得出结论:与历史相遇,情况也相仿,其目的不在于视域重合,而在于视域扩大,在于保持间距的视域融合。

我们还可以总结出来的是,人的缘在是有限的,只能从自己已然把握的有限历史出发,尝试着去把握无限的未来。这一点蕴含几方面含义:其一,体验历史,不同于认识固定之物、封闭之物,而是从我们的当下出发去把握历史。其二,把握历史,又是我们力所不能及的。从这一意义上说,历史现实呈现为我们的命运。所谓命运,意味着历史远远超出我们的认识,因而它显示的,是独立于我们的认识的非连惯性。其三,综合前两个方面,可以说历史的意义不是靠我们追加的解释建立起来的,历史会从无尽的可能性中创造出新的形态。所以说,是我们追随历史,而不是历史追随我们。历史是自行发生的,而我们追随历史、把握历史,本身就属于历史事件,本身就属于历史的效应史。这里,海德格尔关于存在之发生的思想对于伽达默尔的影响是显而易见的。也正是在这一意义上,伽达默尔讲,历史不会忘却自身。所谓历史不会忘却自身,指的是有我们铭记历史、追忆历史、同历史相遇,这种铭记、追忆和相遇构成历史的效应史。

我们同历史相遇于瞬间,而瞬间概念着重表达的,不是某一个本身至关重要的时间点,而是我们借以体验人的历史性的时刻。关于瞬间,克尔凯郭尔做出过最为细致的阐明。他对瞬间的体验表明：瞬间不可重复。这不但意味着，任何瞬间都是唯一性的、不可彼此替代的；而且意味着，彼此不同的瞬间有一个共同点：它们都是唯一性的。我们的历史性就建立在这种唯一性之上，并因这种唯一性而是连贯的。所以，瞬间的主要含义不在于时间过程的断断续续、零零碎碎，而在于它突出体现了人的生存历史性的连贯性。这样，即使从时间角度说，瞬间代表历史的时间过程的非连贯性，它也在这种非连贯性中蕴含着生存历史性的连贯性。当然，这里讲的连贯性指的不是静态的、确定的连贯性，似乎在万事万物的生生灭灭之中，任何消逝的历史事件都自然而然意味着新的开端，而是说取得连贯性，是需要我们去努力的一项使命，它实现在我们与历史的不断相遇之中。

　　伽达默尔相信："时间问题毋宁说必然呈现于充实的瞬间，或呈现于所有有关原因的陈述背后的'片刻'。"① 这番话意味着，伽达默尔是沿着西方哲学中充实的时间观这一条思想线索来理解时间的，而充实的时间是超越因果关系之上的。正因如此，伽达默尔着力吸收有关充实的时间的各种思想，来充实自己的瞬间概念。例如，瞬间概念吸收了柏罗丁关于永恒现时的思想，令时间意义上的有限性焕发出生存意义上的无限性。瞬间概念也吸收了奥古斯丁通过当下去联结往昔与未来的思想，因为在当下的瞬间，我们不仅体会到自身的历史性，而且由体会当下出发而追忆历史、期待未来，将追忆历史与期待未来吸收进对当下的体会。最重要的是，瞬间概念吸收了海德格尔的此在之此的含义，"此"之所到，便焕发出生存性瞬间，"此"之所在，便澄明了生存的历史性。这里需要做出限定性说明的是，在伽达默尔那里，由瞬间概念而来的历史性观念同现实历史观念融合在一起，因为海德格尔关于存在之发生的观念引发了伽达默尔关于历史自行发生的思想。历史是自行发生的，不是人凭借在"此"就可随意解释出来的。人的视域随历史而定，不同的视域随不同的历史之发生而定，历史的不连贯性造就不同视域之间的历史间距。要认识历史的连贯性，必然要求不同视域的融合。不同的视域来自于历史，而不同视域的融合发生于

---

① Hans-Georg Gadamer, Gesammelte Werke, Band 10, J. C. B. Mohr (Paul Siebeck) Tübingen, 1995, S. 256–257.

瞬间。由此可见，伽达默尔吸收的有关时间与存在的观念共同为他的哲学解释学思想奠定了基础。

三、旧时代与新时代

出于立足于瞬间的历史性，伽达默尔阐发了关于现实历史的思想，而他关于现实历史的思想是他的哲学解释学思想的直接表露。

我们测量历史时间，依据的是我们对时代的划分，而我们划分时代，依据的是历史事件。根据历史事件，我们可划分新时代与旧时代，并测量每一时代的历史时间。在伽达默尔看来，历史本身是非连贯的，是由划时代的事件划分开的。时代的划分并不取决于随意性与约定俗成的看法，而有其合理性和必然性。伽达默尔举法国大革命为例，说明法国大革命作为一个历史事件，的的确确起到了划分旧时代与新时代的作用。它导致的历史的非连贯性是得到普遍认可的，远非后世历史研究编写出来的。这种非连贯性同样体现在方方面面，包括体现在我们自身身上，当我们体验自身在不同年龄段的阅历、体验自身所属的辈分或世代及其区别于其他辈分或世代之处，我们便可亲身体验到，我们自身的经历也是非连贯的，它分为新的经历与旧的经历，一如历史分为旧时代与新时代。

但是，新与旧并非一味截然相反，而可相互转化；新时代与旧时代并非总是泾渭分明，而可彼此过渡。伽达默尔举例说，邻人的死亡不仅意味着邻人的逝去，而且意味着，恰恰在邻人逝去之际，邻人重现于我们的脑海。因此，我们体验到的历史毋宁说呈现为一种过渡，它既连接往昔与未来，又联结时间之划分与时间之延续。所以，我们划分时代，不能简单地采取唯名论的态度，赋予某一时代某一名称了事。荷尔德林说过，旧时代在分解时得到追忆，是新时代的标志。伽达默尔与此异曲同工的名言是：一切在一切当中。这就是说，由于新时代同样存在于旧时代当中，所以我们拥有往昔，才能拥有未来，尽管从往昔向未来过渡时，我们要面向未来。我们熟悉的旧世界是确定的，我们不熟悉的新世界有其各种可能性。伴随着旧世界的确定性的溶解，新世界的不确定性会转化成确定性，因为我们是依据旧世界的确定性，来掌握新世界的不确定性的，尽管我们此时此刻要采取一番转折的态度。按照伽达默尔的理解，我们掌握新时代的力量来自于我们告别旧时代的力量。这里，"告别"一词显得意味深长。它不是掉头不顾，而是频频回首，不是拂袖而去，而是依依不舍，因为正是在频频回首之际，我们才汲取了面向未来的力量，正是在依依不舍之中，我们才把握了未来的确定性。

这样，总结伽达默尔的思想，可以说在他那里，历史的非连贯性与历史性的连贯性构成一种张力。另外，从新时代与旧时代的相互关系上说，新时代总会遇到旧时代的阻碍，而这种阻力越小，新时代到来得越快，但新时代转变成旧时代，也因此而越快，因为新时代是从旧时代中汲取力量、得以持续的，哪怕是从旧时代的阻碍中汲取力量、得以持续的。所以，伽达默尔说，往昔与未来不是彼此均等的两个选择项，可以二者择一，而是彼此交织在一起，并造成新与旧的一个结局：只有变新的旧、不旧的新才会保持下去。我们在选择新时代时认可旧时代，不是因为它是旧时代本身，而是因为它得到我们新的认识，并因得到新的认识而形同对我们有所允诺，为我们抉择未来提供依据。由于在德语中，"旧"（alt）这个词还有另一个词义，即"老"。所以，伽达默尔区分了"旧"与"老"的不同含义："旧"是区别于"新"（neu）意义上的旧，"老"是区别于幼（jung）意义上的老。老与幼是就事物自身而言的，旧与新是就事物相对于我们而言的。老与幼并无可取之处，因为它们同我们并无关系，新与旧才是可取的，因为新与旧是相对于我们而言才成其为新与旧的，也是因相对于我们而言才具有价值的。所以，伽达默尔讲，新时代的性质其实不在于新，而在于它未变旧，在于它未过快地变旧，因为我们期待的新，实质上指的是更好。

旧时代对新时代具有价值，但历史不可逆转，往昔不可回复，而只可探寻，只可追忆。探寻与追忆并非往昔原汁原味的再现，而是我们从此时此刻出发对往昔的重温。因此，旧时代不同于老时代，它具有一种与我们相遇的特点。我们有所选择，选择意味着吐故纳新，而我们做选择的自我保存在吐故纳新的变动之中。这一点具有两层含义：其一，自我的历史性连贯性为现实历史的连贯性奠定了基础；第二，现实历史的连贯性实现在我们重温历史、与历史相遇的瞬间。这里埋下了伽达默尔一个重要概念即应用概念的伏笔：往昔不会自然而然贯彻于当下，而要靠我们应用于当下。应用不是沿用，因为沿用往昔，恰恰意味着往昔自然而然贯彻于当下。应用意味着吸收与选取，意味着我们在当下对往昔的吸收，意味着我们根据对未来的瞻望而对往昔做出的选取。因此，应用意味着新与旧在瞬间的视域融合。由此可想而知，伽达默尔的瞬间概念同样激发了他，形成应用概念，正如他的瞬间概念激发了他，形成历史性、历史间距、效应史等观念一样。

四、余论

伽达默尔在自己的代表作中未专辟章节处理时间问题，对时间问题的论述夹杂在他论述历史间距、效应史的章节中。但是，这并不意味着，对时间问题的考虑未对他的哲学解释学思想发生影响。这一方面是因为，伽达默尔的思想建立在海德格尔的思想基础上，海德格尔的时间观是伽达默尔哲学思想理所当然的重要前提，以至于伽达默尔反而不需要从一开始就专门论述时间问题。另一方面，在出版代表作之后，伽达默尔从60年代到90年代发表了一系列论述时间问题的文章，这些文章可理解为伽达默尔对自己的哲学解释学思想的补充性说明，其关键内容就是他在西方时间观背景中形成的关于瞬间的思想。由于伽达默尔的瞬间概念同他有关历史性、历史间距、应用、效应史等哲学解释学思想水乳交融，可以说瞬间概念是我们理解伽达默尔哲学解释学思想的一条重要线索。

总而言之，时间问题是西方哲学的基本问题，因而也是伽达默尔哲学解释学思想的一项重要内容。伽达默尔吸收了西方时间观中关于充实的时间的思想，提炼出自己的瞬间概念。瞬间概念将流逝的时间因素转变为人的生命内涵，一方面为伽达默尔形成历史性观念奠定了思想基础，令伽达默尔得以阐述人的历史性连贯性与现实历史的非连贯性之间的张力关系，并借助于历史性的连贯性建立现实历史的连贯性；另一方面则为新旧不同视域的融合提供了契机，令伽达默尔得以阐述现实历史中新时代与旧时代之间既断裂又融合的相互关系，表达自己侧重于连贯性而非断裂性的历史观。瞬间概念还同伽达默尔的历史间距、应用、效应史等观念水乳交融，为我们理解伽达默尔哲学解释学总体思想提供了一条重要线索。

第四节　伽达默尔对游戏概念的发挥

在伽达默尔的解释学思想中，游戏概念是一个有代表性的概念。游戏概念突出地体现了伽达默尔解释学思想的独到之处，并同伽达默尔解释学思想的方方面面交织在一起。识别伽达默尔游戏概念的思想由来，辨析游戏概念的内容及其意义，有助于我们直接领悟伽达默尔解释学思想的独到之处，并对伽达默尔解释学思想总体形成提纲挈领性的把握。

一、席勒的游戏观念

虽然说在伽达默尔的解释学思想中，游戏概念具有重要意义，但游戏概念并非伽达默尔的首创，而是由席勒最早提出来的。正如萨弗兰斯基指出的那样，席勒是最早指出自然通过游戏——即通过仪式、禁忌和象征——走向文化之路的人之一。[①] 由此就产生出一个问题：伽达默尔的游戏概念同席勒的游戏概念是怎样一种关系？为解答这一问题，我们首先要了解席勒的游戏观念。

在《审美教育书简》中，席勒根据康德哲学，将人置于感性与德性、冲动与精神、自然与文化、必然与自由、质料与形式等等的矛盾之中，并致力于通过审美活动将人的这两方面协调起来，从而克服人身上的二元论现象。席勒持这种审美观念，有赖于他提出的游戏观念。席勒对游戏的界定是："既非主观亦非客观的而是偶然的、既非内在亦非外在的而是必然的"。[②] 所谓既非主观亦非客观，是说游戏不仅是一种主观心理状态，而且是一种客观事实，正如游戏不仅是一种客观事实，而且是一种主观心理状态一样。这里，主观心理状态与客观事实已经完全融合在一起，超越了单纯的主观心理与单纯的客观事

[①] 参见 Rüdiger Safranski: Romantik—Eine deutsche Affäre, Carl Hanser Verlag, München, 2007, S. 43.

[②] Norbert Oellers: Schiller—Elend der Geschichte, Glanz der Kunst, Philipp Reclam jun., Stuttgart, 2005, S. 472–473.

实。而且游戏是突如其来的,即偶然的,不是经过事先的酝酿、有意的谋划而产生的。而这也表明,游戏是自行发生的,远远不限于主观心理状态。所谓既非内在亦非外在,是说游戏不仅是人的主动行动的结果,而且是客观条件促成的,正如游戏不仅是客观条件促成的,而同样是人的主动行动的结果。就像中国人讲因缘相生一样,游戏也是人的主动性与客观缘分融合在一起的结果,以至于游戏不可能不发生,即是必然的,或者说是自然而然的。这表明,游戏远远超出个人的把握,不仅仅是受个人支配的。游戏既是偶然的,又是必然的,说明游戏是一个事件,是超出游戏者个人之上的。这是我们可以从席勒的游戏观中发掘出来的第一层维度。

席勒的游戏概念的意义在于,它表明了质料冲动与形式冲动的相互限定,因而意味着对那种不以占有美的对象为目的的感性需求的满足,以及对那种不以压抑感性为倾向的质料冲动的满足。[1] 显而易见,这种游戏观是对康德美学思想的发挥。也正是在康德美学思想的影响下,席勒的美学思想截然对立于当时流行的模仿观,即对立于美是对自然的模仿这一观念,因为席勒主张人在审美中的自由和独立。[2] 游戏的冲动结合了感性冲动与理性冲动、质料冲动与形式冲动,令这两方面达到了平衡。西方学者为席勒的二元论拉开列了一个表格,罗列了席勒在《审美教育书简》中涉及的对立概念。它们涉及感性与德行、偏向与义务、现实与理想、多样性与统一性、自然与艺术、情感与意识、质料与形式、感性与自由、偶然与必然、变化与同一性、有限与无限,等等,[3] 由于这两个方面相互影响,其结果是:"没有无质料的形式,没有无形式的质料。"[4] 同时,由于游戏协调了人的这两个彼此矛盾的方面,人才得以克服片面性、矛盾性。所以,席勒在《审美教育书简》第十五封信中说:"人

---

[1] 参见 Michael Hofmann: Schiller: Epoche-Werk-Wirkung, Verlag C. H. Beck, München, 2003, S. 105.

[2] 参见 Matthias Luserke-Jaqui: Friedrich Schiller, A. Francke Verlag, Tübingen und Basel, 2005, S. 260.

[3] 参见 Matthias Luserke-Jaqui: Friedrich Schiller, A. Francke Verlag, Tübingen und Basel, 2005, S. 262.

[4] R. P. Janz: Über die ästhetische Erziehung des Menschen in einer Reihe von Briefen, in: Helmut Koopmann (Hg.): Schiller—Handbuch, Alfred Kr?ner Verlag, Stuttgart, 2001, S. 656 – 657.

只有在游戏时才是完整的人。"① 这是席勒的游戏观中固有的另一层维度。

综合上述两个方面,席勒讲的游戏既有超越人之上这一层维度,又有落实在人身上这另一层维度。后一层维度赋予了席勒的游戏观以主观性,因为它强调游戏者的主观心理状态,因而在相当程度上将游戏归结到人身上去了,并因为将游戏的宗旨归结于人而具有主观性。在启蒙主义运动如火如荼的 18 世纪,席勒的这种倾向是合乎逻辑的。席勒看到人身上的矛盾无法在现实中消除,因而借助于游戏来消除这种二元论式矛盾,用一种近乎审美乌托邦的观念来实现康德关于人是目的这一理想。由于席勒以审美中的完整的人为宗旨,所以他的游戏观所带有主观特点愈发突出出来。

二、伽达默尔的游戏观念

伽达默尔经过海德格尔的思想洗礼,因而在他那里,自由不再像在席勒的年代那样,是一个需要追求的目标,而毋宁说是人之为人的前提,也是任何一种哲学理论的思想出发点。所以,伽达默尔不必在意席勒游戏观的第二层维度,而可以专注于席勒游戏观的第一层维度,并对此做出进一步的发挥。他在《真理与方法》中讲述游戏时开宗明义地说:"我们联系艺术经验来谈论游戏时,游戏指的不是游戏者或欣赏者的情况或心绪,根本不是什么在游戏中印证的主体性自由,而是艺术品本身的存在方式。"② 由此可见,伽达默尔淡化了席勒游戏观的第二层维度,突出了席勒游戏观的第一层维度。正因如此,伽达默尔将游戏从游戏者中独立出来,将其当作一个艺术品意义上的构成物。由于艺术品的象征作用,构成物泯灭了游戏世界与实在世界的区分,使得游戏成为一个优先于游戏者的事件。所谓优先于游戏者,是说游戏既突出于游戏者之上,又不脱离游戏者。而所谓突出于游戏者之上,是说游戏本身才是主体。在主体性上,游戏者依附于游戏。所谓不脱离游戏者,是说游戏者是游戏的组成部分。游戏的本质——更确切地说,游戏的存在方式——在于被游戏者游戏,艺术品的本质在于经演绎者演绎和展现出来,因而游戏者的作用在于将游戏这

---

① Friedrich Schiller Werke und Briefe, Band 8, Deutsche Klassiker Verlag, Frankfurt am Main, 1992, S. 614.
② Hans-Georg Gadamer Gesammelte Werke Band 1, J. C. B. Mohr, übingen, 1990, T S. 107.

一事件予以现实化、完整化。正像节日庆典靠的是有人来参加节日庆典那样，游戏靠的是游戏者来游戏，艺术品靠的是演绎者将艺术品演绎出来、展现出来。而游戏者参与游戏，本身就属于游戏的内容。①

伽达默尔关注理解如何可能，正如康德关注理解如何可能一样。但是，伽达默尔不同于康德，也不像受康德影响的席勒等人那样，将理解看作主体的行为方式，因为伽达默尔另有思想来源，即海德格尔这一思想来源。海德格尔关于缘在的思想本身就是一种解释学思想，因而伽达默尔将理解看作缘在的存在方式。作为缘在的存在方式，理解不是主客对象式的，而是主体间式的。游戏概念的作用就在于印证，理解具有主体间性，或者说具有超主体性。游戏是演绎活动，也可理解为表演与演出。所谓演出（Schauspiel），就是给人看（Schau）的游戏（Spiel）。这里，我们不能采用形式逻辑中属加种差的惯常做法，认为演出是子概念，游戏是属种概念，演出是多种游戏中的一种。相反，应当说"看"突出了游戏的性质，将游戏的性质明确为演出。而演出是供欣赏者看的，这样便在演员与观众之间架起了一座主体间的桥梁。所以说，游戏不但需要游戏者彼此之间相互理解和配合，而且需要游戏者与欣赏者彼此之间相互理解与配合。单单望文生义地说，演出的词义就较之游戏的词义更加突出欣赏者的作用。而从思想联系上说，演出较之游戏扩大了像应用概念这些伽达默尔观念的覆盖面，将应用概念从游戏者身上进而应用到观赏者身上去。

游戏得以游戏，靠的是游戏者的共在，而不是靠游戏者把游戏当作对象。毋宁说，在游戏当中，游戏者忘我地投身游戏之中，甚至变换自己的身份，扮演另外一个角色，同其他游戏者一道游戏。游戏既形成于游戏者的相互配合之中，即形成于游戏者的主体之间，又形成于观赏者与游戏者的相互关系之中，即形成于游戏者与观赏者的主体之间。就连观赏者也不是将游戏当作客观对象，而是投入了移情、共鸣等情感因素，体验了净化、升华等审美效果。伽达默尔关于悲剧的伤悲、战栗、净化等论述表明，游戏的实在乃是为观赏而存在的实在。游戏者将游戏展示给观赏者，观赏者的观赏成全了游戏的完整性，游戏者与观赏者共同成就了超越于游戏者与观赏者之上的游戏，即超主体的

---

① 参见 Hans-Georg Gadamer Gesammelte Werke Band 1, J. C. B. Mohr, Tübingen, 1990, S. 107–133.

游戏。

一方面，游戏超越于游戏者和欣赏者之上，因而艺术真理超越于我们之上。我们隶属于艺术真理，而不是掌握艺术真理。因此，伽达默尔持艺术模仿或者说艺术再现的观念。但这并不意味着，艺术是对现实的反映，而意味着，艺术真理是从实在中提升出来的。这种认识接近于海德格尔关于真理是解蔽的思想，也符合海德格尔关于艺术真理的自身流露、自身言说的思想。另一方面，由于听众理解作品，是作品的意义得以展现出来的必要条件，而且作品的意义有可能随着听众理解不同而发生改变，所以得到理解才是艺术的真理。没有理解，便没有艺术真理可言。这样一来，艺术真理自行流露与艺术真理留待理解这两个方面似乎构成了一对矛盾。对这一表面上的矛盾，我们可以借助节日庆典为例来予以澄清。节日庆典是重复性的，年复一年，都是同样的日子。但每一次节日庆典都值得举行，因为节日庆典的目的是纪念，而纪念如同回忆和怀念一样，仅在形式上是重复性的，其性质却在每一次庆典之际都是一次性的、唯一性的，正像演奏乐那样，每一次演奏都有其独特之处，不会因为乐曲已为听众所熟悉，演奏就变为一成不变的重复了。同样，杂技表演的内容是重复性的，但每一次表演都令观众捏着一把汗。"捏着一把汗"意味着，演员与观众都意识到，重复性表演中有非重复性因素，即有可能出意外。所以，游戏的关键之处不在于它的重复性，而在于它在重复性中的非重复性，即在于它的当下性、唯一性。这样，节日庆典本身的意义流露在每一次节日庆典的举办活动中，而且是靠节日庆典参加者的"参加"流露出来的。同理，艺术真理本身的意义流露在每一次对艺术品的演绎和解释中，意义本身的流露与对意义的诠释融合在一起。艺术真理本身的流露与艺术真理留待理解这两个方面并不彼此矛盾，因为真理的呈现与对艺术真理的理解及解释相互成全。

三、伽达默尔游戏观的转变性意义

正如本文开头所述，席勒的游戏观具有两个维度。专注于游戏者的主观状态，是席勒游戏观的一个明显的维度。而赋予游戏以超越游戏者之上的含义，是席勒游戏观的一个暗含的维度。伽达默尔舍弃了席勒游戏观明显的维度，进一步阐发席勒游戏观暗含的维度。这种思想取向的转变符合现代哲学思想相对于古典哲学思想的转变。自海德格尔开始,哲学已经从存在者的理论层面上升到存在的理论层面。因而伽达默尔的游戏概念不再局限于作为存在者的游戏者,即不再局限于努力克服二元论矛盾的游戏者,而是深入到作为存在的游戏事件。按照海德格尔的思想,存在是靠缘在去领悟的。因而在伽达默尔那里,游戏事件需要作为缘在的游戏者去阐释,即需要主体间关系中的游戏者去阐释。而这又是因为,在海德格尔那里,理解还侧重于自我理解。而在伽达默尔那里,理解已经侧重于相互理解了。这种细微的差别反映出,伽达默尔在海德格尔思想基础上,进一步发挥出自己的独特思想。

因此,不仅游戏本身是游戏的主体,而且游戏是从主观性中解脱出来的活动。由此导致一个结果:在席勒那里,游戏是一种审美活动。而在伽达默尔那里,游戏是对意义的解读。审美是一种主观性活动,而解读意义则不局限于主观性活动。这是因为,意义本身并不完全取决于意义的解读者。否则的话,有什么样的解释,就有什么样的意义。而解释有可能多种多样,这样一来,意义就因随意性而失去了客观有效性,真理也因相对性而沦落为意见。针对这种情况,伽达默尔在《真理与方法》中开宗明义地力陈教化、共通感、判断力、趣味等概念后,便提出游戏概念,就是考虑到,上述概念在很大程度上来源于康德的美学思想,而康德主张真理的主观先验普遍性。正是为了避免让自己的解释学理论因循康德的主观先验普遍性,伽达默尔紧接着便着力论述游戏的超主观性。

另外,伽达默尔设定了传统对人做解释的约束性作用,认为人是从传统出发做解释的。由于传统性前见为解释确立了方向,所以伽达默尔从有别于自然科学的角度为文化传统的流传奠定一个坚实的基础,借以维护传统的流传的合理性。传统在总体上是圆融一贯的,但传统中也蕴含着冲突,这是不同解释彼此冲突的由来。所以说,传统为不同的解释留下了空间。就像游戏(名词)存在于游戏(动词)当中一样,传统同样留存于对传统的解释中。否则,传统就是空洞的、无生命力的。由于解释是无尽的,所以传统的留存也是无尽的。从解释的角度看,确认传统、解释传统,就是游戏(及物动词)游戏(名词)。而换个角度看,即从传统的角度看,传统得以确认和解释,就是游戏(名词)本身在游戏(不及物动词)。这样,伽达默尔是如此之重视传统消除解释的随意性的作用，以至于他在一定程度上将传统实体化了。

比较席勒对游戏的界定与伽达默尔对游戏的界定，可以看出，伽达默尔与席勒的差别，是不同的理论时代之间的差别。在深受海德格尔影响的时代，伽达默尔大力发挥游戏是一个事件这一观念。这一做法的深意在于，在席勒的时代，游戏观是美学理论的一个组成部分。所以，席勒倾心于审美活动中的自由的人。而在伽达默尔的时代，解释学不再关注传统美学理论所关注的审美问题，而是关注理解与解释等问题。也就是说，它的专注点较之传统美学更加形而上学化。在这种理论背景下，伽达默尔有意把美学体系问题转换为艺术经验问题。这种转换体现了理论氛围的转变，同时带来一种总体观念上的转变。传统美学与解释学都需要处理作者与读者的关系问题。传统的观念侧重作者的作用，或者说侧重出自作者之手的原始文本本身的含义。现代的观念侧重读者的作用，或者说侧重读者对原始文本的理解和解释、解读和应用。伽达默尔的解释学正处于这种关注重点从作者向读者的转变过程中，或者说在很大程度上促成了这种转变。伽达默尔突出游戏者的作用，甚至突出观赏者的作用，实际上就是突出了读者的作用，突出了对原始文本的接受。

如果说席勒游戏观中的第二层维度体现了古典时代的理论特点，那么第一层维度则体现了古典时代的思想所蕴含的现代思想的萌芽。只是，在古典与现代的这两层维度之间，具有一种张力关系，而对席勒游戏观中这两个维度之间的张力关系问题，伽达默尔并未予以解决，也无法予以解决。其结果是，在伽达默尔那里，游戏本身的意义得到增强，而游戏者的意义相对地被弱化了。也就是说，作者的意义被削弱了，读者的意义则被增强了。伽达默尔的倾向及其遗留下来的这一问题引发同时代人和后人做进一步的讨论。例如，赫施提出含义与意义的区别，以及解释的有效性，目的在于限定解释的范围，从而捍卫作者的作用，即捍卫伽达默尔动摇的传统观念。但是，伽达默尔起到上述推动作用，是有分寸的。在作者、读者与文本这三者构成的相互关系中，伽达默尔最为强调文本自身的地位。因此，他并不接受尧斯的接受美学思想，因为接受美学过于强调接受者的作用，并因此而降低了文本自身的地位。同样，正是因为强调文本自身的地位，伽达默尔坚持文本自身的同一性，反对德里达对文本的解构。所以说，伽达默尔的解释学同后现代思想是有相当距离的。也许我们可以将伽达默尔的特点界定为:在传统与后现代之间。

第五节　语言作为解释学思想的归宿

在西方哲学中,语言一直是一个重要的问题。古往今来的哲学家都为语言而花费了大量笔墨,伽达默尔也不例外。从一般的意义上说,哲学涉及认识与知识、理解与表述等问题,而认识与知识、理解与表述则涉及语言问题,因而语言是哲学研究不可回避的问题。语言哲学也因此而成为哲学的一个分支。专就伽达默尔的解释学思想而言,它是围绕着理解与解释、语言与言说等问题而展开的,因而语言问题在相当程度上占据了解释学的中心地位。因此,了解伽达默尔对语言问题的论述,就相当于掌握了打开解释学思想迷宫的一把钥匙。

一、语言作为人的存在方式

在伽达默尔的解释学思想中,语言占有极其重要的地位,以至于伽达默尔讲,可以理解的存在就是语言。他这一论断容易给人造成一种印象:似乎他将整个世界当作语言文本,将存在当作语言事实。但是,伽达默尔的解释学实质上并不是一种语言哲学,因为它并未为语言成为研究对象奠定前提条件。伽达默尔只是认为,全部人类活动都以语言为中介。这才是他关于可以理解的存在即语言这一论断的意思。① 显然,这里讲的语言不是语言学的对象,因为这里讲的语言关涉人类活动的方方面面,而语言学的理论性表述所涉及的语言,只是人类方方面面活动中的一种特殊情况而已。所以,我们要结合解释学而非语言哲学来谈论伽达默尔对语言的理解。②

就解释学关于语言的认识来说,由于解释学是关于理解和解释的学问,所

---

① 参见 István M. Fehér: Zum Sprachverständnis der Hermeneutik Gadamers—Wort, Gespräch und Sache, in: Günter Figal, Jean Grodin, Dennis J. Schmidt (herg.): Hermeneutisceh Wege, Mohr Siebeck, Tübingen, 2000, S. 192.

② 参见 István M. Fehér: Zum Sprachverständnis der Hermeneutik Gadamers—Wort, Gespräch und Sache, in: Günter Figal, Jean Grodin, Dennis J. Schmidt (herg.): Hermeneutisceh Wege, Mohr Siebeck, Tübingen, 2000, S. 193.

以一般来说,应当首先给理解和解释下定义,随后据此对语言做出说明。但是,伽达默尔并未采取这样的做法,因为按照他的理解,当我们用理解和解释来说明理解和解释时,这种行动本身就置身理解和解释当中。所以,理解和解释不是方法论概念,而是存在论概念。对于存在论概念,难于像对待方法论概念那样下定义。所以,在语言同理解和解释的关系上,正如利科指出的那样,伽达默尔采取的,是海德格尔那样的"短途"思路,即遵循海德格尔的观念,认为理解与解释是缘在的存在方式,而理解与解释是语言性的。海德格尔讲:"语言是人类思维当中最为晦暗的一幕,我们的思维是如此之接近语言性,而语言性在人类思维当中是如此之不成其为对象,以至于它隐匿了自身的存在。"① 正是由于语言同思维接近得隐匿了自身的存在,所以语言同思维一样,是我们的存在方式,而不可被当作脱离我们自身的对象。一俟我们将语言看作对象,我们便脱离了同语言的原始关系,进入扭曲的对象性关系中。② 所以,语言是言谈,是缘在的现身方式,语言不是对象。③ 正是因循这一思路,伽达默尔明确地讲:"语言性与理解之间的本质性联系首先表现为,存在于语言媒介之中,即流传的实质所在,以至于解释所偏爱的对象具有语言的特征。"④

从这种观念出发,伽达默尔不是将目光对准语言,而是将目光对准借助语言表达出来的缘在的存在方式。在他看来,理解一种语言,这本身就是一种生活。因而解释学的问题不在于理解语言,而在于理解发生在语言媒介中的事情。他明确地说过,解释学的问题不在于正确地掌握语言的问题,而在于恰当地对事物形成共识的问题,而这事物是以语言为媒介的。⑤ 对于伽达默尔的这

---

① Hans-Georg Gadamer: Gesammelte Werke, Bd. 1, Wahrheit und Methode, J. C. B. Mohr Verlag, Tübingen, 1990, S. 383.

② 参见 Wilhelm Anz: Die Stellung der Sprache bei Heidegger, in: Otto Pöggeler (herg.): Heidegger-Perspektiven zur Deutung senes Werkes, Beltz Athenäum Verlag, Weinheim, 1994, S. 306.

③ 参见 István M. Fehér: Zum Sprachverständnis der Hermeneutik Gadamers—Wort, Gespräch und Sache, in: Günter Figal, Jean Grodin, Dennis J. Schmidt (herg.): Hermeneutisceh Wege, Mohr Siebeck, Tübingen, 2000, S. 194 – 196.

④ Hans-Georg Gadamer: Gesammelte Werke, Bd. 1, Wahrheit und Methode, J. C. B. Mohr Verlag, Tübingen, S. 393. 1990,

⑤ 参见 Hans-Georg Gadamer: Gesammelte Werke, Bd. 1, Wahrheit und Methode, J. C. B. Mohr Verlag, Tübingen, 1990, S. 388.

种认识,西方学者评价说,解释学代表语言学的转向,而且是较之语言分析更为深刻的转向,因为它不是要建立一种语言描述和语言分析的新机制,而是靠语言来建构意义。更准确地说,解释学对准的,不是事物,而是事物的可解释性。由于理解具有解释性,而解释又具有语言性,所以语言是理解的最终框架。① 可以说,伽达默尔触及语言,并不是以语言本身为目的,而是以借助于语言形成理解和解释、最终达成共识为目的。在解释学当中,语言服务于达成共识这一宗旨,因为共识的达成是一个语言过程。可以说,共识没有受到妨碍,便不会有解释学的任务。而没有在对话中对相互理解的探求,没有达成共识这一目的,便没有言说的艺术。

二、语言作为理解性事件

伽达默尔认为,语言具有无我性。也就是说,我必须讲述他人听得懂的语言,否则我讲述的语言就不成其为语言。这意味着,语言不是私人语言,而是公共语言。而公共语言不是"我"的语言,而是"我们"的语言。而且,公共语言不是落实在我们的语言行为上,而是落实在我们的语言所表述的内容上。综合这两个方面说,语言最终落实在主体间就语言内容所达成的共识上。这样,我们才能靠语言来理解一切,包括理解我们自身。

由于语言的目的在于达成共识,所以语言不仅仅是言谈,而更是交流。② 只不过,交流并不意味着置身他人思想之中,或设身处地地领会他人的体验,而在于在语言上同他人取得一致。这是因为,设身处地地体验他人的想法,便放弃了自我的想法。而放弃自我的想法,对话便不成其为对话,而成了与自说自话截然相反的一味倾听了。毕竟,对话不是移情体验,尽管移情体验也是对话所必需的。所以,对话与交流是在双方保持自我的前提下谋求共识的努力。只不过,这样一种共识是可遇而不可求的,因为我们置身对话当中,无法引导对话,反而要受对话的引导。而这又是因为,引导或者说支配对话,实际上就

---

① 参见 Emil Angehrn: Interpretation und Destruktion-Untersuchungen zur Hermeneutik, Velbrück Wissenschaft, Weilerswist, 2004, S. 26–27.

② 参见 Hans-Georg Gadamer: Grenzen der Sprache, in Hans-Georg Gadamer: Gesammelte Werke 8, Mohr Siebeck, Tübingen, 1993, S. 350.

把对话变成了独白,只不过采用了虚假的对话形式。这种形式上的虚假对话、实质上的独白无法达成理解性共识,只能将一方的观念强加于另一方。所以说,语言不是操纵客体的工具,而是形成共识的过程。为达成真正的共识,对话双方需要接受对话本身的引导,遵循对话本身的逻辑。语言具有无我性、普遍性,语言就是交流。我们靠语言来理解一切,包括理解我们自身。视域融合是语言的成就,语言是解释学的存在论视域。由此,我们可以得出一个结论:旨在达成相互理解的对话是不可预见的,理解成功与否,都是一个事件。

按照海德格尔的理解,言说是真理的自行流露,它体现为天地神人组成的世界的不言之说。① 而语言是作为有死者的人的言说,是既现身于世又有所领略的在世存在的自我表露。② 伽达默尔继承了这种思想,他原本给自己的代表作起的书名是"理解与发生",因为"发生"才是解释学观念的核心。③ 而这种发生就是真理自行流露出来,就是真理表露为言说。我们靠语言来表露真理,世界靠语言得以表露出来,因而世界就寓居在语言之中。海德格尔认为,事件发生于言说之中,而语言是人类尽量去接近的那种存在本身的言说。④ 联系伽达默尔对语言的认识来说,这表明语言有其自身的真理,因而对话是一个自成一体的事件。而这也是伽达默尔将语言性理解当作游戏的思想由来。在游戏当中,不是游戏者在游戏,而是游戏本身在游戏。也就是说,游戏本身才是主体,游戏者只是参与游戏。这又是因为游戏有游戏规则,游戏者必须遵守,否则便败坏了游戏。另外,游戏是做给旁观者看的,旁观者同游戏者一道参与游戏,所以游戏并不局限于游戏者之间。游戏远远大于游戏者,这是语言与对话理应引导对话者、而不为对话者所引导的缘由。

上面是就对话与对话者以及对话者之间的关系而言的,而就语言与事物之间的关系而言,或者说就语言的能指与所指之间的关系而言,则可以认定,在语言的应用中,人的概念优先于事物的概念,因为按照伽达默尔遵从

---

① 参见 Werner Marx: Heidegger und die Tradition, Felix Meiner Verlag, Hamburg, 1980, S. 203 – 205.
② 参见 Otto Pöggeler: Der Denkweg Martin Heideggers, Verlag Günther Neske, Stuttgart, 1963, S. 271.
③ 参见 Damir Barbaric: Geschehen als Übergang, in: Günter Figal, Jean Grodin, Dennis J. Schmidt (herg.): Hermeneutische Wege, Mohr Siebeck, Tübingen, 2000, S. 63.
④ 参见 Joseph J. Kockelmans: Sprache-Hegel und Heidegger, in: Edelgard Spaude (herg.): Große Themen Martin Heideggers, Verlag Romach, Freiburg, 1990, S. 82.

的海德格尔的思想来说，事物的概念是从人的上手角度得以理解的。但是，海德格尔的思想是对古典哲学的翻转。而按照古典哲学的认识，事物本身也可理解为：它抵御着不符合事物本性的上手性。也就是说，事物也是独立于人的。这样理解，则人相对于事物的优先性便颠倒过来：事物的本性意味着摆脱人的偏好，事物要求人忘我地听命于它。还有一层需要考虑的是，语言除了表达事物外，不可能在事物之外再造出其他意义来。这一点表现在哲学观念中就是：古典哲学设定了主体与客体的彼此相符，而且是主体符合客体。例如，黑格尔主张，事物印证自身。这充分体现了人服从于事物这一观念。

但是，古典哲学引发的一个后果是，它错把言辞当成了事物本身。而言辞的实质在于，对事物的理解是透过语言与言辞完成的。这就是说，理解是建立在被经验之物的基础上的，而经验首先是无言的，随后因得以命名、归类等等而成为反思的对象。所以说，言辞是经验用来表述自身的，言辞不可以独立化为实体。① 由此看来，古典哲学因将事物与言辞同一化而掩盖了一点：事物并不是言辞本身，而是具有语言性。关于这种语言性，我们可以从语言哲学的研究成果中得出认识。赫尔德与洪堡开启了语言哲学的追问，认为语言的作用不在于符合事物，而在于对事物做出先行把握。心灵与世界相符，因而心灵可以体验世界的语言性。相对于对事物的对象性认识来说，这种对世界的语言性的体验是前在性的。这种前在性体验导致古典哲学误将事物与言辞同一化，即在形成对事物的对象性认识之前，就将事物的语言性当作事物本身了。但是，言辞应当归结为世界的语言性。由此，我们可以得出两个结论：其一，语言与其说是人的语言，不如说是事物的语言，因为语言应当由事物的语言性而来，人的语言不过是对这种语言性的领悟。其二，由于体验世界的语言性，需要投入人的心灵，所以遗忘事物的语言性，也就遗忘了人的心灵。正如西方学者认为的那样，古典哲学导致了对事物的语言性的遗忘，也导致了对自我的遗忘。

---

① 参见 István M. Fehér: Zum Sprachverständnis der Hermeneutik Gadamers—Wort, Gespräch und Sache, in: Günter Figal, Jean Grodin, Dennis J. Schmidt (herg.): Hermeneutisceh Wege, Mohr Siebeck, Tübingen, 2000, S. 197.

三、语言作为可理解的存在

伽达默尔克服古典哲学的局限性,是从自己的解释学观念出发的。首先,伽达默尔讲:"流传的载体并非作为当时之物件的文字,而是记忆的延续性。由此,流传成为我们的世界的一部分,而且它所传达的,能够直接成为语言。"① 这就是说,以文字形式流传下来的一切与所有后继时代都是同时代的。文字流传物具有一种独特的形式,即它令往昔与当今并存。这是因为,通过文字固定下来的东西已经同它的起源和原作者脱离关系,向后继的关系开放。作者的意见或原读者的意见只代表一种空位,而这空位要由后继的具体理解的场合来填补。这样,伽达默尔以文字这一语言现象为例,强调了语言起到的延续性作用。

其次,伽达默尔强调,语言起到的延续性作用容纳有断裂性因素。语言的应用并不能确保对话与交往一定成功,因为对话与交往以信息的传送为条件,而语言并不能保证不会造成歧义。所以,语言的主体间性总是时断时续的。它之所以是连续的,是因为共识是可能的。伽达默尔有一个"完全的前把握"观念,指的是读者可以对文本抱有意义预期。也就是说,后继的读者可以同先前的作者及原初读者达成共识。另外,语言的主体间性之所以是断裂的,是因为它不能确保充分有效的理解。所以,解释学式理解与解释才是必要的,因为解释学式理解与解释应用于主体间断裂之处,并以主体间的断裂为条件。所谓视域融合,就是彼此不同的视域之间的相互汇合运动。没有间距,也就没有这种汇合运动了。所以说,语言性理解不仅基于共识,而且基于交往困难时所必需的解释学式理解和解释。这样,掌握语言规则,不仅意味着能够做表述,而且意味着能够解释表述,从而构成相互理解。同样,学习语言,同时就是在学习如何解释语言规则,从而克服主体间的间距。

第三,从伽达默尔的解释学观点看,主体间断裂是解释学式理解的条件。他引用《圣经》中关于巴别塔的记述,说明语言的统一性造成了人类的僭越

---

① Hans-Georg Gadamer: Gesammelte Werke, Bd. 1, Wahrheit und Methode, J. C. B. Mohr Verlag, Tübingen, 1990, S. 394.

性行为，而上帝变乱人类语言，才制止了人类的僭越行为。据此，伽达默尔认为，语言的统一性意味着危险，而语言的多样性则意味着对危险的克服。① 参照伽达默尔的看法，即理解形成于视域融合之中，语言起着融合我们的视域与他人的视域、往昔视域与当今视域的作用，我们可以想象，有语言的多样性，才会有更为丰富的对话和交流、更为丰富的视域融合，以及对自我中心的克服和对陌生性的尊重。这里的陌生性来自于彼此不同的视域的彼此陌生，如我们自己的视域与他人的视域之间的彼此陌生、往昔的视域与当今视域之间的彼此陌生。因此，多样性的语言不但拓展了理解的范围，而且规定了理解的取向，即以陌生的他者为取向，而非以自我中心为取向。伽达默尔引用黑格尔的话说，所谓教化，就是能够从他人的角度出发看待事物。② 伽达默尔在代表作中开宗明义地大谈特谈教化，也就点明了解释学式理解的这种取向。

第四，伽达默尔以翻译为例，澄清了语言通过视域融合来克服主体间距的作用。他认为，语言起着沟通我们原有的视域与陌生的视域这一作用，视域拓展即一种语言吸收另外一种语言的过程。翻译既出现在不同世代的人之间，也出现在不同语言之间。但是，翻译并非简单地将 种语言转换成另外一种语言，而毋宁说是在吸收外语，发展自身的语言系统。所以，一方面，我们在翻译过程中寻找到的语言，并非我们作为翻译者自己的语言，而是接近原文的语言。另一方面，我们是在自己所熟悉的语言视域中理解陌生的语言的，是通过将陌生的语言内化为自身的社会过程这样一种机制来学习语言的。这样，翻译是一个不同视域逐渐融合的过程，也是一个自身视域不断扩大的过程。在这一过程中，由于语言是理解赖以形成的媒介，理解的语言性是相互理解的条件，而且由于解释学式理解形成于解释之中，所以翻译同时就是解释，并且作为解释而促成了理解。

---

① 参见 Hans-Georg Gadamer: Die Vielfalt der Sprachen und das Verstehen der Welt, in: Hans-Georg Gadamer: Gesammelte Werke 8, Mohr Siebeck, Tübingen, 1993, S. 339–340.
② 参见 Hans-Georg Gadamer: Die Vielfalt der Sprachen und das Verstehen der Welt, in: Hans-Georg Gadamer: Gesammelte Werke 8, Mohr Siebeck, Tübingen, 1993, S. 349.

四、语言作为存在的家园

伽达默尔指出,语言是人的家园。在大千世界中,最令人产生家园感的,莫过于语言。在所有语言中,最令人产生家园感的,莫过于母语。而使用母语与使用外语的关系,一如居留家乡与流亡国外的关系。① 伽达默尔的这一比喻难免会让人产生一丝困惑:首先,为什么伽达默尔讲流亡国外,而不讲定居国外?流亡是被迫的,而定居是自愿的。当我们去熟悉外国文化时,使用外语显然优于使用母语。所以,使用外语是我们主动的选择、自愿的定居。另外,伽达默尔讲过,我们需要通过母语来了解外语,而一旦掌握了外语,就不需要翻译了。这意味着,正像伽达默尔本人也不得不承认的那样,外语也可以成为母语。所以,如果说流亡意味着需要翻译,那么定居便意味着掌握外语。

其次,家乡是与生俱来的天然乡土,而家园是经过文化认同之后认可的精神寓居之所。因此,家园有可能游离于家乡与国外之间,即游离于母语与外语之间。这样一种家园搭建在不同视域之间,即搭建在自身视域与陌生视域之间。在顺利的情况下,伴随着原本的陌生视域变得愈发熟悉,伴随着自身视域不断扩大,自身视域与原本的陌生视域便可以叠加为家园。在自身视域与陌生视域彼此冲突的情况下,家园的安置便被代之以颠沛流离,而颠沛流离依然是我们安置家园的精神努力。这后一种情况,似乎更符合今天的人的心路历程。正如伽达默尔所讲:语言破碎处,无物存在。在传承一种历史的语言已然支离破碎之际,今天的人更有可能脱离伽达默尔所讲的那种历史传承,以哪怕更为偏激的态度对抗伽达默尔的解释学所散发出的保守气息。

我们这种认识之所以同伽达默尔的认识相去甚远,想必是因为伽达默尔侧重同一性观念和延续性观念。同一性观念将自身视域与陌生视域彼此分开,进而在分开不同视域的基础上谋求视域融合。伽达默尔所讲的视域融合就是从自身视域出发,不断地汲取和吸收陌生视域,从而扩大自身视域的。至于我们同样从陌生视域出发,或者至少可以说,同样从陌生视域出发地谋求陌生视域与

---

① 参见 Hans-Georg Gadamer: Heimat und Sprache, in: Hans-Georg Gadamer: Gesammelte Werke 8, Mohr Siebeck, Tübingen, 1993, S. 366 – 368.

自身视域的双向互动，这种可能性伽达默尔想必不会认可，因为它意味着我们违背了自身同一性。而延续性观念，按照伽达默尔的思路，理应立足于同一性观念。因此，延续性存在于自身视域中。陌生视域是逐渐为我们的自身视域所汲取的，因而相对于我们来说，它本身无所谓延续性。如果说它也有延续性含义，那么这也是就它为我们的自身视域所吸收的延续性而言的。因此，在伽达默尔那里，家园只能搭建在母语基础上，不可能游离于母语与外语之间。而这也意味着，在伽达默尔的观念中，家园即家乡。这也是他宁可讲流亡国外也不讲定居国外的原因。

但是，语言并不与事物完全一致，而且语言有可能言不尽意。所以，透过语言把握世界，意味着我们的理性的有限性，语言世界始终是一个缘在。所以说，伽达默尔的解释学是有限性的哲学。为了不断克服有限性，伽达默尔补充说明，我们不能仅仅去理解自我同一的意义内涵，还要去理解有所不同的理解，即去理解不同的有限理性的意义视域。解释学追求的不是绝对知识，而是始终面向新的经验的开放性。正是基于伽达默尔的这种补充性认识，而且是在同一性观念与延续性观念受到冲击的前提下，关于母语与外语、关于自身视域与陌生视域相互融合的方式，我们有可能形成与伽达默尔不尽一致的认识，即对历史传承，不一定一味继承，而也可以采取批判的态度。但是，这并不妨碍我们接受伽达默尔的核心观念，即语言是存在的家园。因为无论是母语还是外语，都是成就解释学式理解的语言。无论是自身视域通过吸收陌生视域来扩大自身视域，还是自身视域与陌生视域通过相互汲取来汇合成更大的视域，都殊途同归地靠语言融合了不同的视域。关键是，我们寓居在语言的视域中，无论是寓居在母语的视域中，还是寓居在已成为母语的外语的视域中。可以理解的存在就是语言，可以寓居的存在就是语言。

第三章 批判理论与解释学的交锋

第一节 批判理论与解释学的互补关系

批判理论与解释学是德国理论界的两门显学，认识其相互关系，不但是我们透视这两门显学各自的长处与局限的一个角度，而且有助于我们对德国哲学有可能也有必要取长补短的发展形成认识。而批判理论与解释学的关系集中体现在哈贝马斯与伽达默尔展开的争论中，这场争论肇始于哈贝马斯于1967年发表的《社会科学的逻辑》一文①，哈贝马斯在文中首次对伽达默尔提出了批评。伽达默尔对哈贝马斯的最初回应则刊登于他同年出版的《修辞学、解释学与意识形态批判》一文。哈贝马斯再度对伽达默尔提出的批判刊登于他1970年发表的《解释学的普遍性要求》一文。伽达默尔对这一再度批判的答复同前两篇文章一道刊登于阿佩尔于1971年编辑出版的文集《解释学与意识形态批判》②。

一、精神科学与社会科学的分野

在《社会科学的逻辑》中，哈贝马斯分别探讨了自然科学与精神科学的二元性现象、社会行动理论的方法论、经验分析科学中的意义理解、作为当代科学的社会学等问题。而贯穿上述探讨之中的，是哈贝马斯在自然科学与精神

---

① Jürgen Habermas: Zur Logik der Sozialwissenschaften, Suhrkamp Verlag, Frankfurt am Main, 1970.
② Karl-Otto Apel (herg.): Hermeneutik und Ideologoekritik, Suhrkamp Verlag, Frankfurt am Main, 1973.

科学的分野、权威与前见、语言这些方面对伽达默尔的批评。首先，哈贝马斯在文中分析，一种流行于当今的唯科学论掩盖了实际上存在的自然科学与精神科学的分野，以至于以波普尔为代表的分析性科学理论根本未留意，以伽达默尔为代表的哲学解释学具有不同于科学理论的特点。而在这种流行的唯科学论的压力下，解释学则放弃了建构一个由文化现象组成的完整世界的做法，满足于阐释如何吸收历史传承的意义。①

哈贝马斯显然不满足于解释学的这种做法，他要建构一个由文化现象组成的完整世界。而要建构这样一个完整的世界，首先要消除上述自然科学与精神科学的分野。自然科学与精神科学的分野可以归结为一个问题，即意义如何得以领会、对意义的理解如何能具有像自然科学那样的清晰性以及坚固的基础？狄尔泰确立了精神科学独立于自然科学的逻辑自主性，但认为这两种科学都是客观知识。实证主义认为精神科学应当奉行自然科学的标准，即通过因果假说来解释和预期事件的出现。这样，就要排除想象力、天才等主观干扰。伽达默尔恢复并进一步推进了狄尔泰的认识，但主张自然科学同样是解释性传统的产物，同样是受历史条件制约的。这样，狄尔泰努力建立等同于自然科学的意义科学，而这一点在伽达默尔那里上升为：自然科学本身也是意义科学。

哈贝马斯致力于对解释学做出修缮，以便消除自然科学与精神科学的分野。在他看来，历史学家观察历史事件，不是从行动者的角度出发的，而是从历史经验的视域出发的。由于历史事件的意义是靠后人的知识追溯出来的，而且是因此而不断增加着的，所以历史事件透露出来的，与其说是观察的结果，不如说是解释的结果。② 从这一意义上说，解释学有其合理性。在承认解释学具有一定合理性这一基础上，哈贝马斯分析了自狄尔泰以来的理解与说明之分，认为理解与说明的关系可以归结为预测性构想与经验性检验的关系。而预测性构想在一定场合下经受经验性检验，便意味着从理解过渡到说明。③ 由于

---

① 参见 Jürgen Habermas: Zur Logik der Sozialwissenschaften, Suhrkamp Verlag, Frankfurt am Main, 1970, S. 71 – 72, 77.

② 参见 Jürgen Habermas: Zur Logik der Sozialwissenschaften, Suhrkamp Verlag, Frankfurt am Main, 1970, S. 270.

③ 参见 Jürgen Habermas: Zur Logik der Sozialwissenschaften, Suhrkamp Verlag, Frankfurt am Main, 1970, S. 84.

伽达默尔继承并进一步推进了狄尔泰确立的人文科学独立于自然科学的方法，所以哈贝马斯进而将理解与说明联系起来，便意味着自然科学的方法同样带有解释的成分，就像精神科学同样需要经受检验一样。但是，这并不意味着，哈贝马斯认同波普尔主张的真理符合论，因为波普尔的宗旨是将自然科学的模式推广到精神科学中去。而哈贝马斯与此截然相反，他将真理当作主体间的共识，要将精神科学的解释方法推广到带有自然科学特点的社会科学中去。

将精神科学的方法推广到社会科学上去，前提是赋予社会事件以意义。哈贝马斯引用科林伍德的话说："历史学家和语文学家处理的，不是各种事件的客观联系，而是从这些事件中表露出来的某种精神的象征性联系。因此，要反思解释学科学的所作所为，就要先行说明，应当如何致思精神得以客观化的那种塑造过程，以及应当如何补充性地致思那种将被客观物予以内化的理解行动。……这一问题固着于语言交往，一方面是通过语言哲学的实证性语言分析来探讨的，另一方面是由哲学解释学承接胡塞尔和海德格尔来探讨的。"① 哈贝马斯将客观事实同"精神性的象征性"联系起来，不但赋予了社会事件以意义，从而为将精神科学的方法推广到社会科学上去奠定了前提条件，同时还赋予了意义以社会事件的含义，从而为对意义做出经验性检测准备了理由。对于这后一点，哈贝马斯引用马克斯·韦伯的话来论证说："推定某一给定境遇中的行动的意义……不过是以阐释为目的假设，这一假设原则上始终需要经验性证明，哪怕这一假定在成千上万的实例中显得如此之确定无疑。"② 这样，哈贝马斯起到了沟通说明与理解的作用。

哈贝马斯承认，解释学起到了将精神科学方法推广于带有自然科学特点的社会科学这一作用，只是认为，解释学对此还缺乏充分的信心。而缺乏信心，想必就是伽达默尔满足于阐释如何吸收历史传承的意义、放弃建构由文化现象组成的完整世界这一做法的缘故。具体分析起来，这又是因为，解释学只是"承接胡塞尔和海德格尔来探讨的"。因此，解释学还需要"通过语言哲学的

---

① Jürgen Habermas: Zur Logik der Sozialwissenschaften, Suhrkamp Verlag, Frankfurt am Main, 1970, S. 185 – 186.
② Jürgen Habermas: Zur Logik der Sozialwissenschaften, Suhrkamp Verlag, Frankfurt am Main, 1970, S. 146.

实证性语言分析来探讨",并需要"经验性证明"。哈贝马斯大力发掘皮尔士的理论,就起到了对解释学补充以"实证性语言分析"以及"经验性证明"的作用。例如,在《认识与旨趣》中,哈贝马斯概括了皮尔士对自然科学的总结和狄尔泰对精神科学的总结,并认为前者是对作为经验对象的自然的技术性把握,后者是关于主体间性理解的解释学。[①] 在此基础上,他进而提出交往行动理论,起到了进一步从交往理论出发对解释学做出修缮和补充的作用。

二、间断性与连续性观念的分野

批判理论源于阿多诺等人的社会批判理论,其出发点同解释学大相径庭,因为阿多诺是从间断性角度出发来把握西方文化传统的,而伽达默尔相反,是从连续性角度出发来把握西方文化传统的。哈贝马斯的宗旨是发挥解释与批判这两个方面为理解起到的桥梁性作用,从而跨越间断性与连续性这两种水火不容的观念之间的鸿沟。他采取的具体做法是转向生活世界,转向社会心理分析的经验角度,并注重日常语言的作用,因为交往就体现在日常语言之中。他认为,日常语言有助于人们认识对象,即使人们无须将日常语言予以绝对化。他讲:"日常语言是不完善的,不具有单义性。因此,日常语言交往的主体间性始终是断断续续的。之所以说这种主体间性存在,是因为共识在原则上是可能的。之所以说这种主体间性不存在,是因为理解在原则上是必需的。解释学式理解出现在主体间性的断裂之处,弥补了主体间性的断裂。"[②] 由此可见,哈贝马斯是通过日常语言交往来弥合断裂性与连贯性这两种观念之间的鸿沟的,并因此而显示了既同解释学思想密切相关,又不同于解释学的思想。

伽达默尔认为,解释者之所以能够理解以往时代的客观物,是因为他分享了这种客观物在效应史上的影响。而哈贝马斯认为,这种效应史影响是通过视域融合形成的,而视域融合同样意味着间距,尽管它并不意味着遥远性的间距,而意味着切近性的间距。这就是说,对于同样的被解释物,人们可以做出

---

① 参见 Jürgen Habermas: Erkenntnis und Interesse, Suhrkamp Verlag, Frankfurt am Main, 1979, S. 235 – 236.

② Jürgen Habermas: Zur Logik der Sozialwissenschaften, Suhrkamp Verlag, Frankfurt am Main, 1970, S. 260.

彼此不同的解释。在伽达默尔看来，这些彼此不同的解释来自于被解释物的偶缘性，即来自于被解释物应用于彼此不同的境遇。而在哈贝马斯看来，这些彼此不同的解释来自于彼此不同的交往过程。哈贝马斯讲："交往性经验，正如它的称谓所表明的那样，源出于这样一种交互性关系，这种交互性关系至少将两个主体联结在由语言建构起来的、有关恒定性意义的主体间式理解的框架中。这里，'观察者'同'被观察者'一样，首先是个参与者。'参与性观察'的境遇同质询的技巧一样，明确地起着证明的作用。取代极其错综复杂的、由符合认识实际的一致性假定只能轻率地建立起来的观察性主体与对象之间的关系的，是更为错综复杂的主体与对方之间的关系。"① 显然，这种"参与性观察"将客观对象改变为交往中的对方，使得交往的双方成为一种互动关系。这种互动性的交往关系起着形同视域融合的作用，而"观察者"同"被观察者"双方之间错综复杂的关系则导致交往的结果千差万别，如同各种解释千差万别一样。

哈贝马斯把交往当作伽达默尔所讲的视域融合的基础，认为贯穿于我们自身的文化传承之中的，是一种垂直性交往；而贯穿于不同文化传承之间的，是一种水平性交往。所以说，哈贝马斯的交往概念同伽达默尔的视域融合概念起着同样的功效。所谓垂直性交往，也就是我们自身视域同传统文化视域的融合；所谓水平性交往，也就是我们自身视域同陌生文化视域的融合。哈贝马斯认为，陌生视域需要人设身处地理解。他总结说："这种设身处地既非一个个体对另一个个体的移情，亦非用自身的尺度去衡量他人，而始终意味着向更大的普遍性的提升。这种更大的普遍性既克服了自身的局限性，又克服了他人的局限性。"② 克服局限性、向普遍性提升的过程，既是交往的过程，也可理解为视域融合的过程。

由此可见，哈贝马斯的思想同伽达默尔的思想实际上是相通的，尽管对话与视域融合是不同的术语，而对话本来也是自施莱尔马赫以来的解释学传统，

---

① Jürgen Habermas: Zur Logik der Sozialwissenschaften, Suhrkamp Verlag, Frankfurt am Main, 1970, S. 189.

② Jürgen Habermas: Zur Logik der Sozialwissenschaften, Suhrkamp Verlag, Frankfurt am Main, 1970, S. 262.

而且哈贝马斯将对话理想化了，正如伽达默尔将传统理想化了一样。哈贝马斯所说的语言事件，即伽达默尔讲的流传事件，是自身封闭性的整体，而这正是令阿多诺远离解释学与整体性的原因，因为阿多诺讲求的，是非同一性、个别性。哈贝马斯虽然一再对伽达默尔提出批评，但他认可伽达默尔的共识观念，并将对话双方的一致性认可，或者说共识，当作对话中的规范性观念。因为缺乏共识这一前提，哈贝马斯主张的对话便难以达成。而按照阿多诺的非同一性观念，对话要完全由批判所取代。这样一来，不同的视域也就难以融合，对话性交往也就难以达成。所以，在一定程度上背离早期批判理论的非同一性观念，是哈贝马斯能够弥合间断性观念与连贯性观念、沟通批判理论与解释学的前提条件。

共识意味着我们相信，文本对我们具有意义，这意义与我们的理解一致，而且对我们来说是合理的。共识还意味着，我们默认文本的真理，并因此而对文本开放。但是，由于我们是在一定境遇中解读文本的，所以解读文本，既是在运用文本的意义，又是在挑战文本的意义。这样，在完全性预期与对意义的应用之间、承认文本真理与修订这一真理之间，充斥着种种冲突，而这些冲突导致了文本的对话性结构。毕竟，如果我们与文本的意义保持完全一致，对话就无从谈起了。同时，对话意味着，我们承认自身的有限性，因而要尽力把握他者的根据，哪怕他者的根据同样是有限性的。这样才能实现更大的普遍性，并在实现更大的普遍性这一基础上达成新的一致性。这种更大的普遍性是超越对话者主观意见的意义，它使得所有对话伙伴都有可能改变原先的立场。因此，被理解的东西不是作者的意图，而是我们涉及的问题的意义。

哈贝马斯把伽达默尔所讲的由传统而来的视域称为期待性视域。[①] 他讲："象征的意蕴是由对行动的期待而非行为方式决定的，因而象征的应用不可归结为单纯的行为。"[②] 所谓期待，是对意义的期待，它跨越了不同行为方式之间的间距，在间距之上对他者的意义抱有期待，因而意味着连贯性。我们也是

[①] 参见 Jürgen Habermas: Zur Logik der Sozialwissenschaften, Suhrkamp Verlag, Frankfurt am Main, 1970, S. 263.

[②] Jürgen Habermas: Zur Logik der Sozialwissenschaften, Suhrkamp Verlag, Frankfurt am Main, 1970, S. 153.

从自己熟悉的视域出发、对陌生视域寄予期待的,视域融合就是将陌生的视域纳入我们熟悉的视域。由于我们熟悉的视域就是如此逐渐扩大的,所以没有陌生的视域,便没有我们所熟悉的视域。从这一意义上说,没有不同行为方式之间的间断性,也就没有期待的连贯性。所以说,哈贝马斯在一定程度上保持了早期批判理论的间断性观念,他是借助于间断性来致力于连贯性的。而他这样处理间断性观念与连续性观念的关系,实质上同解释学思想不谋而合。

三、反思与共识的分野

伽达默尔的解释学遗留下的一个未予解决的问题,是自然科学(包括采用自然科学方法的社会科学)与精神科学的关系问题。哈贝马斯解决这一问题的一条思路是:将反思引入解释学,在反思基础上重建解释学,从而解决自然科学与精神科学的关系问题。

哈贝马斯认为,要借助于反思来理解传统,并将反思分为逻辑上的前后三个阶段:先验性自我反思、社会语言性反思、历史性反思。他认为维特根斯坦完成了反思的前两个阶段,伽达默尔完成了反思的第三个阶段。在哈贝马斯看来,伽达默尔将解释与解释的对象当作同一个传承或效应史过程的因素,并将这种解释学经验予以绝对化,却不承认实际上在解释学经验中同样发挥作用的反思的先验性力量。伽达默尔强调语言的作用,却漠视语言对社会过程的依赖性,而社会过程实际上是包括劳动与统治等因素在内的。正是由于伽达默尔将语言予以独立化,且忽略语言受统治的影响,所以伽达默尔未能认识到,语言具有意识形态特征。从这一意义上说,哈贝马斯认为,解释学应当过渡到意识形态批判。从哈贝马斯对伽达默尔的评述中可以看出,他实际上认为,伽达默尔跨越了前两个反思阶段,尤其是跨域了社会性自我反思,导致伽达默尔对第三个反思阶段缺乏充分而全面的认识。因而在伽达默尔那里,相对于历史传承来说,反思仅占据次要地位。对于哈贝马斯的这种批评,伽达默尔并不接受。伽达默尔的回答是,传统只有在具有充分理由时,才会为人所接受。所以,只有转向传统,才会做出既有利于传统又有利于反思的决断。显然,伽达默尔是坚持历史传承相对于反思的优先性的。

哈贝马斯分析伽达默尔持这种观点的原因是,伽达默尔将真理与方法论截然对立起来、将语言存在论化、将传统实体化，因而低估了反思的力量。据此，哈贝马斯怀疑，像解释学这样一种旨在维护传统的哲学到底能否胜任批判的任务，因为缺乏批判的因素，理性就是有限的，难以发挥揭露意识形态的根源这一哲学的主要功能。而漠视对话有可能受到的意识形态影响，就容易导致对交往的扭曲，造成虚假的一致性。也就是说，伽达默尔悬设的共识，有可能启迪理解，也有可能限制理解。在后一种情况下，所谓共识，实质上是一种伪共识。哈贝马斯虽然认可，理解以共识为前提，但他并不认可，所有前见都理所当然属于理性的共识。因此，要区分有效共识与无效认可。出于这样一种警惕态度，哈贝马斯反对对话乐观主义，指出伪共识是以社会现实为基础的，而社会现实就是伪共识的意识形态根源。因此，在对话当中，提问不但是必要的，而且比答复更重要，因为答复遵循着提问的逻辑，而提问的实质即悬置前见。这样，哈贝马斯在揭露伪交往的同时，就消解了前见的绝对意义，并因此而剥夺了建立在前见基础上的解释学经验的普遍性要求。

另外，哈贝马斯注重伽达默尔所忽略的动机因素，并将动机因素纳入解释学式理解中。他讲道："区分解释学对意义的理解与对动机的理解，表明对理解的分析不限于将行为准则应用于给定境遇中的某种行为。毋宁说，这种应用的前提是，从文化传承中分析主观意旨的意义。"[①] 哈贝马斯注重伽达默尔轻视的心理分析，就是在强调"主观意旨"。他将剖析动机因素的心理分析称为深层解释学，主张用自己的深层解释学来深化伽达默尔的解释学，因为解释学的对象同时是社会科学研究的对象，而对社会科学的研究对象可加以因果性分析，因而对解释学的对象同样可加以因果性分析："因果联系被假定性地表述为可得以解释学式理解的联系。（而着眼于为症候所扭曲了的文本，）这种表述同时满足了因果性假设的条件与解释的条件。因而深层解释学式理解就承担了说明的作用。"[②] 深层解释学用说明的方法补充解释学式理解，也就起到了哈贝马斯力主的沟通理解与说明的作用。

但是，伽达默尔针锋相对地认为，哈贝马斯过分迷信反思的力量，而反思

---

① Jürgen Habermas: Zur Logik der Sozialwissenschaften, Suhrkamp Verlag, Frankfurt am Main, 1970, S. 144.

② Jürgen Habermas: Erkenntnis und Interesse, Suhrkamp Verlag, Frankfurt am Main, 1979, S. 331.

并不能突破解释学的循环。哈贝马斯探索深层解释学,将解释学经验归咎为动机,这一点错失了解释学的意义,因为解释学主张,视域融合的结果是超越纯粹的主观动机的。伽达默尔在《修辞学、解释学和意识形态批判》及《对解释学与意识形态的批判》等文章中回答了如何区分伪共识与真共识的问题,指出游戏不能作弊,不能指出对方的观点具有强制性,却宣称自己避免了这种强制性。意识形态批判的局限性恰恰在于,它不能对自身的意识形态特点予以充分说明。所以,我们不能将反思与传统置于抽象的对立之中。仅就哈贝马斯与伽达默尔在这一点上的争锋而言,哈贝马斯主张的批判也可理解为一种统治形式,而伽达默尔主张的解释则接受文本的统治,因为叙事具有权威性。这样,伽达默尔较之哈贝马斯更能回避意识形态批判的一个致命问题,即意识形态批判本身就是一种意识形态。

自笛卡尔以降,近代欧洲大陆哲学就在反思的道路上前进。运用人的理性,对一切传统做出批判,固然可以扫除盲从传统的积习,质疑不证自明的认识前提,充分发挥理性反思的作用,但对于前提,我们能否做到彻底批判,这却是一个问题。实际上,笛卡尔的反思就不是充分自足的,因为它需要上帝这样一个极为传统的概念,来确保人的反思的有效性,甚至来确保反思者自身的存在,以及世界的存在,康德最终还要保留实践理性意义上的理论悬设。这就表明,脱离一定前提的、绝对的批判是不可能的,批判是有其局限性的。不援引前见,便无法展开反思。正因如此,康德的纯粹理性批判不仅指运用理性做出批判,同时指对理性本身做出批判,对反思本身做出反思。这种自我反思、自我批判理意味着,对于哈贝马斯批评伽达默尔时所主张的反思,也要做出反思。

哈贝马斯与伽达默尔的争论进而延伸到语言领域。哈贝马斯认为,传统理论根据动机与意向来建构个人行动与宏观社会结构的联系,而解释学则反其道而行之地通过语言建构这种联系。因此,语言成为解释学建构社会现象的元语言,解释学成为理解的学说,以至于解释学原本是作为艺术理论而产生的,结果却发展成为哲学反思。哈贝马斯认为,伽达默尔就是因为拘泥于语言的普遍性,才预设了实在与语言的对应关系,并且预设了主体间的同一性,进而将语言性共识中的主体间性当作普遍性解释学的基础。而实际上,并不存在语言与实在彼此符合的标准，解释学意识其实是自我反思的结果。因此，哈贝马斯重视语言的反思性，认为语言主体是在反思中意识到自身或独立于或依赖于语言的情况的。在《社会科学的逻辑》一文中，哈贝马斯提出，关联社会科学的解释学区别于单纯作为艺术理论的解释学，因为社会活动者要对关联语言的社会实践做出反思。

关于这种关联社会科学的解释学，哈贝马斯并不像分析性科学理论那样，脱离社会背景地用原子论模型来解释社会行为，而是根据维特根斯坦的语言游戏理论，指出语言与行为之间的关联性，认为日常语言的交往性体现在语法规则的通用效用上。他将现象学对生命世界的分析转变为语言哲学分析，并进而指出，语言游戏不像单子的世界那样封闭，因而解释学实践根植于社会历史环境中的实践。应当说，哈贝马斯的这一批评是中肯的，因为是否关联社会科学，确实是伽达默尔解释学的弱点所在。

四、批判理论与解释学的互补

总结哈贝马斯与伽达默尔的争论，可以看出，伽达默尔的解释学从海德格尔的思想发展而来，属于存在论意义上的哲学。而哈贝马斯对解释学的认识，以及自己主张的深层解释学，属于认识论意义上的哲学。认识论与存在论属于不同的理论层次，因而哈贝马斯与伽达默尔无法达成一致意见。但是，存在论与认识论可以彼此互补。从这一点上说，解释学同批判理论的关系，似乎从一开始就注定是既无法达成默契、又彼此互补的。正如施莱尔马赫很早就谈到过的那样："解释学与批判这两门哲学学科、两种艺术理论彼此契合，因为无论从事哪一方，都以另一方为前提。前者通常说来是正确理解他者言谈尤其是文字的艺术，后者是正确判断他者的文字与著述的纯正性的艺术。"①

如果说施莱尔马赫探讨的，是语文学解释学，而哲学解释学是从海德格尔开始的，那么海德格尔认识解释与批判的关系，同施莱尔马赫有异曲同工之妙。海德格尔曾援引施莱尔马赫的《与新约全书有特殊关系的解释学和批评》

---

① Fr. D. E. Schleiermacher, Hermeneutik, Heidelberg 1959. 转引自 Vetter, Helmuth, Philosophische Hermeneutik——unterwegs zu Heidegger und Gadamer, Peter Lang Verlag, Frankfurt am Main, 2007, S. 39.

说:"解释学和批评,乃是两门语文学学科,两门技艺学,两者是休戚与共的,因为无论哪一门的实践都是以另一门为前提的。一般而言,解释学是正确地理解他人的话语(特别是文字话语)的技艺;而批评乃是正确地判断文献和章节的真实性并根据充分的证据资料来确定这种真实性的技艺。"[1] 这就是说,无论是语文学解释学,还是哲学解释学,都对解释学与批判理论彼此间的互补性做出了肯定。而像这一类历史上的判断,在今天也得到了呼应,正如今天的西方学者所说,解释学的对象是述说出来的话语或书写下来的文本,在它们得以解释之前,其真实性无论如何都要得到确保,而这就是批判的任务。[2]

争论过后,伽达默尔即开始挖掘批判性反思知识的潜能,哈贝马斯则放弃了深层心理学,创立了话语伦理学,改变了自己原先对解释学的普遍性要求的否定态度。总结这场争论的结果,可以说伽达默尔开始向实践哲学的方向努力,而哈贝马斯则在后来出版的《交往行动理论》中修改了自己原先的看法,并在一定程度上靠近伽达默尔的观点,主张靠以交往性共识为目标的语言来调整社会行动。可以说,伽达默尔与哈贝马斯的争论对于双方都产生了深刻影响。只不过,哈贝马斯的观点仍然区别于伽达默尔之处在于,它建立在语用学基础上,即建立在谋求理解的综合性前提这一基础上。[3]

第二节 对话与交往作为伽达默尔与哈贝马斯之争的一个角度

伽达默尔主张的对话与哈贝马斯主张的交往是不同的哲学理论,从对话与交往的词义及其分别在伽达默尔与哈贝马斯之争中得到的具体体现来说,它们的分歧在于,对话在某中程度上侧重对话双方的交互性,交往在一定意义上侧

---

[1] 海德格尔:《在通向语言的途中》,孙周兴译,商务印书馆2005年版,第96页。
[2] Helmuth Vetter: Philosophische Hermeneutik—unterwegs zu Heidegger und Gadamer, Peter Lang Verlag, Frankfurt am Main, 2007, S. 39.
[3] 参见 James Risser: Die Metaphorik des Sprechens, in: Günter Figal, Jean Grodin, Dennis J. Schmidt (herg.): Hermeneutisceh Wege, Mohr Siebeck, Tübingen, 2000, S. 178.

重交往双方的共同性。由于交互性与共同性是主体间性的一体之两面，所以对话与交往具有互补的可能性，解释学与交往理论可维系在一种张力关系中。

一、哈贝马斯与伽达默尔的分歧

解释学与批判理论是德国学术界的两门显学，这两门显学彼此间似乎没有什么关系。如果说它们有什么关系的话，那么这种关系主要体现为，哈贝马斯对伽达默尔的解释学思想提出了批评，而伽达默尔对哈贝马斯的批评做出了反批评。伽达默尔认为，理解固然依赖于语境，但理解同时要由传统所支持的前理解出发，因而传统比语境更重要。人只能在从属于传统总体的情况下，对个别传统做出批判，所以说传统先在于批判。传统意味着共识，共识未必是真理，但共识作为前理解性悬设，是理解与解释所必需的。理解与解释是从当下语境出发与传统的对话，而任何对话都以我们假定它可达成新的共识为条件。所以，传统与共识是伽达默尔主张的对话的前提。

哈贝马斯批评伽达默尔说，过分在意前理解结构，并且忽略反思的批判性作用，会导致对权威的认可，尽管这种权威已经从蒙昧时期的人格性权威转变为开化时期的传统性权威。权威之所以能够保留下来，是因为解释学反思是在传统的界限内做出的。而要形成新的共识，前提是对传统性共识持认可态度。但是，对传统性共识的认可未必意味着对真实之物的认识，因而所谓传统，有可能只是一种假定。传统既有可能带来真理和共识，也有可能带来虚妄和强制。这就是说，人们有可能是虚假地认同占主导地位的社会偏见的。所以，交往有可能为权威的强制性所扭曲。从这一点上说，貌似合理的共识有可能是伪交往的结果。[①] 针对这种可能性，批判理论要对解释学号称具有的普遍有效性做出限定，并在一个超越传统的参照下对传统做出反思与批判。[②] 因此，针对伽达默尔的哲学解释学，哈贝马斯提出以解放为旨趣的深层解释学。深层解释学以心理诊疗式反思为基础，以医生与患者的关系为实例，致力于澄清个人动

[①] 参见 Jürgen Habermas: Der Universalitätsanspruch der Hermeneutik, in: Hermeneutik und Ideologiekritik, Suhrkamp Verlag, Frankfurt am Main, 1971, S. 150–154.

[②] 参见 Jürgen Habermas: Zu Gadamers "Wahrheit und Methode", in: Hermeneutik und Ideologiekritik, Suhrkamp Verlag, Frankfurt am Main, 1971, S. 48–50.

机与社会强制之间的相互作用,将人从社会强制中解放出来,从扭曲性交往中解救出来。

针对哈贝马斯的批评,伽达默尔提出反诉说,理性反思与权威不是绝对地彼此对立的。尽管权威会起到教条式作用,但这既不能说明,权威到底来自于合理的秩序,还是来自于权利的滥用;也不能说明,权威本身合法与否。所以说,权威不一定都是错误的。况且,权威并不一定来自于人们对权威的盲目顺从,而有可能来自于人们对权威的自由认可。尽管这种认可也可能表现出弱者对强者的回避态度,但它毕竟认可,权威在认识上占有优势。因此,得到认可的传统与权威本身就带有理性因素。相反,如果一味否认批判性反思对于权威具有依附性,简单地赋予批判性反思以动摇教条的独立性作用,那么这种看法就是将权威与理性抽象地对立起来了,它反而本身就是一种教条式偏见。[①] 另外,伽达默尔指出,医患关系不足以代表社会伙伴关系,因为社会伙伴关系是平等的关系,而医患关系显然是不平等的关系。同时,心理分析也不足以替代解释学对话,因为解放性功能只是一种特殊功能而已,而解释学对话的宗旨不在于治疗,而在于取得共识。相反,心理分析具有诱导性乃至欺骗性,不能实现解释学对话旨在取得的那种共识。这样,从伽达默尔与哈贝马斯互不相让的态度看来,似乎批判理论与解释学是具有原则性分歧的不同哲学,彼此没有可沟通性。

二、交往理论与解释学的不同侧重点

但是,仔细分析起来,批判理论与解释学并非完全没有可沟通性。伽达默尔讲求的对话与哈贝马斯讲求的交往在含义上具有彼此吻合之处,只是它们并非完全一致,而是带有细微的差别。一般来说,解释学致力于取得理解的共识,理应强调理解的普遍性、主体间行动的共同性。伽达默尔讲述教化、审美共通性等内容,就是对此的明证。而交往理论以主体间性为前提,理应强调个体间的差异性以及主体间的交互性。解释学注重共同性,交往理论注重交互

[①] 参见 Hans-Georg Gadamer: Rhetorik, Hermeneutik und Ideologiekritik. Metakritische Erörterungen zu "Wahrheit und Methode", in: Hermeneutik und Ideologiekritik, Suhrkamp Verlag, Frankfurt am Main, 1971, S. 72–73

性，这种差异似乎应当是伽达默尔与哈贝马斯的分歧的由来。但是，涉及具体问题，情况似乎更加复杂一些。伽达默尔的对话来自于柏拉图的对话，它是针对独白而提出来的，目的在于强调，真理形成于对话双方的互动关系之中，而不是由单方面的独白宣示出来的。固然，对话悬设了共识，但在伽达默尔的解释学中，传统性共识不是原封不动地承传下来的，而要通过今天的语境与往昔的传统之间的对话，有所损益、有所沿革地承传下来。而教化与审美共通性"不是概念的或知性的普遍性……是一种普遍的感觉"①。普遍的感觉要传承下来，必然经历一个诸多审美判断互动与交融的过程。所以说，伽达默尔讲求的对话同样侧重对话双方的交互性。为突出对话与交往的特定关系起见，我们可以着重强调解释学的这另外一个维度，即对话双方的互动性、传统与当下语境的交互性。

相形之下，哈贝马斯讲求的交往是针对主体性观念而提出来的，它强调真理形成于主体间性当中，并在这一意义上同对话的含义相吻合。但是，哈贝马斯讲求的交往不仅是个体间的交往，而且是群体性交往。交往既可将作为个体的社会伙伴联系起来，又可将同一群体中的社会伙伴联系起来。个体之"间"，即主体之"间"，侧重一个"间"字，而群体性交往彰显的是"我们"区别于"你们"或"他们"的共同属性，侧重一个"共"字。这样，在哈贝马斯那里，交往不仅有交互性这一层含义，而且有共同性这一层含义。当然，这种共同性不是普遍性意义上的共同性，因为"我们"是"我"与"你"之间的共同性，不是所有的人的共同性。毕竟，生活世界中的共同性不同于系统中的普遍性，因为系统中的普遍性脱离了主体间的交互性，而生活世界中的共同性关联着主体间的交互性。本节为论述对话与交往的特定关系起见，着重强调交往理论的这另外一个维度，即由群体性交往而来的交往双方的共同性。

固然，对话与交往在词义上有重合之处，但对话（Dialog）的重点在"相互"、"彼此"（Dia-）上，它侧重二者之"间"，像辩证法（Dialektik）讲的就是对立双方彼此间的关系。而交往（Kommunikation）的重点在"共同"、"一道"（Ko-）上，它侧重二者或多者之"共"，像共存（Koexistenz）讲的就

---

① 伽达默尔：《真理与方法》，洪汉鼎译，上海译文出版社2004年版，上卷第21页。

是不同存在者的共同存在。当然,"间"的关系与"共"的关系互为表里。例如,伽达默尔与哈贝马斯的争执就是一种对话。他们观点不同,站在各自的立场上交流看法,因而有一种彼此"间"的关系。但他们也因这种争执或者说对话而组成一个思想交往的共同体,即组成一种"共"的关系。"共"的关系寓存于"间"的关系之中,确保这种"共"的关系是一种真实的交往,而不是彼此隔膜、毫无瓜葛的仅仅同时或同地存在而已。同时,"共"的关系维系着"间"的关系,确保"间"的关系不至于分裂与瓦解,对话不至于破裂与失败。但是,对话与交往毕竟在词义上侧重点不同,而词义上的侧重点不同关联着思想内容上的侧重点不同。对话侧重"间"的关系,交往侧重"共"的关系。伽达默尔与哈贝马斯分别选取对话概念与交往概念,已然显示出各自的倾向性,而这种倾向尤其反映在他们分别援引的医患关系与强弱关系这一事实之中。这也是本节从词义出发,有所偏重地分别看待交往的共同性与对话的交互性的理由所在。

就哈贝马斯与伽达默尔分别援引的医患关系与强弱关系来说,医生与患者之间更多的是交往关系,不是对话关系,弱者与强者之间更多的是对话关系,不是交往关系。患者与医生共同处理的,是患者的心理,而不是患者与医生各自的心理。所以这里只有一种"共"的关系,没有一种"间"的关系。这两种关系不可彼此混淆,因为它们有效于不同领域。在医患关系中,患者自愿接受分析,并认可医生的权威,甚至为配合心理诊疗而努力克服自己抵制接受心理分析的本能。而在社会生活中,社会成员彼此之"间"不是医患关系,而是游戏伙伴关系。游戏双方往往既抵制对方,又抵制对方所做出的抵制。如果将心理分析无条件地运用于社会伙伴之间的对话,势必干扰对话。萨特在《存在与虚无》中描写的他人的注视,就是对这种干扰的出色写照。[1] 在这一意义上,萨特甚至讲,他人就是地狱,因为他人的注视吞噬了被注视者的独立性,吞噬了注视者与被注视者之"间"的关系,仅留下地狱一般的共在关系。当然,这种对注视的解释将错置医患关系的做法推行到极至了。但它表明,用心理分析来解释哲学对话,会导致"共"的关系消灭"间"的关系。伽达默

---

[1] 参见萨特:《存在与虚无》,陈宣良等译,杜小真校,三联书店2007年版,第319—376页。

尔否认医患关系是对话关系,一方面表明自己重视对话中蕴涵的"间"的关系,另一方面否定了交往所倾向的"共"的关系,从而限定了哈贝马斯津津乐道地谈论的深层解释学的有效性及其应用范围。

就强弱关系来说,它既带有弱者对强者的自由认可,又带有弱者对强者的被迫屈从,而且认可与屈从往往是混合在一起的。当然,即使是自由的认可,也不一定就意味着强者具有合理性,而有可能意味着弱者认可自身无法与强者匹敌,意味着弱者将自身受支配的状况予以内心化了,而这实质上已经接近于屈从了。屈从没有患者服从医生这一自愿态度,实质上反而蕴藏着弱者为保持自身主体性而对强者做出的抵制,即尝试着用"间"的关系来突破强加于人的"共"的关系,其极端表现就是黑格尔笔下的主奴关系。主奴关系不同于上文所述注视与被注视的关系,因为后一种关系是固定的、无法改变的共在关系,而前一种关系带来了主奴地位的翻转,在保留自我与他者之"间"关系的同时,颠覆了原有的"共"的关系。这就是说,"共"的关系是由"间"的关系决定的。所以,这种建立在强弱不均关系基础上的承认与共识虽然为伽达默尔所认可,却为哈贝马斯所拒绝,因为它强化了"间"的关系,弱化了"共"的关系。

由此可见,伽达默尔否定哈贝马斯的深层解释学,是因为在哈贝马斯的交往观中,"共"的关系强于"间"的关系,而哈贝马斯否定伽达默尔的解释学,是因为在伽达默尔的对话中,"间"的关系强于"共"的关系。当然,我们做这种判断,是从他们列举的医患关系与强弱关系这些实例出发的。而从总体上说,在伽达默尔的对话中并不是没有"共"的关系,因为他追求的就是共识。只是伽达默尔侧重在对话中形成共识,并且强调,对话依靠语言,而人类缺乏共同语言,所以"共"的关系不具有绝对性,"间"的关系更具有解释学意义。同样,哈贝马斯的交往观也不是不讲求"间"的关系,因为交往就发生在主体之"间"。只是他侧重群体内部的交往,而不仅仅讲述个体之"间"的交往,而群体内部的关系已在一定程度上过渡向"共"的关系。另外,哈贝马斯强调,理性可独立于语言地发挥作用,而独立于语言的普遍理性突出了"共"的关系。相形之下,由语言而来的"间"的关系要扬弃在由独立理性而来的"共"的关系中。在哈贝马斯与伽达默尔发生争论的过程中,他们分别援引心理分析与认可传统的不同表述表明，他们维持原本互为表里的这两种关系之间的平衡时，侧重点彼此不同，而侧重点的不同是造成他们在学理上发生争执的重要原因。

三、对话与交往的相互参照

认识伽达默尔与哈贝马斯各有侧重，为我们认识交往理论与解释学的关系提供了一个有益的视角。从学术承传上说，哈贝马斯发展的是霍克海默尔与阿多诺开启的批判理论。而在霍克海默尔与阿多诺那里，主体间性并未成为一个重要议题，因为他们在总体上始终恪守主体性。主体性讲述的是主客体关系，主客体关系离"共"的关系更近，离"间"的关系更远。哈贝马斯的交往理论虽然弥补了早期批判理论在主体间问题上的缺憾，但它既然脱胎于主体哲学，便自然带有主体观念的清晰胎记，正如西方学者评价的那样，"'主体间性'的表达也带有主体哲学的重负。"[①] 这想必是因为，哈贝马斯维系了批判的维度，或者说是在批判的维度下展现主体间关系的。从逻辑上说，相对于主体间关系而言，主客体关系显然更适合于展现批判维度，因为主体统率客体，可以从关联共同性的普遍性观念出发批判客体，而主体间关系显然更需要接受对方的主体性，认可对方的他在性。因此，在批判性维度下，哈贝马斯的交往理论自然会偏向交往双方的"共"的关系，而不是偏向他们之"间"的关系。相反，从学术起源上说，伽达默尔的解释学源出于海德格尔关于理解与解释的思想。理解与解释是个人的在世方式，个人对世界及自身的理解与解释彼此不同，因而理解与解释涉及的，自然更多地是"间"的关系。至于"共"的关系，是随着"间"的关系而来的，因为共在建立在彼此不同的个人的在世方式基础上。这就决定了解释学本身的特点，即理解与解释讲求的，是不同视域的融合，而不是相同视域的重合。伽达默尔与哈贝马斯学术传承不同，这是他们发生争执的先天原因。

从伽达默尔与哈贝马斯各自的思想上说，没有相互理解和共识，解释学就

---

① Richard J. Berstein: Habermas and Modernity, Polity Press, 1985, p.14. 转引自李淑梅、马俊峰：《哈贝马斯以兴趣为导向的认识论》，中国社会科学出版社 2007 年版。

不可能成立。如果相互理解和共识毫无障碍，解释学就显得多余了，因为解释学要解决的，就是出现于相互理解与共识之中的困难，而这种困难来自于人与人之"间"，而不是来自于人与人之"共"。所以，解释学的宗旨不在于阐发理解的程序，而在于澄清理解得以发生的条件。在理解的过程中，这种条件表现为存在于文本与解释之间的时间间距。时间间距造成了文本的陌生性，使得文本难于理解。但正是这种间距为解释提供了可能性，因为这样一来，文本的意义不可能仅仅来自于作者及其原初的读者，而需要受历史境遇影响的解释。所以说，是时间间距造就了解释。由此达成的可能的共识，其"共"的关系显然建立在"间"的关系基础上。当然，这种"间"的关系既指间距性，又指交互性，或者说指的是间距性上的交互性。有间距性，才有交互性，没有间距性，就只有共同性了。我们强调伽达默尔在一定意义上侧重对话中的"间"的关系，是符合解释学的逻辑一贯性的。

哈贝马斯在《交往行为理论》中探索表述内容的真实性、表述者的真诚性、表述的可理解性、以及由此而来的行动的正当性，目的在于为交往奠定合法性、规范性基础，促成共识，导致共同行动。初看上去，在上述四条范畴中，表述内容的真实性、行动的正当性属于"共"的范畴，而表述者的真诚性、表述的可理解性属于"间"的范畴。因为，表述内容的真实性来自于表述内容的客观性，因而是相对于交往双方共同有效的，像"天下雨了"这一表述，不存在对一方是真实的、对另一方是不真实的这一情况。即使对表述内容的接受具有主体间维度，这种接受依靠的最终也是主体间的共同性。就行动的正当性来说，由于行动的正当性作为普遍性伦理范畴有效于所有人，包括有效于交往双方，所以它蕴涵着双方行动的共同性这一含义。因此，前两个范畴属于"共"的范畴。至于表述者的真诚性，它来自于交往双方都是彼此独立的个体这一交往的前提。只有依靠交往双方彼此敞开心扉，解决人与人的间隔问题，交往才是可能的。同样，表述的可理解性来自于不同表述主体之"间"，只有消除因间隔而有可能产生的误解，才能解决陈述在不同言语主体之间的可传达性问题。因此，后两个范畴属于"间"的范畴。由此可见，哈贝马斯既考虑到"共"的关系，又考虑到"间"的关系。但是，从后两个范畴的作用上说，表述者的真诚性是对交往双方的共同性约束，它确保双方组成一个交往共同体，因为任何一方对另一方的欺骗都会导致交往的失败、交往共同体的解散。而表述的可理解性导致双方使用共同的语言，这是交往双方相互理解、达成共识、进而为采取共同行动奠定合法性、规范性的必要条件。所以说，哈贝马斯考虑"间"的关系，最终落实在"共"的关系上，商谈（话语）的目的在于作为商谈原则的共识。哈贝马斯的这种落脚点，与他讲求交往的合法性与规范性相吻合，因为所谓合法性和规范性，应当是普遍性的、共同性的。我们强调哈贝马斯在一定程度上侧重交往中"共"的关系，是符合交往理论的逻辑一贯性的。

从对话与交往彼此借鉴的意义上说，由于解释学意在澄清理解的条件，所以在哈贝马斯看来，哲学解释学是一种批判。这是因为，伽达默尔认为，理解以语言为背景，可以理解的存在就是语言。而在哈贝马斯看来，理解的背景由语言、劳动、统治等因素组成，而语言是意识形态性的，所以伽达默尔所说的传统与权威未必具有合法性。从这一点上说，哲学解释学要过渡向意识形态批判。但是，同样是在这一点上，反过来说，哈贝马斯的思想前提是，人可以脱离传统与权威所奠定的共识，自由而独立地对合法性做出认可，而且是做出非强制性的认可。而面对解释学对前理解的分析，这样一个思想前提却显得是未经证明的，因为从逻辑一贯性上说，既然传统和权威意味着强制性，那么认可也就不能完全避免遭受强制性的嫌疑。反过来说，如果认可可以是非强制性的、自由的、理性的，那么传统和权威就同样可以是得到自由而理性的认可的。所以，我们说哈贝马斯的这一思想前提是未经证明的，实质上指的是他的思想在这一点上的逻辑连贯性有待于进一步证明。而在思想前提未经充分证明的情况下，解释学是否一定要过渡向意识形态批判，则是悬而未决的。这也表明，就像哈贝马斯对解释学的普遍性要求做出限定一样，批判理论本身的普遍性要求也应当受到限定。

传统承载于语言之中，语言固然有可能沾染意识形态色彩，但也有可能是合乎理性的。语言有可能合乎理性，就为传统与权威有可能合乎理性奠定了基础。况且，真理固然来自于非强制性的认可与交往，但完全的非强制性与其说是现实条件，不如说是理想性境遇，而这种理想性境遇在哈贝马斯那里毋宁说是一种理论悬设。所以说，与其对非强制性做定性判断，不如对它做定量判断。这样来看,伽达默尔讲求的传统与权威就在一定程度上具备了合理性、合法性,正像哈贝马斯讲求的批判在一定程度上具备合法性、合理性一样。这样,正如在伽达默尔与哈贝马斯各自的思想总体中,交互性与共同性是他们处理的主体间性问题的一体之两面,他们在争论中分别侧重的"间"的关系与"共"的关系也应该是彼此互补的。所以,尽管解释学相对于批判理论来说缺乏批判的力度,尽管交往理论所隶属的批判理论的价值就体现在它的批判维度中,但伽达默尔有一种看法仍值得哈贝马斯参考。这就是,认同传统,不一定就意味着保守性多于革命性。① 伽达默尔这一看法透露出一个意思,即所谓革命性,不一定天然地相对于所谓保守性更具有合理性、合法性。这一点无论对于我们如何看待传统文化来说,还是对于批判理论本身来说,都具有借鉴意义。

另外,解释学为交往理论提供的借鉴意义还在于,相互理解以传统性共识为前提,理性交往的目的在于取得新共识,而理性交往所取得的新共识也会相对于进一步的理性交往而转变为传统性共识。所以,传承的共识是无法彻底摆脱掉的。当然,交往理论可以因袭早期批判理论的方向,以否定性、非同一性为取向,而这种取向体现在对传统与权威的不断而且永远的否定之中。但是,不断而且永远的否定与哈贝马斯认可合法性、确定规范性的努力相左,因为任何合法性和规范性都必须具有相对持久的有效性。针对这一疑难,解释学的共识观念恰恰为交往理论提供了参考,而这种参考作用想必已为交往理论所吸收。纵观整个批判理论,哈贝马斯思想的批判性是最弱的。交往理论弱化了早期批判理论的批判性,因为它不再侧重立足于否定性、非同一性的批判,而是转向立足于肯定性、同一性的合法性规范。这种转向可理解为,哈贝马斯吸收了早期批判理论未必认可的解释学共识,阐发出交往理论的共识。哈贝马斯指出,哲学解释学是一种批判。有的西方学者则反其道而行之地指出,批判理论可理解为主体解释学。② 因循这一思路,哈贝马斯用主体间性取代主体性,可

---

① 参见 Hans-Georg Gadamer: Replik, in: Hermeneutik und Ideologiekritik, Suhrkamp Verlag, Frankfurt am Main, 1971, S. 308–309.

② Hans-Herbert Kögler: Autonomie und Anerkennung, in: Kritische Theorie heute, herg. von Rainer Winter, Peter V. Zima, transcript Verlag, Bielefeld, 2007, S. 16.

理解为他形成了主体间解释学。而将交往理论理解为一种解释学，意味着哈贝马斯可以吸收甚至已经吸收了解释学对话的内容。他认可合法性、确定规范性的努力，就可理解为他借鉴解释学来改造早期批判理论的尝试。

哈贝马斯虽然与伽达默尔展开了激烈的争论，但交往理论是批判理论这一流派中最适于同解释学进行对话的理论。这场争论更像一场对话，在这一对话中，解释学有关传统与共识的思想都可为交往理论所吸收与借鉴，充实对批判的认识，限定批判理论主张的普遍有效性，正像批判理论可以限定解释学主张的普遍性，指明解释学有必要发展为实践哲学一样。解释学与交往理论作为不同的哲学流派，它们彼此之"间"的关系为它们彼此有可能的"共"的关系奠定了基础。

第三节　解释学反思与批判性反思

在伽达默尔与哈贝马斯的争论中，反思概念起到了核心性线索的作用。反思概念来自于黑格尔哲学，它分别在解释学与批判理论中得到不同的发展。伽达默尔关于共识与权威等问题的阐述、哈贝马斯关于解放性旨趣与心理分析等问题的阐述、以及解释学与批判理论的相互批评，实质上是黑格尔的反思概念得到不同阐发的结果。因此，要维系解释学反思与批判性反思各自的真理性，就要维系它们彼此间的张力。

一、反思作为批判理论与解释学的共同基础

在伽达默尔与哈贝马斯的争论中，反思概念是一条核心线索。剖析解释学与批判理论分别阐发反思概念的情况，可以为我们认识这场争论提供一个不可或缺的视角。

首先，反思概念需要借助于在解释学与批判理论之间展开的辩论来澄清："诠释学是相互理解的艺术。然而，对诠释学的问题要达到相互理解，却似乎具有特别的困难——至少在讨论中所涉及的诸如科学、批判和反思等概念均未

澄清时就是这样。"① 这意味着，澄清反思等概念及其与解释学的问题的关系，也就澄清了解释学的问题，澄清了解释学与批判理论的关系。其次，反思概念是包括解释学与批判理论在内的一切哲学的媒介或者说手段："自我反思，即'思想的思想'……个别的东西，即个别存在物或个别概念，是由否定建构起来的，因为它作为个别的东西，脱离了它作为因素而隶属于其中的整体。这就是说，它否定性地关联着整体。而当它将自身理解为整体的部分或被理解为整体的部分时，它又受到了否定。个别存在物再度融入自己最初为形成自我意识而不得不脱离的、高出其上的整体……整体的所有因素，即所有相对之物，都作为得到理解之物返回作为其根源的整体，但它们仅仅是为了随即再度脱离整体。"② 这段含有浓厚黑格尔哲学意味的引文表明，反思处理的，是个别与整体、自我与他者的辩证关系。而个别与整体、自我与他者的辩证关系，也是批判理论与解释学分别处理的问题。由此可见，黑格尔的反思概念既为批判理论着重渲染的批判性反思奠定了基调，也为解释学附带着提及的解释学式反思奠定了基调。正如西方学者所说："事实上，黑格尔的反思概念才开启了批判的种种可能性。反思的特点在于，通过联系他者来保持自身，而且恰恰是通过对立来建立同一性。关于某物的意识同时是自我意识，人类意识通常只有持续地联系陌生内容，才能维系自身与统一性。构成作为意识之基础的反思结构的，是与陌生性的关联及与自身的关联这两个方面，而不仅仅是与自身的关联。统一与对立密不可分，关系不可解除，才成为反思。"③

但是，黑格尔哲学是一种同一性哲学，存在论与本质论以概念论为根据，反思以统一为真理。反思所接触的，与其说是陌生之物，不如说是主体自身的不自觉形态。反思意味着主体从陌生之物中识别出自身，意味着从不自觉形态走向自觉形态，意味着实体上升为主体。而批判理论是一种非同一性哲学："反思，即思维及其媒介、概念，始终都以'被思之物、非概念之物、非同一

---

① 伽达默尔：《答〈诠释学和意识形态批判〉》，洪汉鼎译，载于《理解与解释》，洪汉鼎主编，北京，东方出版社2001年版，第381页。
② Gerhard Schweppenhäuser: Theodor W. Adorno zur Einführung. Junius Verlag, Hamburg, 1996. S. 30.
③ Rüdiger Bubner: "Philosophie ist ihre Zeit, in Gedanken erfaßt". in: Hermeneutik und Ideologiekritik, Suhrkamp Verlag, Frakfurt am Main, 1971. S. 245.

之物'为前提。"① 固然，这种"非同一之物"可以理解为"同一之物"的影子，但批判理论注重的，不是黑格尔讲的主体向自身同一性的回归，而是在否定性思想运动过程中显示出来的个体差异性。因此，它反思"与陌生性的关联及与自身的关联"时，更多地带有否定性意向，即联系以不同方式呈现给反思性主体的种种对象，讲求反思性主体在不同历史机缘下的非同一性。所以说，批判理论接受黑格尔的反思概念，是以非同一性为思想前提的，在思想取向上实现了从古典哲学向现代哲学的转变。相反，解释学式反思更为接近黑格尔哲学意义上的反思含义，因为解释学更为注重"与陌生性的关联及与自身的关联这两个方面"，以便实现自我的视域与陌生的视域之间的融合与和解。

二、对解释学的批判

哲学解释学是对理解的成立条件的反思，因而在哈贝马斯看来，哲学解释学可称为批判性反思知识。哈贝马斯做出这一判断，显然因循了康德批判理论的思路。所谓批判性反思，即对认识的条件的认识。同时，这样一种批判性反思知识形成于现象学与生存哲学的理论基础上，它用存在论替代本体论。被理解的存在就是语言，真实的存在仅存在于被揭示之际。而且，它从缘在的生存性前结构出发，致力于被解释物在存在论意义上的解蔽。前见即这样一种生存论前结构，它是解释学的认识前提。认识揭示出这一前提下的理解的条件，便上升为反思。因此，所谓脱离缘在的作为实体的被解释物，毋宁说是一种存在论上的遮蔽状态。所以说，伽达默尔的思路同黑格尔相反，不是从实体上升到主体，而是从主体走向经过解释学反思的实体，即以主体性来确定实体性。这样，从对黑格尔哲学的接受这一点上说，解释学同批判理论一样，是从自身的理论前提出发接受黑格尔的反思概念的。

在解释学式理解的循环中，存在着整体性理解与局部性理解、作者与读者之间的非同一性现象。这种非同一性指文化传承与理解的具体境遇、文本与解释之间的间距。间距是理解的前提，也给解释学反思留下了余地。解释学反思

---

① Theodor W. Adorno. Philosophische Terminologie. Bd. 2. Suhrkamp Verlag, Frankfurt am Main. 1974. S. 166. 转引自 Gerhard Schweppenhäuser: Theodor W. Adorno zur Einführung. Junius Verlag, Hamburg, 1996. S. 69.

的宗旨在于，在间距的基础上达成主体间共识，即不同视域的融合。文本的意义并非来自于作者及原初的读者，而是来自于受历史境遇影响的解释，来自于效应史整体。文本的视域与理解者的视域都是开放的，理解者的视域要同陌生的视域相融合。只有致力于各种视域的融会贯通，将不同知识、不同意愿各自带有的合理性联系起来，才可克服主观片面性，令局部性解释失效，强调出解释的普遍性意义。因此，在非同一性这一理论前提上，哲学解释学主张的反思与批判理论主张的反思相吻合。这想必也是哈贝马斯将哲学解释学定义为批判性反思知识的原因之一。

伽达默尔接受哈贝马斯对解释学下的这一定义，并对此做出自己的说明："哲学诠释学从事的反思似乎在以下意义上是批判性的，即它揭露天真的客观主义……但是，哲学诠释学的要求却伸展得更为深远……理解和相互理解……是人类社会生活的进行形式，人类社会生活的最后形态就是交谈共同体。"① 这样，伽达默尔一方面说明，仅在针对客观主义的意义上，解释学反思是一种批判性反思知识，另一方面则说明，解释学反思的宗旨与批判理论的反思宗旨有吻合之处，即致力于取得主体间的共识。正像哈贝马斯总结的那样，解释学反思不仅反思理解是如何形成的，以及如何让自己得到理解，而且反思如何说服他人，令他人信服："语言交往的主体间性惯常总是断断续续的，它之所以连续，是因为共识在原则上是可能的，它之所以断裂，是因为它在原则上有必要达到有效的交往。解释学理解应用于断裂处，它弥补了主体间性的断裂。"② 但是，就解释学反思与批判性反思的关系而言，伽达默尔揭示出解释学的宗旨有别于批判理论的宗旨之处：理解与交往的共同体是跨越时代的，所以解释学将反思置于历史传承之中，取消了历史传承之外的批判相对于历史传承中的理解的优先地位。按照解释学的理解："对成见的彻底性批判——因而也是意识形态的批判——是不可能的，因为不存在这种批判由之出发的原点。"③ 所以，

---

① 伽达默尔：《答〈诠释学和意识形态批判〉》，洪汉鼎译，载于《理解与解释》，洪汉鼎主编，北京，东方出版社2001年版，第384—386页。
② Jürgen Habermas: A Review of Gadamers Truth and Method, in: Fred R. Dallmayr/Thomas A. McCarthy (ed). Understanding and Social Inquiry. University of Notre Dame Press, Indiana, 1977. P. 341.
③ 伽达默尔：《答〈诠释学和意识形态批判〉》，洪汉鼎译，载于《理解与解释》，洪汉鼎主编，北京，东方出版社2001年版，第442页。

批判只是解释学反思的一种功能而已,它更重要的功能是理解。而且解释学反思追求理解的连贯性,这样一种连贯性不应当因批判性反思而中断。解释学的宗旨在于弥补文化传统的中断,因而解释学反思讲"与陌生性的关联及与自身的关联"时,显然有别于批判理论注重断裂性、否定性这一特点。

　　理解的连贯性以解释学的共识概念为基础,而共识概念不仅是解释学反思的基础,还圈定了它的范围。解释学反思之所以成立,就在于它将历史传承当作共识接受下来。其结果是,由于解释学反思是在传承的界限内做出的,所以权威保留下来了,尽管它从蒙昧时期的人格性权威转变为开化时期的传统性权威。伽达默尔认为,传统与权威不是盲目的,而是本身带有理性因素。权威不一定以顺从为条件,而有可能以自由的认可为条件的。这样,解释学以历史传承作为反思的本原与归宿。加上它强调应用的作用,就削弱了批判性反思在理解中的作用。而解释学削弱批判性反思的作用,还来自于伽达默尔的一个观念,即解释从属于被解释物。正如利科总结的那样:"为成见、权威和传统辩护,旨在反对主观性和内在性的统治,也就是反对反思的标准……历史先行于我和我的反思,我在属于我自己之前就隶属于历史。"[①] 由此而来的结论是,我们的理解是有限的,真理可以认识,其前提却不可论证,因为它是前定的,只可类比地发现,不能靠方法论反思来发现。这样,解释学并不以绝对真理自居,它也反对任何一种所谓的绝对真理。西方学者总结说:"特定的思维并非在任何时代都向一切理解的可能性开放,而仅在特定的时代、特定的前提下才可理解为,它不是完全陌生的。"[②] 理解是有条件的,解释学反思就是不完满的。对于这种不完满性,伽达默尔将其理解为一种积极现象,认为正因为有不完满现象,所以才会有自由,才会有新的筹划。

　　但是,从批判性反思的角度看,反思可以批判传统,取消传统相对于理解的优先地位,限定解释学所要求的普遍性。这就需要一个超越传统的批判性参照系,因为只有这样,才能批判传统。而这个参照系是解释学反思所缺乏的,

---

　　① 利科:《诠释学与意识形态批判》,洪汉鼎译,载于《理解与解释》,洪汉鼎主编,北京,东方出版社 2001 年版,第 439 页。
　　② Claus v. Borman: Die Zweideutigkeit der hermeneutischen Erfahrung. in: Hermeneutik und Ideologiekritik, Suhrkamp Verlag, Frakfurt am Main, 1971. S. 114.

这也是解释学反思在理论上的弱点所在。为消除伽达默尔的共识概念给解释学反思造成的这一弱点,哈贝马斯在解释学式反思之外设定了解放性旨趣这一批判性反思维度。解放性旨趣之所以能够起到作用,是因为"这种旨趣激励了批判社会科学,为所有在精神分析和意识形态批判中所构成的意义提供一种参照系。自我反思乃是解放旨趣的相关概念。因此自我反思不能建立在先天一致之上,因为先天的东西正是一种中断的交往。我们不能像伽达默尔那样讲那种实现理解的共同一致,即无须假定实际并不存在的传统的会聚,无须神圣化那种乃是错误意识源泉的过去,无须本体化那种总只是一种曲解的'交往能力'的语言实现理解的共同一致"①。这就是说,尽管伽达默尔认为,对解释学反思的前提,是无法做出批判的,哈贝马斯还是对共识这一解释学反思的前提做出了批判,即这种未经证明的先天性共识实质上意味着交往的中断,事与愿违地背离了解释学与批判理论都在致力的主体间性。

哈贝马斯不满足于未经批判的理论预设,要求对解释的背景做出反思性论证。所谓批判,即揭示理论背后的利益相关性及其历史局限性,反思理论的社会功用,将其当作哲学真理的准绳。仅就这一点来说,批判理论对知识社会学的认识同样有效于它对解释学的认识。知识社会学主张对一切思想的存在关联性持中立态度,认为知识分子可以超越自身的社会地位及意识形态。而批判理论认为,任何理论都不能以无辜的纯专业性学科自居,而且中立化态度无助于实现解放性旨趣。尽管批判理论也是一种利益攸关的理论形态,但这种利益相关性只是批判性反思的形式性前提,而非实质性前提。这就是说,批判理论不是要实现某种利益。所以,反思理论的利益相关性并不会赋予某种利益以合理性,不会导致该理论直接关联某种利益,而只会带来对整体性的追求。而且,意识到包括自身在内的一切理论都不是绝对真理,意识到否定的过程是无限的,批判性反思便限定了在一定境遇中的理论的有效性。所以说:"批判理论是这样一种自我批判所促成的,首先,它自然是一种理论见解,意味着自觉地把握仅仅由反思来维系的各种因素,而这些因素本身都属于理论领域,尽管它

---

① 利科:《诠释学与意识形态批判》,洪汉鼎译,载于《理解与解释》,洪汉鼎主编,北京,东方出版社2001年版,第459页。

们都隐瞒这种隶属关系,始终被反思称作他者。"①

所以说,理论背景作为理论的他者,恰恰从属于理论反思。同样,从理论背景中概括出来的旨趣,也在理论的他者的意义上从属于理论反思。沿着这一思路,哈贝马斯将批判理解为认识与旨趣的统一,将解放性旨趣理解为引导认识的旨趣,并将心理分析纳入批判性反思,希望借此来破除扭曲性交往或者说伪交往。正像西方学者揭示的那样:"在哈贝马斯看来,批判理论的模式就是研究与自我反思并存于其中的心理分析",而且它"'在自我反思的框架下建构理论'这一弗洛伊德模式中阐发出自己的商谈理论"②。心理分析作为批判性自我反思,意味着要消除潜意识层面的历史文化积淀,也意味着对伽达默尔在明确意识层面上当作共识接受下来的传承提出质疑,更意味着对解释学反思的前提及范围做出批判性反思。

三、对批判本身的批判

但是,哈贝马斯的批评也不能说是无懈可击的。他批评伽达默尔未意识到语言与劳动及统治密不可分,因而语言具有意识形态特点。但伽达默尔则认为,语言固然有意识形态性,但它同样立足于理性。而且,"把劳动和政治这种具体因素划为解释学范围以外的因素完全是荒谬的。"③ 同样,解放性反思本身就是解释学的固有内容,而心理分析带有的强制性因素会起到抵制反思的作用。再有,解释学与批判理论都在努力维系的主体间性建立在社会成员之间的平等关系基础上,而心理分析师与病人的角色不同于平等的社会伙伴的角色,因而会导致强制性共识。对于这里面的角色转换情况,我们可借用解释学的评论者在其他语言情境中做出的判断来加以触类旁通的理解:"这样就会出现解释的双重方向:一是面对同我们地位相等的其他解释者,他们同我们在语言共同体、相互认可或对话中密切相关。从解释上说,这可以算作涉及理解与

---

① Rüdiger Bubner: Was ist Kritische Theorie? in: Hermeneutik und Ideologiekritik. Suhrkamp Verlag, Frakfurt am Main. 1971. S. 180.

② Detlef Horster: Jürgen Habermas zur Einführung. Junius Verlag, Hamburg, 1999. S. 29.

③ 伽达默尔:《论解释学反思的范围和作用》,载于《哲学解释学》,夏镇平、宋建平译,上海译文出版社 2004 年版,第 32 页。

解释之他在性的自我关系。如今，伽达默尔已经做出判定的这种情况要补充以解释者与被解释物之间实际上相应的'垂直性'关系类型。这里，主张做解释的人会像接受主体间关系一样，接受一种间接的、非现实性关系，而这种关系会令人们意指的事情呈现得有所不同。"[1] 从西方学者的这段评论中可以看出，批判理论试图用"垂直性"关系来补充解释学的"水平性"关系，但主体间的"垂直性"关系截然有别于"水平性"关系，即不同于"同我们地位相等的其他解释者"的关系。因此，体现这种"垂直性"关系的心理分析不能替代以主体间性为取向的解释学反思。哈贝马斯期望，心理分析起到深层解释学的作用。而在解释学看来，这是一种虚幻的意识。

最重要的是，批判性反思一方面揭示出意识形态性假象，另一方面却先天地看待解放性旨趣。由于解放性旨趣往往同意识形态水乳交融，所以批判性反思很难充分地对这两者做出甄别。这是批判理论的弱点所在。正是由于解释学与批判理论各有弱点，所以它们呈现出一种互补关系。这种互补关系既体现在它们自身的理论及其相互批评都不充分这一点上，也体现在它们各自同反思的关系中。应当说，批判理论与解释学是反思之彼此对立的两极，是反思用来联系历史与时代的不同方式。批判理论钉对着历史与时代，因而侧重制度和统治现象、关注异化；解释学依赖于历史与时代，因而侧重文化遗产、关注文本。它们对时代与历史的不同态度可归结为反思的不同结构特点，因为反思具有"与陌生性的关联及与自身的关联"这两重结构。尽管这两重结构是彼此交织的，它们仍为反思性主体留下了既可游刃于反思对象之中、又可游离于反思对象之外的活动空间。批判性反思主体置身被反思对象之外，通过否定性思维运动，即与陌生性的否定性关系，建立起与自身的关系，从而展示出反思主体与反思对象之间的断裂性关系。解释学反思主体置身被反思的对象之中，通过肯定性思维运动，即与陌生性的肯定性关系，建立起与自身的关系，从而展示出反思主体与反思对象之间的融合关系。应当说，断裂与融合是反思演绎出的一首双重变奏，就像波粒二象性共同反映物理实在一样。批判性反思与解释学反思作为反思本身的这两个方面既相互联系，又彼此分离，彼此间呈现出一种张

---

[1] Hans Krämer: Kritik der Hermeneutik. Verlag C. H. Beck, München, 2007. S. 173.

力关系。

所谓张力关系,指的是一方恰恰形成于与对方相互联系又彼此分离的关系中。而在这样一种由反思的双重结构带来的张力关系中,解释学与批判理论不但显示出各自的价值,而且可以起到互补的作用。但是,解释学与批判理论都自称具有普遍性,因而为它们相互补充添加了障碍。固然,解释学讲求视域融合,但它在元理论层面上认定视域融合理论本身具有普遍适用性。批判理论固然讲求自我批判,但在涉及与解释学的关系时,却将自我批判的原则运用于解释学而不是自身。普遍性要求意味着自身的绝对化,意味着剥夺自身的对立面带有的真理性,所以普遍性要求带有挣破张力关系的危险。而挣破张力关系,解释学反思或批判性反思就成为它们都在反对的绝对真理了。正因如此,"哲学反思的任务正在于消除这种欺骗性的矛盾,这种矛盾将使对过去的文化遗产的重新解释的旨趣与致力于自由人性未来主义方案的旨趣相对立。当这两种旨趣变成彻底的决裂时,诠释学和批判本身也就无非只是……意识形态!"① 所以,要维系批判性反思与解释学反思各自的真理因素,避免沦为意识形态,就要认识到它们各自主张的普遍性要求的虚幻性,并取消它们各自的普遍性要求,从而保持它们之间的张力,并在这种张力中谋求它们彼此间的互补性。

第四节　解释学与意识形态批判面面观

由于哈贝马斯与伽达默尔的争论引起了学术界的广泛关注,德国苏尔坎普出版社于1971年出版了《解释学与意识形态批判》一书。② 围绕这一主题,该书收录了六位作者的九篇有代表性的文章,拓展了哈贝马斯与伽达默尔的争论的内容。需要说明的是,该书刊登各篇文章的先后顺序,不同于各篇文章此前发表的时间先后顺序。想必编者是为了突出叙述这一问题的逻辑性,来安排

---

① 利科:《诠释学与意识形态批判》,洪汉鼎译,载于《理解与解释》,洪汉鼎主编,北京,东方出版社2001年版,第474页。

② Hermeneutik und Ideologiekritik, Suhrkamp Verlag, Frankfurt am Main, 1971.

各篇文章的先后顺序的。鉴于该书在批判理论与解释学的关系研究方面具有相当的代表性，对于我们认识批判理论与解释学的争论实质，以及认识这一争论涉及到的方方面面的哲学思想具有重要参考价值，我们有必要对该书论述的内容做一番基本的了解。

一、阿佩尔：科学学、解释学和意识形态批判

该书收录的首篇文章，是卡尔-奥托·阿佩尔的《科学学、解释学和意识形态批判——认知人类学视野中一种科学理论的纲要》一文。[①] 阿佩尔在文中将科学学、解释学和意识形态批判并列为科学理论的不同形态，从而将传统的认识论扩展为认知人类学，这样也就为科学理论奠定了更为广阔的基础。这一基础不仅包括知识的客观可能性条件，而且包括知识作为有意义的问题的条件。阿佩尔认为，拓展这一基础的必要性在于，知识以统一性解释为条件，而解释以语言的统一性以及人对自然的工具性干预为条件。这种工具性干预源于人类躯体的作用，是人类躯体作用的拓展。它带有认知旨趣，并具有意义构造作用。而相形之下，单纯的对象性认识却无法赋予世界以意义。这种工具性干预的表现之一，就是人掌握语言。语言具有主体间有效性，能够将自我的意向与他人的意向连接起来，从而成全自我的意向的意义，并最终成全康德意义上的统觉。显然，阿佩尔受到海德格尔关于工具上手状态的思想的影响，丰富了康德关于知识如何可能的思想。

阿佩尔所讲的科学学因具有认知旨趣而不同于实证主义科学观，因为新实证主义是无旨趣的，它将自身的实践性目的当作无实践旨趣的意识形态批判的内容，将精神科学的理解当作说明的一个组成部分。而说明是遵从因果律的，这样就泯灭了精神科学的特点。在阿佩尔看来，社会实践的认知旨趣具有伦理意义，它构成了技术实践的认知旨趣的前提，尽管技术实践的认知旨趣本身立足于自然规律。这是因为，只有借助于社会实践的认知旨趣对传统的中介作用，技术实践的认知旨趣才能够实现出来。解释学思想就形成于这种中介作用

---

① Karl-Otto Apel: Szientistik, Hermeneutik, Ideologiekritik, in: Hermeneutik und Ideologiekritik, Suhrkamp Verlag, Frankfurt am Main, 1971, S. 7–44.

之中，它所致力的意义问题涉及主体间关系，是主客体知识的前提。而这又是因为，语言作为约定俗成的符号体系，是我们理解意义的手段。自然科学家必须隶属于符号意义上的解释共同体，才能与他人取得相互理解。而取得主体间的相互理解，便为取得客观知识奠定了条件。由于说明性学科从属于主客关系，而理解性学科从属于主体间关系，所以解释学是认知人类学的组成部分，同科学学处于互补关系之中。

伽达默尔质疑自然科学的方法论，认为这种方法论带有抽象性，因而意图取消自然科学的方法论理想，以此为解释学对意义做哲学分析奠定前提条件。他同样质疑将真理和规范予以客观化的做法，认为这种客观化的做法实际上取消了真实而有效的传统。他解决问题的方案是：理解包含应用。这样，理解便不会脱离传统的约束力，而是将传统与现时联系起来。阿佩尔认可伽达默尔这种反对将历史主义予以客观化的观点，但不接受伽达默尔反对方法论的观点。阿佩尔认为，解释者隶属于一定的历史境遇，是从历史境遇出发解释历史传承的，这是解释的前提。但是，解释不仅包含历史境遇与历史传承之间的反思性间距，而且包含前反思性介入活动。这就是说，解释者可以直接置身与被解释物的同时性之中，因而解释在一定意义上也是超越历史传承的。因此，像伽达默尔要求的那样，一味应用传统，往往会带来独断式的、非规范性的结论。从这一点上说，阿佩尔同哈贝马斯一样，对于伽达默尔一味维护传统的做法持批判态度。

最后，阿佩尔阐述了说明与理解的关系，认为理解有其界限，无论这是因为被理解物有其不明确之处，还是因为非理性事实不可得以主体间沟通。对此，只能采取准客观性说明，因而说明是对理解的补充。反过来说，自我反思可以将说明性语言转变为自我理解的语言，意识形态批判可以对社会科学式说明与解释学式理解做出辩证性中介，因而理解是对说明的深入。这样，阿佩尔从批判理论的角度出发，沟通了自狄尔泰以来说明与理解之间的鸿沟。而阿佩尔为我们认识理解与说明各自的作用及其相互关系奠定方法论基础，直接关联着他对解释学和意识形态批判在总体知识中的地位的判定，意味着他为确立解释学与批判理论的关系奠定了方法论前提。

二、哈贝马斯：论伽达默尔的《真理与方法》

该书收录的第二篇文章，是哈贝马斯的《论伽达默尔的〈真理与方法〉》一文。① 哈贝马斯在文中评述，伽达默尔认为，解释学经验高于科学方法，因为科学方法将历史流传物变成客体，造成陌生化结果。而伽达默尔之所以错误地将解释学经验同方法论认识截然对立起来，是因为他不是将理解当作主体的行动，而是将理解当作融合往昔与现时的传承事件。但是，哈贝马斯认为，就算反思性地吸收传统，会破解传统的自然性实质，而理解又从属于传统，我们也不能由此得出结论说，传统不会为科学反思所深刻改观。而这是因为，在传统中有盲目的权威在发挥作用。所以说，伽达默尔忽略了反思在理解中的作用，而反思原本是可以动摇生活实践中的教条的。

哈贝马斯分析，达尔默尔之所以为前见正名，是因为他持保守态度，认为权威不一定都是独裁性的，认为合理的权威不是建立在盲目顺从的基础上，而是建立在自由认可的基础上。这种将权威绝对化的做法来自于教化，教化将传承转化为一个学习过程，学习者认同榜样，便创造出权威；学习者将规范予以内化，便造成前见的积淀，并为认识奠定了前提。同时，认识揭示自身从中运动的规范性框架，便上升为反思。由于反思是在传承的界限内做出的，所以权威得以保留下来。只是权威经过反思，已经从蒙昧时期的人格性权威转变为开化时期的事实性权威。

哈贝马斯批评说，前见削弱了反思的力量，而反思原本是可以破除教条的。所以，反思要求解释学要做出自我限定，要求有一个超越传统的参照系，以便批判传统。但是，伽达默尔将解释者与对象都当作同一背景即效应史中的因素，并以语言性象征为中介，因而传承不是我们要学习的过程，而是我们生活于其中的语言，我们也就是在自身对世界的语言性态度中关联着真理。语言作为传统，建构起先验规则的诸多经验表现的统一性，成为客观精神层面上的绝对者。这样，尽管解释学不承认，在自己的理论中，有先验观念在发挥作

---

① Jürgen Habermas: Zur Gadamers Wahrheit und Methode, in: Hermeneutik und Ideologiekritik, Sulukamp Verlag, Frankfurt am Main, 1971, S. 45 – 56

用,但从实际情况上说,解释学虽然未导向绝对唯心主义,却导向了相对唯心主义。

哈贝马斯从自己的思想出发评价,传承的客观性是由象征性意义构成的,因而其客观性是不充分的,因而文化传承不可以绝对化。实际上,语言依赖社会过程,服务于为暴力做合法化论证,因而是意识形态性的。所以,解释学要过渡到意识形态批判。非规范性暴力不仅来自于统治性体制,也来自于社会劳动。伴随着生产方式发生变化,语言性世界图像也会随之发生变化。如今,科学技术进步引发的机制性变化起到了以前生产方式变化的作用。所以,文化传承只不过是广泛的社会生活背景中的一项因素而已。由此可以看出,哈贝马斯从批判理论的思想路径出发,也就是秉承马克思主义的思想路径,对伽达默尔的解释学思想进行了批判。而这也是对伽达默尔秉承的海德格尔开启的这一条总体思路进行的批判。最重要的是,哈贝马斯点明了批判理论与解释学的关键性分歧,而这种关键性分歧就在于它们对传统的不同态度。哈贝马斯批评解释学对传统的保守态度,以及与这种保守态度密切相关的一系列解释学概念,如前见、权威等等,也就发挥了批判理论的主旨,即批判精神。

三、伽达默尔:修辞、解释学与意识形态批判

该书收录的第三篇文章,是伽达默尔的《修辞、解释学与意识形态批判——对〈真理与方法〉的元批判性阐释》一文。① 伽达默尔在文中重点讨论了两个问题,一是解释学与修辞的关系,二是解释学与社会科学的关系。探讨这两个问题,便说明了解释学经验的普遍性。

伽达默尔认为,修辞不仅是关于言谈形式与说服手段的理论,正如理解的艺术并不完全取决于对规则的意识一样。它们都是从一种天然的能力发展为实践性才能的。柏拉图提出,言说要符合心灵;亚里士多德针对智者的言行,划定言说艺术的界限与范围,从而引发了修辞与逻辑的关系问题。但是,理解理论需要沟通往昔与现今的关系。因而解释学的真正兴起,是在近代。近代意识

---

① Hans-Georg Gadamer: Rhetorik, Hermaneutik und Ideologiekritik, in: Hermeneutik und Ideologiekritik, Suhrkamp Verlag, Frankfurt am Main, 1971, S. 57–82.

到自身与古代的间距，因而启蒙运动与浪漫派形成了历史意识，意识到同历史传承的断裂性关系。在这一背景下，解释学对准的，是文字，尽管它也考虑发生于口头的理解，因为文字承载了历史流传。而修辞对准的，重点是言说而非阅读，尽管它也涉及写作风格。但是，修辞容易带来一种倾向，即它脱离原初的言说境遇，将言说的内容转变为固定下来的文字。这样，口头艺术与文字艺术可相互转换而不受损失。

言说艺术因打动听众而削弱了听众的批评意识，而阅读与解释相对脱离书写者的情绪、意图和倾向，不会削弱读者的批评意识。阅读接受文本的意义，形同一个独立的创造过程，因而它与其说是阅读者的行为，不如说是言说者的行为。由于修辞不像科学那样要求明确性、明证性，而是为可能性、或然性做辩护，同时，由于理解和解释同言说艺术一样，以说服他人为目的，所以理解的艺术往往是从修辞中借用理论手段的。人的语言性具有无限的普遍性，它不仅承载着传承下来的文化，而且承载着可理解的一切。因而在人的语言性中，修辞这一方面与解释学这另一方面彼此密切地交织在一起。没有相互理解与共识，没有在对话中对相互理解的探求，便没有言说的艺术。共识没有受到妨碍，便不会有解释学的任务。而且解释学与修辞密切交织，造成了一种假象，似乎解释学局限于审美与人文主义传统，似乎解释学哲学研究的，是对立于现实世界的意义世界。

关于解释学与社会学的逻辑的关系，伽达默尔谈到，就连哈贝马斯也承认，效应史意识有助于我们克服社会科学的逻辑中的实证主义式僵化现象，有助于我们反思这种僵化现象的语言学基础，因而解释学有助于社会科学的方法论。但是，伽达默尔认为，精神科学处理的，不是科学和方法，而是社会科学之外的、具有历史传承的文化。因此，解释学反思不会局限于科学的功用，而会从人的语言性中识别出社会科学中的先验性。哈贝马斯怀疑，像解释学反思这样一种意识到自身局限性的反思究竟有何用处。对此，伽达默尔的回答是，它能洞悉，自然而然的传统与对这种传统的反思性吸收之间的对立是教条性的。理解者不能将自己的理解纳入效应史，才会产生幼稚的、未经反思的看法，即认为新生之物可以脱离传统。

伽达默尔认为，哈贝马斯谈到社会学的认识旨趣与心理分析时，未能正确对待解释学,因为哈贝马斯将文化传承与社会现实割裂开来,将劳动与统治放到解释学范围之外,从而削弱了解释学的维度。而解释学关注的语言是包括劳动与统治在内的我们的世界,是我们能够理解的一切。对于意识形态,哈贝马斯是就其所谓"真正"的意义而非可理解的意义来加以认识的。也就是说,哈贝马斯不是用行动来介入可理解的世界,而是外在地观察世界。所以,哈贝马斯关于解释学将文化传统绝对化的批评是不当的。哈贝马斯从启蒙的抽象概念出发,理想性地否认反思对前见的依附性,将权威与统治等同起来。而伽达默尔认为,权威可以来自于自由的认可。效应史意识远非一般意识,我们是怀着前见并通过反思来形成新的认识,直至放弃原先的前见的。至于反思的目的,他与哈贝马斯都是要达到理性的决断,尽管他们对反思理解不同。哈贝马斯的解放性旨趣以乌托邦为归宿,而这在伽达默尔看来是一种虚假的意识。

伽达默尔之所以论述修辞与解释学的关系,是因为解释学是从修辞中发展而来的。解释学的这种出身决定了,它必然同包括批判理论在内的社会科学保持一定距离,同时在理解、意义等问题上显示出同批判理论不同的特点,而这种不同的特点是解释学区别于社会科学的价值所在,也是伽达默尔的意旨所在。

四、波尔曼:解释学经验的歧义性

该书收录的第四篇文章,是克劳斯·冯·波尔曼的《解释学经验的歧义性》一文。[①] 由于《真理与方法》出版后招致了一种颇为普遍的批评,即它的思想不够精确,所以波尔曼将这种不精确性称为解释学的歧义性,并认为,对于这种歧义性,我们不妨首先借助于"经验"与"开放性"这两个概念以及这两个概念的相互关系来加以认识。开放性是人的自由的标志,它源出于经验。至于经验是否要靠开放性才可得以完善,抑或经验的历史局限性是否就在于某些可能性未得以开放,这一点在伽达默尔那里尚有待于进一步研究。尽管波尔曼对这一点未展开细致论述,但他表明,在伽达默尔那里,"经验"与

---

① Claus v. Bormann: Die Zweideutigkeit der hermeneutischen Erfahrung, in: Hermeneutik und Ideologiekritik, Suhrkamp Verlag, Frankfurt am Main, 1971, S. 83 – 119.

"开放性"这两个概念之间的关系显示出一种歧义性。这种歧义性标志着,解释学式经验是有限的。由于经验是有限的,而人的理解能力是无限的,所以这种有限性经验与无限性理解之间的矛盾关系或许会掩盖伽达默尔的真实意图,即他要将有关真理的经验当作最为本原的理解方式。

海德格尔批评现代科学错失了真正的经验,伽达默尔针对现代科学方法论来维护古代哲学的真理,致力于将理解的历史性从科学概念的客观性中解救出来。因此,解释学不是要掌握理解的方法论,而是要追问有关世界的经验与生活实践整体,即追问理解是如何可能的。但是,一方面,伽达默尔从解释学问题的缘起出发,即从对科学方法论的反思出发追问真理,认为真理不受科学限定,是前在于科学的;另一方面,关于真理的经验,这一问题最为古老,它原本出现在语言当中,后来才出现在科学之中。波尔曼将这两个方面两相对照,也就表明,伽达默尔这样选择论述的出发点,便造成了解释学的歧义性,因为纠结于对科学方法论的反思,这样来着手处理有关真理的经验,经验便不够本原。而且,波尔曼明确指出,伽达默尔试图揭示,语言中的真理是直接性的、现时性的。而他这种努力是否成功了,却是个问题。

开放性是效应史意识的实现过程,伽达默尔是从作为游戏或者说事件的对话出发,对此予以阐释的。他依据人与世界的关联性来看待语言的开放性,而开放性原本意味着无限的可能性。但是,伽达默尔将语言寄托于传统之中,因而放弃了语言的无限可能性,将无限的意义转变为有限的表述,将真理变成人的行为。这显然引发了两重歧义,其一是,有限的表述同语言的无限可能性有歧义;其二是,语言作为人的行为,同语言是事件、不是人的自由选择这一解释学观念有明显的歧义。针对这些歧义,波尔曼认为,任何一种理解都是在特定历史中、并在一定前提下才是有效的,而不是对一切时间与前提都是开放的。毕竟,传统并非具有无限的可能性。这或许是波尔曼对上文所述问题的回答,即对经验是否靠开放性得以完善这一问题的回答。另外,波尔曼指出,语言固然立足于理性,但也带有谬误,因而语言与理性并非完全一致。真理并非仅仅存在于语言中,而同样来自于具体的经验。具体的经验需要理性的检验,而伽达默尔并未在自己的理论中给批判留下一席之地,也就未给理性的检验留下一席之地。所以,解释学的普遍性始终是一个未能解决的问题。

伽达默尔认为，语言建立在共识的基础上，概念的形成不是一种抽象过程，而是有经验的偶缘性作用，而偶缘性中有实际的因素。因此，伽达默尔认可施莱尔马赫将解释学与实际性研究联系起来的做法。但是，波尔曼还指出，伽达默尔未考虑到，只有在施莱尔马赫所讲的艺术性思维缺乏这种实际性联系时，解释学作为对这种思维之前提的反思才是意义充分的。另外，施莱尔马赫区分宽弛的解释学实践与严格的解释学实践，① 也不同于伽达默尔对施莱尔马赫的理解，因为施莱尔马赫的意思是，在说者与听者之间不具备语言同一性，并因此而产生出非同一性，即产生出误解的情况下，解释学的范围便扩大了。如果这样来理解施莱尔马赫，而施莱尔马赫又认为启蒙的历史性批判依然有效，那么伽达默尔从启蒙出发，经过浪漫派，再到历史主义的这样一条思路就有问题了。伽达默尔对启蒙持批评态度，这是他未在自己的理论中给批判留下一席之地的原因，也是他的传统观念的由来。正是由于伽达默尔缺乏批判的维度，所以在这种传统之中，无限性理解占据了形同绝对知识的地位。对于伽达默尔落入自己所批判的绝对知识这一歧义性，波尔曼明确指出，造成权威与理性之间的对立的，不是启蒙，而是作为启蒙之前提的唯名论。如果伽达默尔意识到这一点的话，那么他或许会避免歧义性。

波尔曼演绎了伽达默尔明确表述的思想，如理解是效应史式的，是传承与当下的调和；如理解不是理解者的作为，而是效应史发挥作用的方式；如理解从属于被理解者，这是理解得以可能的条件。同时，波尔曼还演绎了伽达默尔未明确展开的思想，如他认为，时间是真理的载体，而伽达默尔只是用柏拉图的分有概念以及同时性来解释时间性，因而只是在消极意义上规定了时间，却无法辨析时间的辩证性规定。波尔曼进而发挥自己的认识，认为时间间距本应表明，时间并非对真理的限定，时间应当从现时出发得以理解。时间既是主观性的，又是客观性的，并通过将这两者结合起来而使得真理之经验成为可能。但是，即使波尔曼这种对伽达默尔的进一步演绎或者说独到的发挥触及到一点，即伽达默尔本应展开论述关于理解之时间性的存在论背景，波尔曼的这种

---

① 参见汉斯-格奥尔格·伽达默尔：《真理与方法》上卷，洪汉鼎译，上海人民出版社2004年版第239页。

要求也是难于达到的，因为既然理解的时间性是一种存在论背景，那么存在论背景是无法得以反思性论证的。

亚里士多德揭示了从经验经过记忆再到普遍性知识这一知识的形成过程，这种经验是始终向新经验开放的。据此，伽达默尔采取了不同于黑格尔的做法，即不是将经验归结为绝对知识，而是令经验向新的经验保持开放性。波尔曼认为，这恰恰是伽达默尔解释学的歧义性的由来。在黑格尔那里，概念与对象在知识中融为一体，因而黑格尔避免了真实之物在经验中的歧义性。而伽达默尔首先通过有限的历史性经验追问真理，随后径直从有限的历史性经验过渡到解释学的普遍性经验，即追问理解是如何可能的。按照伽达默尔的理解，普遍性真理是给定的，可以在理解中不经反思地直接获取。而解释学是哲学的普遍性视角，不是具体视角。所以，他从具体性追问直接过渡到普遍性追问。这便带来了歧义性。

施莱尔马赫说，读者要理解得较作者更好。而这句话在伽达默尔那里也有歧义性，因为在伽达默尔那里，这句话一是指读者由于间距而理解得同作者不同，而且可以在理解中上升到更高的普遍性，二是指历史意识独立于历史材料，有其自身的根源，而这也是历史性的不确定性的由来。波尔曼分析，伽达默尔之所以产生这种歧义性，原因想必在于伽达默尔的同时性概念。伽达默尔把同时性当作人的在世经验中的因素，并常常立足于艺术体验，用同时性来把握前科学式真理。伽达默尔的同时性概念以克尔凯郭尔的同时性概念为依据，而克尔凯郭尔的这一概念意味着祛除历史，与历史之外的绝对者相同时。但是，伽达默尔对克尔凯郭尔的认识与此不同，他认为克尔凯郭尔的这一概念意味着对彼此非同时之物予以中介。伽达默尔解释克尔凯郭尔时产生的这一歧义还关联着另外一个歧义：他自称是借助于克尔凯郭尔对审美阶段的批判，形成自己对审美意识的批判的，而且他是根据克尔凯郭尔本人的论述来批判克尔凯郭尔的审美的。但是，从伽达默尔的实际论述来看，他利用的，是克尔凯郭尔从伦理出发对审美的批判，而不是克尔凯郭尔直接论述审美的内容本身，这样，伽达默尔便无法对审美概念做出原则性修正。

波尔曼揭示出伽达默尔思想的歧义性，也就揭示出解释学不够圆融一贯的理论局限性。而且波尔曼是从分析解释学思想的细节入手，参加批判理论与解释学的论争，从而起到补充哈贝马斯、阿佩尔等人对解释学的批判这一作用的。他对解释学理论的细节分析丰富了我们对批判理论与解释学之争的认识。

五、哈贝马斯：解释学的普遍性要求

该书收录的第五篇文章，是于尔根·哈贝马斯的《解释学的普遍性要求》一文。① 哈贝马斯在文中开门见山地提出，解释学关乎我们掌握语言、理解可交流的意义、在交往受到妨碍的情况下彼此理解的能力，涉及理解、表达、解释、说服的能力，正像修辞涉及交往能力一样。但是，哲学解释学不是艺术理论，而是批判，是对日常语言交往之结构的反思，对理解与说服的反思。理解之所以可能，是因为语言在原则上足以揭示任何象征性背景的意义。而且任何语言都可翻译为其他语言，因而久远时代及其文化可以转变为我们所熟悉的文本，陌生传统与我们之间的间距属于语言的视域。而说服之所以可能，是因为交往不仅是表达，而且给出了行动方向。交往能够促成共识，依靠的不是有约束力的论证，而是言谈中表露的或然性。

哈贝马斯指出，解释学的作用主要体现在四个方面：第一，解释学摧毁了传统精神科学的客观自明性，表明理解不是由抽象而来，而是由效应史式反思而来；第二，既然接触对象不是一种观察，而是日常语言交往，那么描述对象的框架与谓词便具有推测的特点；第三，解释学可用来说明，何以自然科学建立在科学共同体怀着合理动机达成的、却不具有强制力的共识基础上；第四，解释具有社会效应，自然科学的信息可转变为社会生活的语言。解释学宣称具有普遍性，就是要将可予以技术性应用的知识合理地应用于生活世界。但是，科学语言是一种独白，独白表露的知识信息脱离了对话表达的生活世界，而这两者之间的转换超越了修辞与解释学的范围，因为修辞与解释学仅仅涉及传承下来的文化。因此，针对解释学声称的普遍性，哈贝马斯采取心理分析与意识形态批判的路径，分析伽达默尔在理解之前悬设的共识。而心理分析与意识形态批判揭示出，貌似合理的共识实质上有可能是强制性伪交往的结果。这样，

---

① Jürgen Habermas: Der Universitätsanspruch der Hermeneutik, in: Hermeneutik und Ideologiekritik, Suhrkamp Verlag, Frankfurt am Main, 1971, S. 120–159.

所谓共识,未必是真理。所以说,伽达默尔赋予语言传承以其在存在论上的优先性,以至于语言传承先于批判,造成了虚假的解释学的普遍性。

哈贝马斯对解释学的普遍性要求的批判,同波尔曼的批判有异曲同工之妙。只是,哈贝马斯从总体上将哲学解释学的性质同批判理论联系起来,借此批评解释学因缺乏批判精神而不具备普遍有效性的资质。而解释学缺乏普遍性,意味着心理分析相对于解释学是必要的,意味着意识形态批判是对解释学的深入。但是,哈贝马斯对伽达默尔的这种批评应当理解为一家之言对另一家之言的批评,因为伽达默尔可以对这种批评提出反批评。例如,正像我们在前面的章节中论述的那样,哈贝马斯批评伽达默尔忽略了语言同劳动及统治的联系,因而忽略了语言的意识形态色彩。对此,伽达默尔做出了反驳。同样,对于哈贝马斯利用心理分析对解释学提出批评,伽达默尔也反诉说,心理分析自称具有反思的解放性力量,但心理分析中的病患双方都难免社会意识的局限性。而通过反思来建立起社会的整体性,语言便能达到客观性意义。因此,语言固然有意识形态色彩,但也具有理性因素。哈贝马斯对伽达默尔的总体思想的批评以及伽达默尔的反应可以让我们回过头来认识到一点,即波尔曼从细节上批评伽达默尔的理论具有歧义性,同样是一家之言,因为一种理论在细节上具有某些歧义性,并不能彻底否定它在总体上具有一定的真理性。

六、布普纳:何为批判理论

该书收录的第六篇文章,是吕迪格·布普纳的《何为批判理论?》一文。[①] 布普纳在文中指出,批判理论的宗旨是,取消理论与实践的传统性分野。因而批判理论不能以无辜的纯专业性学科自居,而要阻止这种孤立、有限的自我认识,避免自身的教条化倾向,克服自身的意识形态作用,保持自身永远不将批判与理论分开。

霍克海默尔以理性的名义批判遗忘自身有限性的思维形式,同时保持了自己的理论的自我批判性。这种"非封闭性辩证法"将任何一种思想同具体的

---

① Rüdiger Bubner: Was ist kritische Theorie?, in: Hermeneutik und Ideologiekritik, Suhrkamp Verlag, Frankfurt am Main, 1971, S. 161 – 209.

历史境遇与现实利益联系起来，因而是一种唯物主义式理论。据此，评价任何一种理论的价值，不能仅仅依据真理的形式性标准，还要看它是否对进步的行动有价值。由于反思可以揭示利益，却无法赋予其合理性，所以关键在于，要区分正当利益与不正当利益，承认进步、正当的利益高于局部性利益成见。批判理论关注的，是理性的旨趣，即普遍性旨趣。在这种整体性观点下，包括批判理论自身在内的任何一种理论都不能以真理自居。因此，理论的否定过程是无限的。批判理论采取自我批判的态度，正是批判理论与传统理论的区别所在。批判理论的结论是两方面的，一方面，它揭示了具体理论的历史局限性；另一方面，它揭示出，理论只是一种历史过程中的因素，其意义仅在与历史境遇的联系中才可以确定。这样，批判理论可以焕发出解放性反思，尽管批判理论在表面上也属于利益攸关的理论形态。

布普纳以黑格尔和马克思为例，论述理论与时代的关系，认为在社会状况受到普遍性遮蔽的条件下，揭示矛盾、联系实践是不可能的，所以解放了的人的形象就成为希望之所在，而只有批判性态度才能致力于这一点。打上曼海姆烙印的知识社会学主张对思想与存在的关联性持中立态度，认为知识分子游离于自身的社会地位及意识形态之外。对此，批判理论持批判态度。哈贝马斯将批判性反思转变为认识论与方法论研究，因为上述知识分子的游离状态会令反思陷入无休无止的过程，而且中立态度会令解放性旨趣无以实现。《认识与旨趣》承接《传统理论与批判理论》，以胡塞尔的生活世界为底蕴。但胡塞尔悬置了一切世界联系，而这种悬置是一种旨趣转折，即对局部性旨趣的转折。在哈贝马斯看来，胡塞尔将理论与旨趣分离开来，因而在霍克海默尔的意义上是传统理论的最后代表。哈贝马斯将引导认识的旨趣当作理性的解放性旨趣，同时意识到，并非所有旨趣都是解放式的。旨趣通常经过意识形态的扭曲，具有局部性与非理性特点。各种旨趣彼此竞争，不会为人们做出抉择提供真正的理由。霍克海默尔使用旨趣一词时，已有含糊不清的情况。这种情况继而出现在批判理论中，因为批判理论一方面揭示意识形态性假象、却将其固定为"自然基础"，另一方面先天地看待解放性旨趣。而一种理论胜任先验性认识，却不见得胜任特定旨趣，所以批判理论很难在这两者之间保持平衡。

在布普纳看来，批判理论的这一矛盾，哈贝马斯是借助语言的本质来解决的。哈贝马斯从黑格尔有关主奴意识的论述中解读出自我意识之间的相互承认,并认为语言就是相互承认的交往媒介。但是,由于语言的独立化倾向会促成局部性利益,正如强制性因素扭曲了交往一样,所以,哈贝马斯提出的方案是,批判是认识与旨趣的统一。

这样,布普纳以不同于哈贝马斯、阿佩尔、波尔曼等人的方式介入了批判理论与解释学之争。他不是从分析解释学的短处入手,反衬出批判理论的长处,而是正面论述批判理论的长处,宣示出批判理论是有生命力的思想。一方面,他突出批判理论的自我批判精神,另一方面,他指出批判理论要突破自身局限。而批判理论突破自身局限最后落实在一点上:作为认识与旨趣之统一的批判。

七、布普纳:哲学是思想所把握的时代

该书收录的第七篇文章,是吕迪格·布普纳的《哲学是思想所把握的时代》一文。① 布普纳在文中指出,黑格尔哲学是对时代的反映,它以反思为媒介,通过联系他者来保持自身,并通过对立来建立同一性。关于某物的意识同时是自我意识,人类意识只有持续地联系陌生内容,才能维系自身,与陌生性的关联及与自身的关联构成反思的结构。解释学与批判理论分别是反思结构之彼此对立的两个方面,这两方面都联系着黑格尔的精神现象学。对于批判理论而言,意识从低级阶段到高级阶段的黑格尔式发展意味着摆脱意识形态的制约,达成解放性旨趣。相反,对于解释学而言,这一过程意味着个别意识同历史传承相融合,意味着从主体性走向实体性。

批判性反思的特点在于否定性,对于批判性反思来说,批判的对象是无分轩轾的。所以,批判所针对的,是对象的偶然性,这是批判的弱点所在。批判也涉及间距问题,但它所涉及的批判性主体与客体之间的间距是不可触动的。这意味着,被批判物是既定的,被批判物的这种既定性是批判的前提。但是,涉及对这种既定性的突破来说,由于批判性反思还意味着从理论向实践的过渡,意味着它取消了理论与实践的二元性,因而在这一意义上,批判突破了被

---

① Rüdiger Bubner: Philosophie ist ihre Zeit, in Gedangken erfaßt, in: Hermeneutik und Ideologiekritik, Suhrkamp Verlag, Frankfurt am Main, 1971, S. 210–243.

批判物的既定性。

从解释学的角度看,并不存在一种独立于或者说对立于传统的主体。所以,解释的行为受制于被解释者,并因此而保存了时代的内涵。解释学接受一切观点,为的是形成无所不包的理解,而这样一种理解也就包容了时代的一切内容,甚至包容了一切时代的内容。但是,这样一种无所不包的理解恰恰对立于黑格尔意义上的绝对知识,因为它反而取消了知识的独立性,将哲学界定为与时代的关系。而且解释学不承认有什么永恒的哲学,它是根据要求得以理解的各种意义来确定哲学主题的,也就是说,它是根据不同的具体历史性来确定哲学主题的。

与时代的关联是解释学与批判理论共同采取的形式,只不过它们对待时代的态度不同。批判理论针对时代,解释学则依赖时代。但是,批判理论从未完全拒绝以时代为中介,解释学也从未拒绝过对时代的批判。它们都是通过反思来联系历史现象、意识星丛和客观背景的,而这种客观背景可以统称为时代。布普纳认为,时代不是一个事实,而是由反思设定的量。反思所把握的时代不是事实的堆积,而是有代表性意义、有特定历史处境的社会文化现象。例如,拿破仑时代指的不是一段历史时间,而是具有历史内涵的特定时代。所以说,反思不是反映时代,而是在思想中把握时代。

布普纳将批判理论与解释学归结为反思的一体之两面,而作为反思的一体之两面,批判理论与解释学一方面在同时代的关系等问题上必然彼此不尽一致,另一方面则理所当然具有一种彼此间的互补关系。这是我们涉及批判理论与解释学的关系时,可以从布普纳的论述中得出的结论。

八、汉斯·约阿希姆·吉格尔:反思与解放

该书收录的第八篇文章,是汉斯·约阿希姆·吉格尔的《反思与解放》一文。[①] 吉格尔在文中指出,对话的必要性在于,只有接受对方的不同主张,我们才能意识到自己的看法中的前见,正如只有意识到自己看法中的前见,我

---

① Hans Joachim Giegel, Reflexion und Emanzipation, in: Hermeneutik und Ideologiekritik, Suhrkamp Verlag, Frankfurt am Main, 1971, S. 244 – 282.

们才能接受对方的不同主张。对话可以克服对话伙伴之间的间距,形成对话双方共同的主张。解释学通过对话将知识与意志中的合理性联系起来,令在对话中形成的解释学式理解超越对话双方的主观性意见之上。但是,解释学的这种努力并不能完全排除妨碍共识的阻力。像心理分析视角下的强制性因素就绝对不是一种特殊现象而已,因为这不仅是反思的缺陷,而更是一种对反思的抵制。所以,我们要寻求另外一种社会关系,以弥补解释学式对话的不足,创造相互理解的前提条件。

伽达默尔将交往性共识同技术性行为对立起来,因为交往性共识意在消除交往双方各自的片面性,而像蛊惑这样一种技术性行为却是影响和控制他人的单方面手段,其目的在于贯彻单方面意图,而不在于达成共识。因此,哈贝马斯寻求新的途径,即借助于心理分析谋求解放性实践。他所讲的心理分析既不同于技术性行为,又不同于交往性参与,因为心理分析被排除于自觉的交往之外,它也并不运用像自然科学那样的知识,而是致力于揭示个体的交往渴望受到压抑的历史,从而冲破意识的封闭性。从破除心理障碍、揭示虚假的客观化倾向这一点上说,这种分析性认识就是自我反思。所以,心理分析是一种解放性实践。

吉格尔以医患关系与对抗性社会关系为例,总结医患双方不能成功地交往、社会各阶层无法达成共识的情况,并借此指出,伽达默尔认可权威,不是偶然的。欧洲历史历经动荡,社会对抗往往走向改革者初衷的反面,因而保守主义观念不愿触动社会现实,反而同启蒙反抗传统的态度保持距离,宁愿幻想一种社会成员团结和睦的乌托邦。这才是伽达默尔讲求历史传承的保守思想的实质。

吉格尔从心理分析入手,指出解放性实践是对解释学思想的深入,同时从心理分析对象与社会分析对象的相似性入手,指出令交往与对话往往无法达成的社会原因。而分析社会原因,也就辨明了伽达默尔保守主义观念的社会背景。

九、伽达默尔:答复

该书收录的第九篇文章,是伽达默尔对各种批评的答复。[1] 伽达默尔在文

---

[1] Hans-Georg Gadamer, Replik, in: Hermeneutik und Ideologiekritik, Suhrkamp Verlag, Frankfurt am Main, 1971, S. 283 – 317.

中解释，要对解释学的问题形成共识，就有必要先来澄清科学、批判、反思等相关概念。首先，科学不能取代前科学知识，因为正是这种前科学知识引导着人类生活实践。其次，哈贝马斯称解释学为批判性反思知识，而反思之所以是批判式的，就在于它揭示幼稚的客观主义。相反，以自然科学为取向的历史科学的自我认识就局限在这种客观主义当中。再有，意识形态批判有助于解释学反思，因为意识形态批判从社会批判的角度阐释了一切理解的前判断特点。因此，解释学将真理置于历史之中，而不像唯心主义哲学那样提出绝对真理的要求，因为被解释物不可完全为解释所覆盖。解释学只是要求取得共识，而这一共识就是真理的标准。

哈贝马斯等人将权威与启蒙截然对立起来，认为无须权威，对合理、合法性的承认就可自由地发挥作用。而伽达默尔认为，这种错误认识的根源在于，它认为合法性承认可以脱离权威所奠定的共识，起到非强制性作用。解释学的批评者之所以对解释学产生误会，是因为他们往往将社会冲突中的一方当作保守的，将另一方当作革命的。但是，自愿的服从含有理性的因素，相互理解以一致性认同为前提。而服从和认同不一定就意味着保守的方面多于革命的方面，而是意味着将彼此冲突的力量结合进一个多元性的整体。政治活动的目的就在于，在缺乏交往的情况下引发交往。所以，援引传统并不意味着盲目追随传统，而仅仅意味着，不能消解传统，以至于我们不能以恰当的历史意识来扬弃传统。

最后，伽达默尔指出，意识形态批判反而印证了，有必要注重保守性前见，因为注重前见便揭示出，对话会使用哪些不言而喻的前提，而这些前提涉及人类的信念。在社会充满冲突这一前提下，由于思想前提正确与否难于确定，所以解释学更为侧重取得共识。解释学主张的普遍性来自于社会生活，即对话共同体，而只有信念才能将观念彼此冲突的个人结合成超越个人及个人所属团体的社会共同体。

从阿佩尔确立认知人类学开始，经过哈贝马斯批判权威，到吉格尔分析解释学思想的社会背景等等，对解释学的批评涉及方方面面。伽达默尔从总体上对各种批评意见做出了答复，而他的答复最终回复到康德关于信念的立场上，即信念高于知识。信念高于知识，或许可以从原则上调和批判理论与解释学的分歧，因为批判理论与解释学之间的分歧只是认识与知识上的分歧，而它们的信念是一致的，即都是致力于交往和对话的共同体。

十、综述

综合上述文章可以看出，涉及解释学与批判理论的关系，德国学术界并未达成一致看法。所以，我们不妨分三个层面来看待批判理论与解释学的关系。

首先，哈贝马斯与伽达默尔展开了相互批评。例如，哈贝马斯批评伽达默尔将权威予以绝对化，并指出这种绝对化的做法来自于伽达默尔的教化概念。教化促成学习者认同权威，将规范予以内化。所以说，权威是前见的积淀创造出来的。而伽达默尔坚持认为，如果脱离权威所奠定的共识，便无法对合理性形成自由而非强制性的认可，反而会因无法吸收传统而做不到真正扬弃传统。同样，针对哈贝马斯关于貌似合理的共识实质上有可能来自于强制性伪交往这一看法，伽达默尔强调，理性的信念带来共识，从而构成交往共同体的基础。所以，从第一个层面上说，批判理论与解释学是彼此对立的学说。

其次，尤其从关于反思等问题的上述论述中也可看出，批判理论与解释学是彼此互补的学说，而它们彼此间的互补性来自于它们各自的理论取向。解释学注重文化传承，显示出相对保守的特点；批判理论侧重社会批判，显示出相对激进的特点。我们无法判断，接受传统与批判传统孰对孰错，保守与激进孰优孰劣；而只能判断，由于任何一种理论取向都意味着对相反理论取向的舍弃，正像海德格尔所讲的那样，任何一种解蔽同时是一种遮蔽，所以从思想的完整性上考虑，任何一种理论上的遮蔽，都需要对立性的理论来解蔽。从事实上说，哈贝马斯等人与伽达默尔的论争就起到了相互解蔽的作用。所以，从第二个层面上说。批判理论与解释学是彼此互补的学说。

哈贝马斯等人与伽达默尔的争论最终导向伽达默尔关于信念的结论，而这一结论应当说是一种非终结性的、开放性的结论。这是因为，批判理论与解释学之争原本应当是认识之争，而伽达默尔将这种本属认识范围的争论引向信念，显示出批判理论与解释学之争难于在认识范围内达成一致。信念毋宁说是一种理论悬设，这种理论悬设是超越认识之争之上的。这就是说，批判理论与解释学之争的出路只能在于，这种争论最终会被超越，指向它们共同追求的交往与对话的共同体。而在认识范围内,批判理论与解释学的张力关系似乎是不可解除的。所以,从第三个层面上说,在批判理论与解释学之间,或许永远是一种在共同信念之下的张力关系。

第五节　霍奈特对伽达默尔主体间思想的发挥

哈贝马斯曾经评述,伽达默尔借助于向他者的解释学式开放,将海德格尔的乡下式思想城市化了(Urbanisierung)。哈贝马斯对伽达默尔的这种评论也引起了霍耐特的反响,只不过霍耐特认为,伽达默尔不是将海德格尔哲学予以城市化(Urbanisierung),而是对其予以开垦(Urbarmachung)。从词义上说,Urbanisierung 指的是城市化、文明化,即在乡村的城市化过程中,用城市的文雅取代乡下的简朴。而 Urbarmachung 指的是将荒地变得可垦殖了。① 所以,前者比喻伽达默尔改造海德格尔哲学的动机,带来一种新的世界的开放性。后者比喻伽达默尔发掘海德格尔哲学的原有潜力,在原有的思想土壤中收获了更为丰富的思想成果。如果我们可以对霍耐特这一思路稍加发挥的话,那么可以说按照哈贝马斯的理解,伽达默尔对海德格尔哲学实行了外来的改造,而按照霍耐特的理解,伽达默尔对海德格尔哲学实行了内在的发掘。

霍耐特与哈贝马斯的不同理解带来一个问题,即伽达默尔在何种意义上继承了海德格尔的核心思想。霍耐特从自己的承认理论出发,发现伽达默尔在《真理与方法》中将相互承认的经验同解释学经验相比较,并认为这一点构成我们理解上述问题的关键。这是因为,伽达默尔认定,历史传承带来的经验同以人际间开放性为标志的主体间承认彼此吻合,而主体间承认是我与你的直接相遇,它排除了你与我之间的第三者,是对海德格尔有关共同世界的核心性思想的继承。所以说,伽达默尔内在地发掘了海德格尔的思想,他同海德格尔的思想关系是一种 Urbarmachung,而非 Urbanisierung。

---

① 参见 Axel Honneth: Von der zerstörerischen Kraft des Dritten, in ders.: Unsichtbarkeit—Stationen einer Theorie der Intersubjektiviteat, Suhrkamp Verlag, Frankfurt am Main, 2003, S. 49 – 50.

一、解释学历史意识的事件特点

霍耐特对伽达默尔思想的论述,主要见于他的《论第三者的毁灭性力量》一文。① 霍耐特在文中分三个步骤展开论述,首先分析伽达默尔的历史意识的事件特点,并指出其与主体间关系的吻合性,而这种吻合性对于解释学意识具有重要意义;其次具体分析,在伽达默尔那里,承认概念不过是主体间性的一个有限范畴,而且是对海德格尔共同世界思想的继承;最后指出,继承海德格尔的主体间思想,会引申出哪些哲学解释学结论。

就第一步骤而言,霍耐特指出,对理解的理解难免要受到反思哲学的影响,以至于理解的反思特点要大于理解作为一个事件的特点。因此,伽达默尔首先要赋予理解一种经验结构,让经验成为自行发生的,而不是我们的意向的结果。这样,解释学式理解才成其为一个事件。为此,伽达默尔反对将经验限定在认知功能上,认为经验不仅是对我们的期待的印证,而且往往不期而至。经验不期而至,意味着我们的期望被打断。而这是因为,我们犯了将认知功能扩大化的错误,将经验等同于认知。所以说,经验超出单纯的知识之外,我们必须克服有关绝对知识的黑格尔式观念,永远向不期而至的新经验保持开放性。这也表明,经验与其说是我们的意向性的结果,不如说是令我们意识到自身有限性的事件。

经验的事件性同样适用于解释学式理解,但伽达默尔不是直接论述解释学式理解与经验的相似性,从而印证解释学式理解的事件性,而是采取了迂回的途径,即分析我与你的交往关系,从中发掘同样适用于解释学式理解的经验形式。而这样做之所以可能,是因为解释学式理解的对象同交往关系中的你一样,可以对理解的主体发挥影响。理解的对象起到了一种试错性机制的作用,将经验的形成变成一种人际互动作用。进而,理解的对象起到了相当于人格的作用,以至于解释学式理解成为关于作为人格的对方的经验,而不是关于客观对象的经验。所以,伽达默尔把解释学式理解称为一种道德现象,并用道德属

---

① 参见 Axel Honneth: Von der zerstörerischen Kraft des Dritten, in ders: Unsichtbarkeit—Stationen einer Theorie der Intersubjektiviteat, Suhrkamp Verlag, Frankfurt am Main, 2003, S. 49 – 70.

性来衡量我—你关系的各种形式。如果某种历史意识形式在主体间关系中成就了一方相对于另一方的不期而至的价值，那么它就是主体间关系中的最高形式。相反，如果在交互关系中，一方为贯彻自身的意图而在认知上将对方降低为手段，而不承认对方本身也是目的，那么这种将对方客观化的做法就是一种最低级的形式。

按照伽达默尔的理解，只有把历史传承理解为一种我—你关系，才有可能从我与你的先行关联出发，或者说从我对你的依赖出发，意识到对历史的解释依赖于传统。同样，只有认识到历史意识与主体间关系之间的相似性，才能克服反思对历史意识的妨碍，因为在伽达默尔看来，反思打断了对历史的解释与传统的前在性联系。相反，在解释学思想中，对历史的理解不是对历史的反思性吸收，而本身是一种发生着的事件。因此，伽达默尔批评直至狄尔泰的历史知识都在坚持无前见地、客观地阐释历史的理想，在处理传统的他在性时，用客观认识取代效应史的影响，在处理我—你关系时，否认你的他在性相对于我来说理当具有的优先性。

从霍耐特对伽达默尔思想的分析中可以看出，伽达默尔是从主体间关系入手，阐释解释学式理解的事件特征的。主体间关系对立于主客体关系，在主客体关系中，主体大于客体，而在主体间关系中，你是大于我的。因而在我—你关系中，伽达默尔牢牢把握你相对于我的优势，强调我对你的依赖。而这是因为，如果反过来，强调我相对于你具有优势，那么在逻辑上更进一步，就是主张我独立于你。而这会导致伽达默尔所批评的将对方降低为客观对象这一情况，导致主体间关系随之破裂，转化成主客体关系。而这样一来，解释学式理解也就无从谈起了。

二、非普遍性道德法则下的相互承认

就第二步骤而言，霍耐特指出，海德格尔区分了对邻人之忧的两种结构，一为设身处地、越俎代庖式的，二为抽身退步、拱手相让式的。伽达默尔触及的，是第一种结构，因为第一种结构容易导致一方对另一方的控制，毁灭主体间关系中的他者。伽达默尔阐发海德格尔思想时的这种侧重点直接联系着他对反思的理解。他只是看到，反思扩大了对话双方的间距，将双方的内在关系转变为外在关系，因而对反思持否定态度，却未看到，反思可以起到限制主体的作用，因而也是非强制性主体间关系不可或缺的条件。伽达默尔这种一味否定反思的态度，也可从海德格尔的思想中寻找到踪迹。

霍耐特从自己的承认理论出发，尤其注意伽达默尔关于承认与尊重的思想。他注意到，伽达默尔并不全盘接受康德关于尊重他人的思想，因为在康德那里，尊重一个人，意味着承认一个人格的普遍性品质，承认普遍化的人性，承认普遍性道德法则。而在主体间性承认理论的视角下，这种普遍性品质、人性和道德法则并未容纳你的独一无二的特性。因此，反思性地抽取出一种普遍性规定，就令我同特殊的你拉开了距离，中断了我同你的前反思性联系。我们可以沿着霍奈特的思路做进一步的发挥：伽达默尔所推崇的，是主体间关系中的相互承认与尊重，不是普遍性道德法则支配下的相互承认与尊重。普遍性道德法则压抑了主体间关系中的相互承认，因为这种相互承认是交往双方自由而自决的互动行为，双方都是抵御居高临下的道德法则的压力的。这才是伽达默尔不愿接受康德有关尊重的思想的一个原因。

另外，霍奈特还总结了一个原因：伽达默尔秉承海德格尔的思想，因而顺理成章地认为，在我与你之间，不能存在以普遍性面目出现的第三者。在海德格尔那里，这一以普遍性面目出现的第三者，就是常人。霍奈特虽未在这一点上进一步展开论述，但很显然，常人作为一个齐同均一的普遍性形象，意味着缘在的本真性的失落。而普遍性道德法则是很容易同人云亦云的常人形象联系在一起的，因为它往往无需人的自由抉择。这不但不符合海德格尔阐发缘在的宗旨，而且同伽达默尔推崇的我—你关系背道而驰。伽达默尔阐发主体间关系，目的在于阐释关于他人的真实经验以及对历史的认识的成立条件。所以，伽达默尔自然而然地延续了海德格尔否定普遍性道德法则这一反思性思想。

三、古典道德观念与现代道德观念的结合

就第三步骤而言，霍奈特认为，我们越是以独一无二的方式感受到自己对他者的依赖，他者就越是能显示出其不期而至的特点。这才是主体间关系的最高层次，而这也就赋予了主体间关系以道德含义。涉及主体间关系的道德问题，霍奈特提出了一个问题：在挚爱与正当、关怀与尊重之间，是否始终存在

一种张力？显然，霍奈特提出这一问题，是由海德格尔讲到的忧的两重结构引申而来的，因为在设身处地、越俎代庖式做法与抽身退步、拱手相让式做法之间，人往往会手足无措、无所取舍，而且无论是采取哪种做法，都容易做得过犹不及、举措失当。像挚爱过分，便有可能侵犯正当性；一味关怀，便有可能失却了对他人的自由抉择的尊重。反过来说，一味讲求正当性，便有可能导致挚爱的淡漠；而尊重的态度虽然将自决权交付对方，却有可能因袖手旁观而失却关怀之心。

伽达默尔未触及这一问题，他仅仅触及忧的第一种解构，实质上就回避了这两种结构彼此之间的矛盾。为解决这一问题，霍耐特提出，主体间关系还需要从一个普遍性他者的角度得到审视。这一普遍性他者并非指一般意义上的道德法则，而是专指一方对另一方的关怀必须符合道德观念。这样才能克服上述矛盾。伽达默尔担心，普遍性道德法则会妨碍主体间的相互开放性。相反，霍耐特认为，在主体间关系中，任何一方都不仅要考虑对方，即具体的他者，而且要考虑普遍性道德观念，即普遍的他者。尤其在个人之间的私密性关系中，关于道德法则会对主体间关系造成伤害，抑或得到恰当的应用，是要接受一个不偏不倚的第三者的审视的。这种审视不是从外界探入我—你关系的目光，而是出自主体间关系内部的目光。它可以比较双方各自的观点，促成双方采取共同的行动。

我们可以这样来理解霍耐特的意思：一方对另一方的关怀不能仅仅出自一己之见，而要超越自身，顾及对方的感受，考虑对方的要求。而这种顾及和考虑要借助于普遍性道德观念，即沿着普遍性道德观念的方向顾及对方的感受，考虑对方的要求。这样才能避免海德格尔意义上的忧的两种结构的矛盾，不至于无论是设身处地、越俎代庖，还是抽身退步、拱手相让，都做得过犹不及，从而导致主体间关系的破裂。正是因为这种顾及和考虑不局限于双方中的任何一方，所以才被称为我—你关系中不偏不倚的第三者。但是，这样一个第三者与其说是独立于我与你的另外一种实质，不如说是我与你之间的一种忧的往复运动。这一往复运动不但未妨碍主体间关系，反而更好地维系了主体间关系。从这一意义上说，这种出自道德观念的往复运动合普遍的他者与具体的他者于一身。伽达默尔未认识到，外在的普遍性道德法则可以内化为这种往复运动，因而也就无法解决海德格尔的忧的双重结构所带来的问题。我们这种理解应当不至于离题太远，因为它可以得到霍耐特本人的印证：正因为在普遍性道德法则名义下的这种往复运动维系了主体间关系，所以霍耐特认为，首先要遵从相互尊重这一普遍性道德法则，然后才谈得上主体间关系中双方的相互开放性。

  关于第三者的问题，霍奈特在另外一篇文章中做了补充性说明，可以拿来在此予以参考。① 他认为，设置这一第三者的必要性在于，在出现对话双方彼此看法不一致的情况下，任何放之四海皆准的道德规范便统统失效了。因此，设置一个第三者的作用，就在于把对话双方纳入一个道德共同体，以便衡量双方各自的主张的恰当性，并推出双方都接受的主张。同时，由于这一第三者设置在主体间关系之中，要为对话双方所接受，所以要考虑这一第三者代表的道德规范对双方观点的适用性。也就是说，普遍性道德规范转变为经双方认可的道德认识，成为有效于对话双方的道德约束力。从霍奈特的上述观点中可以看出，霍奈特对康德的古典式道德思想做了适于现代思想的发挥，将普遍性道德规范转变为主体间关系中的道德认识。这样，古典思想同主体间思想结合起来，并进而充实了伽达默尔为阐述解释学思想而涉猎的主体间思想。而在伽达默尔本人那里，主体间思想尚未得到如此丰富的阐述。另外，霍奈特对伽达默尔的补充性理解是一个明显的实例，从中可以看出，批判理论与解释学可以起到相互补充的作用。

  普遍性他者的概念，霍奈特取自米德的思想。霍奈特像哈贝马斯一样，从米德的思想中获益匪浅。而霍奈特借用米德的概念，反过来也对米德的思想做出了说明。例如，我们国内学者认为，米德的主我与客我概念，同弗洛伊德的本我与自我概念多有相近之处。但联系上文对霍奈特思想的论述，可以看出，主我与客我是主体间关系中的概念，指的是我—你关系中论及的你具有一种同我的相关性，一如我具有同你的相关性一样。所以，既然谈到主客，那么无论主我还是客我，就都是面对你的我，而不是什么本原性的或非本原性的我，因为这里根本不存在主体间关系之前的本原性之我。只不过主我尚能相对独立于

---

  ① 参见 Axel Honneth: Zwischen Hermeneutik und Hegelianismus, in ders: Unsichtbarkeit—Stationen einer Theorie der Intersubjektivität, Suhrkamp Verlag, Frankfurt am Main, 2003, S. 106 – 137.

你,而客我则完全是我与你相互映像而成的。这同原始的本我与道德约束下的自我属于完全不同的语境。脱离主体间关系,就无所谓主我与客我,就像脱离心理分析的语境,也就无所谓本我与自我一样。所以说,米德的语境同弗洛伊德的语境不同,他们各自的概念也就彼此含义不同。从这一实例可以看出,霍奈特的思想不仅对于解释学具有诠释性,而且对于主体间思想也具有相当的诠释性。

最后,霍耐特探讨了伽达默尔论及的主体间关系与历史意识之间的相似性,认为这种相似性的成立条件要么是,我们同历史传承的关系符合我们同交互作用的伙伴的关系,要么是,解释学经验并非历史意识的最高表现,因为它回避了普遍性他者这一问题。我们在上文论述的霍奈特的观点,就是他为解决这一问题而做出的努力。而霍奈特这番努力的核心是第三者问题,它意味着,要恰当地认识历史,就要以普遍性他者与具体的他者的彼此中介为前提。

第四章 批判理论与解释学之争的反响

第一节 利科的意识形态观

利科的解释学思想已经溢出了哈贝马斯与伽达默尔之争的范围，但利科对意识形态的认识为我们理解哈贝马斯与伽达默尔之争提供了参照，因为意识形态观是这场争论中的一个重要议题。利科对意识形态的评论散见于他的多方面著述，大多是论述自己的解释学思想时附带提及的。而在《意识形态与意识形态批判》这样一篇有代表性的著述中①，利科专门论述意识形态问题。他首先对意识形态现象做出描述，随后追问，一种本身不属于意识形态的关于意识形态的科学是否是可能的。最后，他致力于一种解释学式反思，目的是将意识形态归并入历史性理解中去，从而表明了自己的意识形态观。

一、意识形态现象

关于意识形态，马克思的判断脍炙人口。但是，利科针对马克思的判断认为，不能将意识形态仅仅当作一个消极的现象，即不能将其仅仅当作虚假的意识、对现实的颠倒，不能将其仅仅归结为阶级属性，归结为对利益的无意识掩饰。这是因为，要对意识形态做出判断，首先要对它做出描述。相反，将意识形态归结为虚假的意识，以及对利益的掩饰，便终结了对意识形态的描述，而

---

① Paul Ricoer: Ideologie und Ideologiekritik, in: Phänomenologie und Marxismus, Bd. 1, Konzepte und Methoden, herg. von Bernhard Waldenfels, Jan M. Broekman, Ante Pazanin）, Suhrkamp Verlag, Frankfurt am Main, 1977, S. 197–233.

不是着手描述意识形态。所以，要了解一种虚假的意识是如何可能的，首先要了解这种虚假的意识的作用，即深入它本原性的象征现象。

利科从韦伯对社会行为和社会关系的分析入手，来分析意识形态现象。按照韦伯的说法，社会行为的成立前提是，一个行为对所有行为者都具有意义，而且一个人的行为要以他人的行为为取向。而社会关系则赋予社会行为以意义的稳定性、可预见性，以及可表述性。这种富有意义的、以相互性为取向的、整合性的社会行动正是意识形态的来源，因为一个社会集团有必要做出自我认识和自我表达。所以，在一个社会共同体成立之初，意识形态有其必要性，因而必要性是意识形态的第一个特点。

接下来，就像美国独立宣言、法国大革命、俄国十月革命所宣示的那样，意识形态起到将社会记忆与历史事件分离开来、以便人们一再追忆这一历史事件的间距性作用，从而令某种信念超出该团体成立之初，在时代变迁中延续下去。在这种间距上，社会共同体的组建行动经过解释和解释中的自我表述一再得以现实化，因为这种追忆不仅意味着认可，而且意味着合理化。此时，意识形态不再是推动性力量，而成为辩护性机制。或者说，意识形态是作为赋予合理性的行动而持续下去的。所以，意识形态不仅意味着对现实哪怕是颠倒性的反映，而更意味着辩护和筹划。它由意志推动，要传达自身行动的正当性、必要性，因而对这种必要性和正当性起到了中介性作用。因此，继必要性之后，中介性是意识形态的第二个特点。

为保持意识形态的活力，就要对意识形态予以简洁化与公式化。意识形态不仅是一个群体的自我表述，而且是这个群体的世界观。因此，伦理、宗教、哲学等等都属于意识形态的内容。意识形态的作用就在于，将思想体系转变为信念体系。而且意识形态作为一套信念体系，必须具有社会效应才行。因此，意识形态不能超出相关社会群体的平均文化水平，才可发挥最大价值。正因如此，意识形态通常表现为口号、座右铭、流行语，它更接近于一种修辞术。这种公式化、简洁化和修辞化是意识形态为取得社会效益所必须付出的代价，也是意识形态的第三个特点。

意识形态的第四个特点是，它与其说是一种设计、一种方案，不如说是人的寄身之所。这就是说，人寓居于意识形态之中，是从意识形态出发做判断的，而不是对意识形态做判断的。这就是说，意识形态不是一个主题。这也是马克思关于意识形态的判断的特点所在，因为马克思对意识形态的判断并非属加种差式的概念界定。所以，意识形态是非批判性机制。它意味着，我们的文化密码不可洞悉。而文化密码不可洞悉，恰恰是各色各样的社会福音从中创生出来的条件，是意识形态作为人的寄身之所的条件。

意识形态的第五个特点是不可洞悉性、非反思性，而这一特点意味着，一个彻底多元化的社会是根本不可能的，任何社会团体在自身的观念受到威胁之际，都会固执于一己之见，对边缘化的社会团体及其观念采取不宽容态度。也就是说，一个社会团体有关社会现实的经验如果不能为主导性观念所吸收，就会产生出一种掩饰现实的现象。所以，新事物只有立足于典型性，才可为人们所接受，而典型是在历史积淀中形成的。意识形态的这一特点似乎与我们前面提到的意识形态的第一个特点相矛盾，但这种矛盾可兼容于意识形态身上。毕竟，由于时过境迁，社会团体成立之初时的那些自我表达会固定下来，并会受到限定。因此，意识形态也是对现实的解释，并在解释现实时舍弃了一些解释的可能性。从这一意义上说，意识形态的一个重要作用是掩饰现实。尤其当意识形态的社会整合功能同等级社会中的统治功能结合起来时，掩饰的作用就显得尤其重要。

由于任何一个社会团体的建立都同权威息息相关，所以利科重点发挥了韦伯关于意识形态与统治及权威相关联的思想。任何一种统治都要求有合法性论证，不同政治体制的区别就在于不同的合法性。如果一种统治所要求的合法性同个人有关这种合法性的信念彼此吻合，那么这种合法性就与个人信念达到一种均衡。但是，统治所要求的合法性往往多于个人信念所认可的合法性。这种"多于"意味着，意识形态作为对统治的辩护，是剩余价值的延续。在这一点上，意识形态的颠倒性、掩饰性作用便愈发凸显出来了。

利科认为，马克思将意识形态概念狭义化了，因为马克思主要是从阶级和阶级斗争的概念出发的。但是，意识形态仅在特殊意义上才象征性地建构统治关系，它在普遍性意义上则象征性地建构社会关系。而且马克思继承的，是费尔巴哈的遗产，因而主要是从宗教这一特定意识形态出发的，而不是从意识形态的普遍性功能出发的。相反，法兰克福学派的批判理论认识到，科学技术同样起到了意识形态的作用。所以，意识形态的功能是可以同意识形态的内容彼此分开的。而承认科学技术可以发挥意识形态的作用，可以扭转马克思仅仅注重宗教作为意识形态所带来的理论不足，焕发出其他意识形态范畴的批判性潜力。

二、意识形态与社会科学

利科分析，意识形态之所以仅仅被当作虚假的意识，是因为人们将意识形态与科学对立起来。而意识形态与科学的相互对立的前提是，非意识形态性的科学是可能的。但是，这样一种科学仅仅作为实证科学才是可能的，而社会科学无法满足实证科学的要求。理论往往具有很强的解释力，却不可得以证实，或只可得以局部性证实。也就是说，理论的解释性与可证实性往往不可得兼。强调理论的现实性，并不能证实其科学性。另外，强调意识形态未能揭示其背后的动机，前提也是将意识形态的公开动机与其未得以意识的现实动机对立起来，或者说将意识形态的明确意识层面同潜意识层面对立起来。而这样一来，就转移了理论研究的层面，即从理性层面转移到非理性层面即无意识层面。这种理论层面上的转移反而揭示出，关于意识形态问题，可以在潜意识层面上进行科学性操作。

从马克思到阿尔都塞和韦伯，意识形态批判的发展脉络是，行为主体动机研究被代之以结构分析。这样一来，就排除了主体的因素，以至于意识形态的可证实性与可证伪性都遭到削弱。相形之下，意识形态批判的另外一条发展脉络是，意识形态的社会学研究同心理分析彼此交织。心理分析摆脱了实证主义角度，但同样削弱了意识形态的可证实性与可证伪性。这里的关键问题是，放弃实证主义的标准，也就意味着取消科学与意识形态的分野。所以，我们有必要进而在实证主义的标准之外探求科学与意识形态的关系，而这样一个角度就是科学的批判维度。至于批判能否持有非意识形态的立场，这一点是很成问题的。这里的问题之一是，将批判转变为斗争性科学，科学就有可能转变为意识形态。问题之二是，既然一个社会团体的自我表达是由那样一些阐释构成的，这些阐释是用来建构社会关系的，或者说社会关系本身就带有象征性，那么就不可能有什么象征化之前的社会现实，或者说我们不可能以非意识形态的方式谈论意识形态。所谓意识形态的掩饰作用，是象征化的次生事件。所以，我们没有必要探寻什么原本清晰可见、后来又变得不那么清晰可见的社会现实。问题之三是，绝对彻底的批判是不可能的，因为绝对彻底的批判意识来自于绝对彻底的反思，而绝对彻底的反思是不可能的。这又是因为，反思要么关联反思者自己的立场，要么关联一定的理论体系。无论是我们将自己的立场融入反思，还是从一定理论体系出发进行反思，都无法展开绝对彻底的反思。所以，反思无法胜任意识形态批判的任务。

由于斗争性科学不足以解释意识形态，所以曼海姆主张一种平和的科学，即知识社会学。他指出意识形态与现实之间的不吻合性，并说明意识形态与乌托邦截然相反。例如，意识形态由社会上层宣示出来，却受到社会下层的批判，而乌托邦是正在上升的社会阶层的主张；意识形态符合它所掩饰的现实，而乌托邦致力于粉碎这一现实；意识形态是向后看的，而乌托邦是向前看的，等等。曼海姆一方面批评马克思，未将意识形态批判应用于自己的理论，因而他的意识形态批判是不彻底的；另一方面认识到，韦伯的价值中立式社会学是虚幻的，因为任何观点都有局限性。但是，仅仅停留于曼海姆的这样一种认识，我们会陷入相对论。而这是因为，没有思想前提，就不会有问题，就不会有假设。意识形态彻底灭绝，意味着我们会一无所获。所以，我们与其说要拒绝意识形态，不如说要认识意识形态的思想前提。

因此，曼海姆区分开相对论与关系论，他不是将局部性意识形态纳入某种整体观，从而在这种整体观中赋予各种局部性意识形态以相对性的价值。也就是说，他不是从某种置身局外的角度出发，来评价各种意识形态的。只有置身涉及社会现实的总体观之中，才能确立总体观与各种局部性意识形态的关系，对各种意识形态做出时代诊断。这样，在总体观与局部性意识形态之间，便形成了一个解释学式循环。只是，为将各种意识形态综合成一种整体观，曼海姆寄希望于相对脱离一定社会阶层的知识分子，而在社会归属性上相对来说漂移不定的知识分子同样难于做到这一点。所以，利科认为，解决问题的出路在于解释学，因为意识形态是一种前见，而解释学研究的，是前见的前提条件。而且，解释学并不局限于某一主体的立场，因而可以对任何一种前见的前提条件保持距离。在整体性反思失效的情况下，涉及历史性理解的解释学不失为解决意识形态问题的一条出路。

三、意识形态批判与解释学

利科以哈贝马斯的意识形态批判为例，论证意识形态批判是历史境遇理解的组成部分。他认为，批判理论致力于揭示认识的旨趣。旨趣概念是针对所谓非旨趣性认识的说法而言的，而所谓非旨趣性认识的说法实质上是将旨趣隐藏在合理化行为的背后。哈贝马斯区分技术性旨趣、实践性旨趣与解放性旨趣，并认为技术性旨趣带来了现代意识形态，即以技术方式掌握对象的认识旨趣，它对应于经验分析性科学。实践性旨趣带来人际交往，并因注重对意义的理解而对应于解释学对文本的解释。它所针对的，是人际关系中的统治与暴力现象，即意识形态的来源。解放性旨趣存在于自我反思之中，并因此而对应于社会批判理论，因为自我反思针对的，是经验主体对经验性条件的依赖。上述对各种旨趣的分析为意识形态批判准备了条件，如促成了一种认识，即意识形态在批判理论中的地位，就相当于误解在解释学中的地位。关于误解，历史上的解释学认为，理解先在于误解，误解同质于理解。因此，理解可以通过对话来重构。而在批判理论的视角下，统治和暴力侵入交往领域，导致解释学所强调的语言被扭曲，只是这种语言中的扭曲现象不为社会成员所认识而已。像劳动、统治和语言的关系受到侵袭，就是意识形态的一个特点。但是，系统地扭曲了的交往不同于解释学所讲的误解，因而要理解系统地扭曲了的交往，就不能满足于对话，而要利用心理分析的成果。心理分析采取重新象征化的做法，即对原始情景予以重构。因此，哈贝马斯提出深层解释学的概念，认为要理解意义，就要通过重塑解象征化过程这一迂回的道路，因为这样才能在理解症候的同时，去发掘症候的原因。所以，利科总结，要理解意义，就要利用既不依赖于日常交往对话、又不依赖于文本解释的心理分析概念。

利科认为，旨趣是意识形态批判的基础，它建立在劳动、统治与语言的关系上。批判理论对旨趣的分析同解释学对前见的分析有异曲同工之妙。同样，交往中的扭曲现象是意识形态批判的对象，正如误解是解释学要消除的现象一样。只不过，解释学承认传统的权威性，并因此而对立于批判理论。对于解释学来说，批判理论的问题在于，解放性旨趣能否像解释学那样具有一种科学性？从解释学的角度看，解放性旨趣的宗旨是无限的交往，它也应当在交往中克服自身的抽象性。因此，从对批判理论的修正这一点上说，解释学的使命就在于，以自己的方式唤醒意识形态批判，即让人们认识到，只有立足于对文化传承的创造性解释，才能提出解放性构想，因为不接受传统，不解释往昔，就难于阐发解放性旨趣。因此，如果不是抽象地谈论解放性旨趣，而是具体地谈论解放性旨趣，那么解放性旨趣与交往性旨趣是彼此密切相关的。

利科赞同哈贝马斯的观点，认为传统的意识形态已经过时，因为科学技术已经取代了传统的意识形态。而这是因为，在现代社会，生产的源泉已经由剩余价值转变为合理性的自我生产。因此，社会系统的维持和发展需要得到维护和辩解。科学技术之所以成为意识形态，就在于它维护的是社会体系所必须的统治现象与不平等现象。由于技术性旨趣同实践性旨趣彼此分离，所以它针对实践性旨趣提出了合法性要求、交往性需求，科学技术作为意识形态致力于维护社会体系的权威性。而意识形态批判的宗旨就在于，针对技术性旨趣焕发实践性旨趣与解放性旨趣。

四、结论

利科认为，要实现交往，就要创造性地接受传统的遗产。而这是因为，任何知识都以知识对文化传统的归属为前提，而这种前提是我们无法彻底反思的。在我们同这种归属性拉开间距之前，我们已经置身文化传统之中，并接受了文化传统所附带的意识形态。所以，前见排除了彻底反思的可能性，也排除了非意识形态性知识的可能性。当然，意识形态批判以间距为条件。但是，间距从属于历史性，同文化归属性处于辩证关系之中。例如，所谓表述意味着，所表述之物落实在文本形式中。它脱离了表述者，要由接受者去把握。文本与表述者之间的这种间距是接受活动所必需的，而它也为意识形态批判提供了参照。我们可以这样来理解利科的意思：任何间距都是同自身的间距，或者说是同未得以自觉的自身的间距。意识形态批判伴随有自我理喻，而自我理喻就是在间距上同自身的关系。从这一意义上说，意识形态批判并不对立于解释学，而是内在于解释学。利科由此推出的结论是，意识形态批判只是在一定程度上脱离了自身的传统根源，因而它注定是局部性的、非整体性的。而这是因为，意识形态批判无法脱离解释学的条件,即间距是从属性的组成部分。意识形态批判的非完整性来自于理解的解释学式根源,意识形态批判不可取消人的从属性。遗忘这一点,意识形态批判会转变为虚妄的绝对知识,转变为意识形态。因此,利科认为,哈贝马斯关于旨趣的思想同解释学思想相吻合,由旨趣引导的意识形态批判无法取消批判者对文化传统的归属性。

利科还由此得出结论说,意识形态是不绝如缕的,因而我们对自身的历史实质保持间距、以便把握意识形态的实质,便成为当务之急。

第二节 阿佩尔的先验解释学

应当说,法兰克福学派更多地是一个总体上的称谓,因为在这一学派内部,各位思想家都有各自的具体思想取向,尽管他们各自的具体思想取向在总体上都符合批判理论的主旨。这种情况不但显示为,从早期批判理论到后来的批判理论,批判理论的总体思想取向已经发生了很大变化,社会批判的思想取向已经逐步过渡为社会规范建构的思想取向;而且表现为,仅就上世纪70年代以来的法兰克福学派而言,这一学派内部的思想家彼此间也呈现出一种彼此互补的现象。涉及批判理论与解释学的关系,他们的态度也是如此。例如,卡尔-奥托·阿佩尔就展现出同哈贝马斯不同的思想面貌。

一、先验解释学对哲学的改造

阿佩尔的代表作是两卷本《哲学的改造》。[①] 作为书名,哲学的改造意味着,将私人主体的先验哲学改造为主体间性的先验哲学。在《哲学的改造》第一卷中,阿佩尔在海德格尔的存在论解释学的影响下,对意义做出语言分析性批判。在第二卷中,阿佩尔围绕着交往共同体的先验性,为认识的先验性效益指出规范性方向。由于该书在国内的中译本由英译本转译而成,而英译本主要是选择该书德文原著第二卷的内容翻译而成,所以我们在利用中译本时,有

---

① Karl-Otto Apel: Transformation der Philosophie, Suhrkamp Verlag, Frankfurt am Main, 1973.

必要参考德文原著中未翻译成中文的文章，以便对阿佩尔本人的思想及其对解释学的态度形成更为全面的认识。

首先，哲学的改造是在一定理论背景下提出来的。这一理论背景是，哲学衰亡成为流行一时的观念。对此，阿佩尔指出，马克思提出过扬弃哲学的观念。而扬弃哲学，意味着世界的哲学化，世界的哲学化意味着人类交往共同体。而在今天，在人们的利益呈现为阶级与政党之争的情况下，仅仅由哲学家组成的交往共同体远未达到人类交往共同体这一理想目标，因而扬弃哲学尚无从谈起。也正因如此，今天的当务之急是，着眼于人类认识旨趣，对哲学做出符合人类交往共同体的改造。

其次，正如解释学不仅是对客观主义的批判，而且是对先验哲学的批判一样，阿佩尔的哲学的改造既改造了康德的先验哲学，又改造了现代先验哲学。阿佩尔认为，维特根斯坦的语言游戏与皮尔士的共同体观念改造了康德的先验哲学。皮尔士的指号学将主客体关系改造为主体、指号和客体的关系，并提出有关指号、解释项和对象之间关系的思想，认为解释项意味着指号指称的可理解性规则。这一规则由使用指号的主体共同体来解释和规定，因为规则具有公共性。共同体内部的指号使用者彼此之间保持一致，使确保了知识的有效性，因而共同体是个先验概念。阿佩尔利用皮尔士的共识理论和符号学思想，填补伽达默尔的解释学所缺乏的批判的标准尺度。只不过阿佩尔认为，这种先验指号学或者说先验语用学不能正确处理自然科学之外的关于主体间意义的经验。因此，阿佩尔要将其拓展为先验解释学。

阿佩尔的先验解释学的思想支柱是他关于科学共同体的思想，而这一思想受到波普尔、库恩和皮尔士等人的影响。只不过阿佩尔认为，唯科学主义有其局限性，因为哲学不可简单地归结为科学。正如阿佩尔所说："在一个'解释共同体'中，作为传统中介化的主体间沟通乃是一切客观知识（包括前科学知识）之可能性和有效性的先验解释学条件。"[①] 对于唯科学论的局限性，批判理性本身已经有所意识，即认识到批判理性并非建立在主客关系基础上，而

[①] 卡尔-奥托·阿佩尔：《哲学的改造》，孙周兴、陆兴华译，上海译文出版社2005年版，第127页。

是建立在主体间关系基础上；不是建立在对象的科学技术性客观化这一基础上，而是建立在人际共识与交往基础上。更重要的是，唯科学论的局限性还为欧洲大陆思想界对说明与理解的区分所揭示出来，正如我们在前文所揭示的那样。因此，阿佩尔还接受了另外一条思路的影响，这就是海德格尔和伽达默尔的现象学和解释学思想，而现象学和解释学思想是阿佩尔用来克服唯科学论的。

二、批判理论对解释学的补充作用

海德格尔用现象学改造传统形而上学，显示出同科学技术观的思想差距。在这一点上，海德格尔的思想同批判理论的思想是一致的。伽达默尔进而将真理同传统的精神科学的方法对立起来，认为理解作为传承史事件，并不取决于合乎方法的对象化做法。而且，由于传统的精神科学方法追问的是"什么"，而解释学式理解追问的是"何以"，所以解释学式理解为传统精神科学方法奠定了基础。阿佩尔认为，由于解释学式理解是主体间的相互理解，主体间的共识为主客体认识奠定了基础，所以在解释学视角下，移情等心理现象与审美现象可以被当作解释学式理解的次生现象，因为移情现象仅仅存在于主体间理解尚未完全被主客体认识取代之际。由于没有充分的理由，目的合理性便无法得到认识，所以价值中立的科学性观察和说明是无法取得独立地位的。同时，认识的旨趣不可归结为科学性事实，因为科学性认识所蕴含的认识旨趣来自于意义的建构。最重要的是，解释学式理解并非诸种认识方式中的一种，而是人的存在方式。从这一意义上说，解释学式理解较之任何一种认识方式更为本原。

解释学式理解的重要性还在于，用科学的客观性来衡量解释学所追求的真理，并不可取。这是因为，解释学式理解的主体不同于科学性描述和说明的主体。它并不是纯意识性主体，而是海德格尔所讲的缘在。相对于缘在来说，真理不是客观性认识，而是意义的绽露。伽达默尔讲求视域融合，就是因为在视域融合中，原先被遮蔽的真理可以绽露出来，经过融合的视域可以解蔽更为广阔的意义。但是，阿佩尔反对伽达默尔关于往昔与当今彼此中介、理解与应用相同一的看法，因为阿佩尔认为，理解与应用相同一，会导致我们为当今的目的而去利用往昔。在这一点上，正像伽达默尔所回复的那样，阿佩尔显然误解了伽达默尔,因为伽达默尔并不认为,我们是在当今的给定境遇中应用以往的理解,而是认为,理解本身便带有应用的成分。这就是说,当今的理解不可避免地带有对以往的理解的应用。造成这种误解的原因在于,阿佩尔将应用误认为有意识的应用了。尽管如此,阿佩尔担心,理解与应用彼此联系,会导致意识形态的后果,是有其道理的。阿佩尔还认为,对话无法澄清个人或集体的意向,在这方面能够起作用的是心理分析,因为心理分析促成自我反思和自我认识。

正是出于这种考虑,阿佩尔用深层解释学来弥补伽达默尔的解释学,因为解释往往含有前交往性动机,而这一动机是通过各种潜意识症候宣泄出来的。它无法单纯靠解释式理解来把握,而需要心理分析式说明来挖掘。就此而言,心理分析式说明是对解释学式理解的深入。说明与理解并非彼此对立,而是相互补充。同样,像心理分析一样,意识形态批判也可起到补充解释学的作用,因为解释是一种对话和交往,而在政治等因素的影响下,对话和交往容易落入纷争。在这种情况下,意识形态批判可以采取对象化的态度,从而避免伪交往现象。从这一点上说,阿佩尔像哈贝马斯一样,对伽达默尔提出了建设性的批评意见。

阿佩尔分析,伽达默尔悬设了完全性前把握,也就在普遍认可的意义上悬设了有关真理的共识。而这一点造成了文本的权威性,并构成了文本阅读和解释的出发点,以至于在理解不成功的情况下,责任仅仅归咎于阅读者这一方。而在阿佩尔看来,理解不成功,意味着我们有必要转而采取说明的方法,以此作为对理解的补充。也就是说,通过揭示和说明作者的动机,读者可以发现作者在自我理解方面的局限性,从而做到比作者更好地理解作者。这意味着,阿佩尔消解了伽达默尔造就的文本的权威性,并将伽达默尔排斥的说明方法纳入文本阅读和解释的过程中来。阿佩尔在这一点上同伽达默尔有分歧,是因为他采取了与伽达默尔不同的视角。伽达默尔注重传统,相当于持一种往昔目的论。因此,他强调理解相对于解释占有优势,认为在理解的过程中,被理解物占支配地位。相反,阿佩尔从先验解释学设定的未来目的出发来描述理解过程。所以,阿佩尔讲求的共识,摆脱了伽达默尔牢牢把握的传统。而摆脱了对传统的依赖,也就消解了理解相对于解释的优先性、被理解物相对于理解的优先地位,为发挥说明的作用留下了余地。阿佩尔转换视角,是同批判理论相对于解释学转换视角相吻合的。

阿佩尔意图用先验解释学来重构实际性解释学,也就是用先验性解释共同体来重构伽达默尔的事实性解释共同体。但是,先天性的现代意蕴毕竟不同于其在近代的意蕴,现代意蕴中的先天性是联系着历史性的。所以,阿佩尔一方面赋予先验共同体以终极信念,并赋予这种终极信念以规范性作用,另一方面将这一共同体予以历史化,从而用规范性来协调先天性与历史性,以便达到规范性观念指导下的解释学的普遍性要求。从这一点上说,阿佩尔虽然像伽达默尔一样,宣称解释学具有普遍性,但他们的理由彼此不同。伽达默尔怀疑解释学对话能否达到理想模式,怀疑这种合理性要求能否与进步观念相联系。他虽然通过完全的前把握来努力实现理想化的理解结果,但他反对在理解的终极性上作总体性把握。因此,解释学经验的本质是效应史支配下的无尽性理解。也正因如此,伽达默尔高估了语境的效应史作用,低估了理解过程所受到的限制。而阿佩尔认为,解释学式理解隶属于在理想性交流共同体中达到共识这一规范性理念,因而要用共识这一规范性理念取代伽达默尔关于非终结性共识的观念。为此,要补充实际性解释学在论证理论方面的空白,才能实现对理解的规范性要求,因为完全的前把握只是一个理论悬设,而只有意识形态批判的反思意识才能把握陈述的普遍有效性要求,从而实现终极性论证。因此,在阿佩尔那里,解释学经验的本质是反思。也正因如此,阿佩尔高估理解过程所受到的限制,低估语境的效应史作用。

尽管在阿佩尔与伽达默尔之间存在着思想分歧,但在面对解构主义思想提出的挑战时,他们又是一致的。例如,伽达默尔、哈贝马斯和阿佩尔都要确立完整的意义统一性,并认为普遍主义具有代表性。而德里达和阿多诺否认完整的意义统一性,怀疑普遍性,认为基本共识实际上并不存在,误解相对于已然形成的理解来说才是基础性的。因此,尽管解释学认为,理解就是不同的理解,也就是误解,但它仍然追问,在前见的支配下,融入语境的理解是如何可能的。而解构主义在强调理解必然是误解时,它追问的是,融入语境的理解如何是不可能的。在解构主义的视域下,由于语境是开放性的,所以基于延异的作用,语境的关联性不仅限定了符号的意义,而且破坏了符号的意义,以至于理解从一开始就注定是失败的。所以，从面对解构主义的挑战这一点上说，阿佩尔与伽达默尔和哈贝马斯一道，共同肩负着建构同一性意义的使命。

三、解释学对批判理论的补充作用

阿佩尔认为，精神科学的作用不但在于，为科学技术生产力注入活力，而且在于，深化公众对意义的理解。针对所谓的后意识形态的说法，批判理论对工具理性做出了批判。哈贝马斯区分三类认识旨趣，认为经验分析式自然科学的认识旨趣致力于掌握客观对象化过程；解释学式精神科学的认识旨趣致力于达成人际共识，并在交往中开启意义的世界；批判理论的认识旨趣可称为解放性旨趣，它要对经验分析式科学的结论做出哲学性反思。阿佩尔认为，解放性旨趣需要一个解释学的角度，即主体间共识的角度，以便将人从受到客观性处理的客体的地位中解放出来。由此可以引申出来的结论是，经验式认识旨趣与解释学式认识旨趣都是解放性认识旨趣的必要组成因素。这一是因为，掌握自然对象，本身就意味着人的解放、并构成人的进一步解放的前提。二是因为，精神科学不像自然科学那样，仅属于科学家共同体的事情，而需要广泛的公众来接受。这就是说，精神科学涉及价值问题，而价值问题需要解释学式共识与批判理论来接受。在这一接受过程中，批评者作为独立的主体，既要自由地表达意见，又要充分尊重对方的论据。就此而言，科学不是价值中立的，而带有最低限度的伦理因素。

阿佩尔批评哈贝马斯将认识与旨趣等同起来的做法，认为在实践性认识旨趣中，理论性反思与实践性旨趣是彼此对立的两极："要求具有普遍性的反思虽然也可声称，自己具有解放性认识旨趣，但它只是具有一部分解放性认识旨趣而已。这一部分解放性认识旨趣，人们可称之为：对任何信念予以非教条化和批判的旨趣……简而言之，它具有的那一部分解放性认识旨趣，令科学无论具有哪些启迪性的热情，都要去关涉自身作为科学的合法性。"[①] 从阿佩尔的这一认识中可以看出，他将批判理论的解放性认识旨趣限定在对世界的解释

---

① Karl-Otto Apel: Transformation der Philosophie, Bd. II, Suhrkamp Verlag, Frankfurt am Main, 1973, S. 153.

上，而未将其扩展到对世界的改造上，尽管他无意将理论与实践完全区分开来，反而认为理论与实践是彼此中介的。而阿佩尔限定解放性认识旨趣，显然是想借此排除批判理论的意识形态嫌疑，以便保持其为科学理论。

阿佩尔固然认为，理论反思以实践为中介，以人同世界的亲身接触为中介，但他把语言当作这种亲身接触的媒介："在如此贴近精神的语言中，亲身实践对意识做出了特定的中介。"① 阿佩尔形成这一认识，一方面是因为，他认为人与物的真正存在都不在于天然之物、自然之物，而在于它们存在于对话之中，以语言为媒介的对话将人与物联系起来；另一方面显然是因为，他受到伽达默尔解释学思想的强烈影响。在这段引文前，阿佩尔着重论述了伽达默尔的解释学思想及其语言观，尽管这篇文章的题目是《反思与物质实践》。② 显然，阿佩尔心目中的批判理论已然不同于经典性的唯物主义思想，他想用解释学来补充批判理论的思想，而这种做法同他从先验解释学出发来改造哲学的宗旨是一致的。

第三节　费加尔的解释学哲学

今天在德国学术界从事解释学研究的学者，大多是海德格尔与伽达默尔的亲传弟子或再传弟子。因此，在今天的德国，解释学依然是沿着伽达默尔指出的方向发展。只是在经历了半个世纪的发展之后，今天的解释学家可以参考利科、德里达等人的思想，丰富对伽达默尔思想的阐释。套用解释学的话语来说，他们阐述伽达默尔的解释学思想，或许比伽达默尔本人阐述得更好。像弗莱堡大学的君特·菲加尔教授作为这一学术思潮中的一位代表人物，就对解释学思想做出了富有特点的阐述。

---

① Karl-Otto Apel: Transformation der Philosophie, Bd. II, Suhrkamp Verlag, Frankfurt am Main, 1973, S. 24.

② 参见 Karl-Otto Apel: Transformation der Philosophie, Bd. II, Suhrkamp Verlag, Frankfurt am Main, 1973, S. 9 – 28.

一、哲学解释学与解释学哲学

虽然解释学从一开始就探讨理解和解释的问题，但只有在精神科学兴起的背景下，解释学才真正形成。这是因为，对理解的把握直接关联精神科学的本质。因此，只有在精神科学兴起的背景下，理解才成为不局限于个别学科的普遍性问题，解释学才不再局限于一门关于理解的技艺的学说。接下来，伽达默尔将普通解释学发展为哲学解释学，为解释学思想的进一步发展奠定了一个新的起点。在这一新的起点上，菲加尔等人进一步将哲学解释学发展为解释学哲学。

菲加尔认为，伽达默尔并未从语言的特点及言说者与倾听者之间的关系出发，对理解的规则予以形式性探讨，而是像狄尔泰那样，促成了精神科学的自我意识。伽达默尔否认可以从受自然科学支配的科学性出发来理解精神科学，认为在方法论上用自然科学的理想来把握精神科学，便无法把握精神科学的独特性，因为精神科学的真理是一种艺术、历史和哲学的真理，这种真理不可为科学性所证实或证伪，而只能靠经验来获取，而这种经验是不可为科学性所替代的。哲学就像艺术一样，要靠历史性观念来认识。伽达默尔就是借助于这样一种对经验的认识来确定精神科学的实质的。他认为往昔与当今的意识彼此之间是断裂的，而这种断裂恰恰是经验的形成条件，即它有助于我们确定传统。而且，传统不可依靠人自身的力量来接续，因为每一次的经验都彼此不同，这才是经验的真理。所以，伽达默尔所瞩目的，不是认识，而是面向经验的开放性。经验的可能性同时就是确定这种经验之实质的可能性，而这样一种哲学之思就是哲学解释学。[①]

伽达默尔并未声称，哲学解释学是一种哲学，因为它并不涉及概念、结构和最终论证，即不要求科学性。而这是因为，伽达默尔对科学性抱怀疑态度，《真理与方法》就是对方法论意识的批判。伽达默尔追求的，是超越科学方法的真理。只不过这种真理观区别于解构的观点，因为解构的观点消解了历史传

---

① 参见 Günter Figal, Gegenständlichkeit—das Philosophische und die Philosophie, Mohr Siebeck Verlag, Tübingen, 2006, S. 5 – 9.

承以及同一性观念。而伽达默尔坚持历史传承以及同一性观念,反对将概念分解为无尽的语言符号。从这一意义上说,解释学不属于后形而上学,反而接近于形而上学。但是,就像伽达默尔的思想与后现代性思想之间是一种断裂关系一样,它与传统之间同样是一种断裂关系,尽管从表面上看,伽达默尔对传统很"友善"。① 伽达默尔反对幼稚的连贯性思想,主张不经历同传统的断裂,也就无法真正体验传统。而这是因为,现代思想是在古典哲学概念框架内同古典哲学的断裂。但是,现代思想既无法证实也无法证伪古典哲学,因而传统与现代性之间呈现出一种张力关系。哲学解释学就是对这种思想境遇的反应,它反应的是历史性连贯性与历史性断裂之间的张力、历史性传承与历史性间距之间的张力。

解释学是哲学式的,却不仅仅是哲学而已,因为解释学不是纯粹的理论,而是对特殊性的理解。解释学的任务不局限于哲学,而同样面向精神科学和艺术体验,因为解释学致力于理解的能力。至于哲学,则是解释学的方式方法。从这一意义上说,解释学需要哲学因素,哲学解释学也有必要发展为解释学哲学。事实上,这一点也体现在伽达默尔关于解释学存在论的论述中。解释学不是要处理理解与世界的关系,而是要处理需要理解的世界,即世界何以成为可以理解的世界:世界展现在语言中,世上的相遇也展现在语言中。这样一种哲学的概念没有具体内容,它要将完整的世界展现出来。

从哲学解释学到解释学哲学,都关联着现象学。世界作为被解释物,是一个现象,解释也是一个现象学过程。解释学经验需要以现象学的方式得以描述,解释学就是现象学思维的模式。现象学并不是一种局限于特定领域的哲学,而是一种方法,一种从事实和问题出发的方法。海德格尔从一开始就没有将现象学当作一种理论,而是将其当作一种理解意义上的解释学式直觉。海德格尔将理解当作时间性的,伽达默尔进而将理解当作历史性的。理解遵循着传统的效应史,以至于个人意识实质上是前见。由于解释学是历史性的,而现象学是非历史性的,所以在解释学的历史给定性与现象学的无条件性之间,原本

---

① 参见 Günter Figal, Verstehensfragen—Studien zur phänomenologisch-hermeneutischen Philosophie, Mohr Siebeck Verlag, Tübingen, 2009, S. 1 – 10.

似乎是没有通约性的。因此，利科将现象学置于历史性生活之中，在解释学中着重突出了现象学动机。① 而解释学的现象学动机，伽达默尔也已有所涉猎。在他看来，即使理解是时间性的，它也要指向文本，把握文本的结构，并一再开始新的理解，因而理解并不仅仅被卷入时间当中。作为解释学经验的两重因素，文本与解释彼此关联。文本在解释中才能呈现出来，不经过解释，文本便无法获得现时性。而解释指向的，则是文本。因此，解释学经验具有反思的特点：对文本的体验取决于解释的可能性，而解释的可能性取决于文本；所谓理解，就是从解释角度把握文本，并从文本角度把握解释；由于存在着其他的可能的解释，所以文本的现实性是一种现象学式显现；文本的显示程度由解释的程度而定，而文本的显示程度同时决定了解释的程度；显示者与解释者虽然并不彼此融合，却相互补充；文本是显示给解释者的，是按照解释者的要求显示出来的，因而也是自我显示给解释者的；解释既意味着展现文本，也意味着文本的自我展现。这就是解释学不把文本当作对象来看待、而是将其当作自我呈现来看待的原因。这种自我呈现实现在解释的过程中，呈现者与自我呈现是一体之两面。这一点回复到胡塞尔的现象学观念中去了，尽管海德格尔最初的解释学观念有别于胡塞尔的现象学观念。由于解释关联被解释物的待解释性，所以解释学就是解释现象学。

海德格尔认为，存在论转向只有作为现象学才是可能的。上述内容涉及解释学与现象学的关系，为哲学解释学在伽达默尔存在论转向的基础上发展为解释学哲学奠定了条件。伽达默尔的存在论是语言存在论，它讲的不是语言的规定性，而是从语言出发的存在的规定性，即通过语言表现出来的现实性。它意味着，事物的存在即事物的可通达性，而可通达性是一种现象。伽达默尔的存在论转向意味着，语言不是事物的可通达性，而是事物的可通达性这样一种存在。所以，可理解的存在即语言。这样看来，在语言的基础上，伽达默尔已经为哲学解释学发展为解释学哲学奠定了条件。

---

① 参见 Günter Figal, Verstehensfragen—Studien zur phänomenologisch-hermeneutischen Philosophie, Mohr Siebeck Verlag, Tübingen, 2009, S, 177 – 189.

二、实际性解释学与语言存在论

海德格尔对胡塞尔现象学做出的思想转向,以实际性解释学为标志。它侧重缘在或生存的事实性、不可预见性,而不是普遍性我思。缘在不是理论对象,而是生活。生活的意义在于现时性,它要么是开放性的,要么就沉沦入自我的晦暗不明当中。而伽达默尔讲的实际性,指的是缘在的无可论证性和无可引申性。其含义是,伽达默尔将历史性存在的给定性当作哲学的存在论基础,借此赋予传统以合理性。而只要历史作为传统是给定的,则缘在的事实性就是无可论证、无可引申的。因此,伽达默尔放弃了海德格尔的自我澄明的观念,认为历史性存在不会归于关于自我的知识。真理是通过传承赢得的,我们所经验之物即历史性实体的效应。从这一点上说,伽达默尔讲的历史传统,就是黑格尔讲的实体。只不过,它作为自在,不会转向自为,而是无穷无尽的。这样,伽达默尔采取了同黑格尔相反的路径,即从主体走向实体,自我澄明转变为对与无知无觉的存在之关联的认识。①

这样,伽达默尔从海德格尔的自我阐释中发挥出自己的独到思想。解释隶属于人置身其中的传承,理解本身就是传承事件的因素。人从传承中了解自己的理解的可能性,就在应用中将流传物继续流传下去。由于真理并不存在于断裂性之中,而是存在于连贯性之中,尽管这连贯性要历经断裂性,所以伽达默尔提出视域融合的概念。视域的多重性指向当今与往昔的区别,视域融合是历史性自我意识的条件。视域融合为效应史意识所依赖,不同的视域又不断为效应史意识所扬弃。解释学致力于揭示效应史意识,效应史意识本身就属于历史事件。效应史是传承下来的文本的历史,也是对文本的理解的历史。历史事件不能凭借知识来把握,而要靠语言来确定,因为知识本身就从属于作为事件的语言。因此,伽达默尔依据对文本的理解来阐述理解与解释的现象,哲学解释学的核心是对语言的思考。由于思维包裹在语言中,语言不是思维的对象,不可以在一定距离之外加以描述。伽达默尔通过语言中流露出的对理解的体验来

---

① 参见 Günter Figal, Gegenständlichkeit—das Philosophische und die Philosophie, Mohr Siebeck Verlag, Tübingen, 2006, S. 10 – 16.

理解语言的存在,或者说来理解语言这种存在。

　　伽达默尔的哲学解释学蕴含着存在论转向,即从文本解读方式向文本存在方式的转向。文本有待于解释,就是在提问,而解释作为回应绝不是开始,因为言说以有所言说为前提,回答是对提问的回答。提问与回答处于一定境遇中,如果不是从言说角度来理解语言,而是从问与答的角度来理解语言,则提问中蕴含着可进一步言说的内容。至于回答,则是对可进一步言说的内容的确证,是在提问留出的回旋余地(游戏空间)中做出的选择。问与答相互隶属,它们都是作为事件的语言的因素。出于同样的道理,文本与对文本的解释也相互隶属,它们同为语言事件的因素。因此,伽达默尔认为,文本的解释与文本的展现没有实质性区别。他的意思是说,文本意义的自行呈现同文本意义由解释展现出来没有区别,因为解释对准的,是提问背后的意义。语言作为事件,其实质是意义事件,而意义构成言说的视域。任何言说都带有未予言说的内容,同未予言说的内容构成一个整体。未予言说的内容存在于有所言说的内容的现时性之中。对文本的理解即对文本的视域的理解,以至于有所言说的内容与未予言说的内容之间的差别可以为文本理解所忽略。尽管意义视域是无限性的,但对于唯一性的解释者而言,意义视域是唯一性的,因而解释者就是在唯一性视域这一回旋余地(游戏空间)中解释文本的。

　　意义不同于言辞,意义是言辞与事物的汇合。意义与言辞彼此间不是内与外的关系,言辞的意义就是事物的意义,可理解之物的存在就是那种落实为言辞的理解的存在。所以,可以理解的存在就是语言。语言是对话,而在对话当中,重要的不是对话伙伴,而是对话涉及的事情本身。对话愈是真实,就愈是不依赖于对话中任何一方的任意性。否则的话,对话就成为独白了,甚至成为权力之争了。所以,对话是无法操控的,对话者不是对话的引导者,而是被对话所引导者。倾听与表述同为对话的因素,它们确保了对话的开放性。在对话当中,对方的意见不可归结为对方的主观意图,而要归结为它对对话起到的作用。因此,伽达默尔反对浪漫派解释学,因为浪漫派解释学过分拘泥于人物,即过分倚重对话中的对话者。也正因如此,伽达默尔反对哈贝马斯讲求心理分析的做法,因为心理分析将对话归结到对话者的主观心理上去了。伽达默尔认为,对话不是指我们对事情做什么,对话是事情本身的作为。不是我们在言说语言，而是语言自身在言说。

伽达默尔认为，只有听任事情本身，即采取泰然处之的态度，而不是将事情当作对象来外在地认识，理解才是可能的。理解总是有所不同的理解，文本总是随理解而发生偏移。实际性解释学具有双重意义：对缘在的实际性解释本身就带有实际性特点，而这本身就属于实际性解释学。同时，缘在的实际性仅存在于被解释之际。解释与实际相互解释，缘在的理解就是理解着的缘在。哲学无非就是解释学，因为它不是将缘在当作对象来把握，因此才开启了可能的意义。出色的文本不会固定为一种言论，而总是面对新的解释，并存在于传诵与阅读之中，而传诵与阅读则存在于文本的游戏空间之中。伽达默尔的效应史观念对实际性解释学的贡献是，它用传承性事件和现实性理解取代了海德格尔的纯进程性真理。凡传承不复理所当然之际，当今的理解的视域便从传统的视域中分离出来，并在可能的情况下再度融合。由此，伽达默尔将海德格尔的实际性解释学发展为以文本为取向的解释学存在论。①

三、理解与解释

菲加尔认为，解释出现于文本理解的困难之处。而之所以出现理解的困难，是因为文本表述的语境不符合文本接受的语境。因此，今天处于解释学的核心地位的，不是解释的问题，而是理解的问题。理解的条件是，理解者与被理解者组成一个共同的精神世界，如同我与你的关系、现时与往昔的关系。这样，理解者不再是认识主体，而是融入传承的因素，而被理解者呈现出的他在性，同样融入理解的过程。但是，理解不仅是融合，因为被理解者依然保持为自身，在一定距离上与理解者遥遥相对。因此，理解既不仅仅是吸收，也不仅仅是投入，又不仅仅是融合。再有，按照伽达默尔的认识，理解同样不是批判性的，因为伽达默尔维护理解与历史的关联，维护前见。针对伽达默尔的这种认识，哈贝马斯讲求反思和理性批判。伽达默尔与哈贝马斯的争执涉及他们对对话的不同理解。伽达默尔认为，对话是同承载往昔与现今的传承对话，而传承的前提是，传承是已然得到理解的。相反，哈贝马斯要对未经解释学质疑的

---

① 参见 Günter Figal, Der Sinn des Verstehens, Reclam Verlag, Stuttgart, 2006, S. 32–45.

传承之前提做出批判，他提出深层解释学，不是要取代通常的理解，而是要校正通常的理解，因而这种深层解释学是解释学式的，尽管哈贝马斯反对解释学的普遍性。因此，伽达默尔与哈贝马斯的争执是解释学内部的争执。利科将他们的争执称为解释的冲突，并致力于寻找这两种思想的互补性。他提出批判性理解，批判性理解有助于人进而阐发理解的观念和批判的规定性，因为批判性理解来自于一种怀疑，即怀疑通行的理解是否可信。但是，这不是笛卡尔式怀疑，而是解释学的结果。一般来说，对事物的存在虽可怀疑，但对于事物呈现于意识之中，却是无可置疑的。只不过，凡呈现于意识当中的，都是经过扭曲的，因而不同于原物，原物必定不同于其呈现于意识当中的样子，这样才有其真实性。因此，呈现于意识当中的，是假象，是生命力创造出来的。对于批判性理解持有的怀疑态度来说，假象同事物不相符合。深层解释学也持这样一种解释学式怀疑态度。从这一意义上说，深层解释学也属于解释学。

另外，尽管简单的理解无需解释，但复杂的理解则需要解释。解释是文本的一种可能性，正如文本也是解释出来的一种可能性一样。文本的可能性只有借助于解释才会变成现实性，尽管现实性不可能穷尽可能性，因为总有其他解释的可能性，文本本身比其现时性更为丰富。由于任何解释都是有限的，都有待于进一步的解释，所以解释需要反思。文本与解释起到相互反思的作用，因而反思本身就属于理解。经过反思的理解区别于通常的、未经反思的理解。批判性理解之所以可能，就是因为批判来自于反思，取决于反思。批判是一种解释学立场，任何一种解释之外都有其他可能的解释，所以解释本身就需要经受批判，各种解释的区分来自于批判的分辨力。但批判难以区分真正的理解与表面上的理解。只有当批判不是对准理解，而是对准理解的内容，即当批判内在于理解时，批判才会发挥效力。批判可以将文本的不连贯之处连贯起来，这样不但成全了文本和解释，克服了怀疑，而且这种批判同时是对批判的拯救。

按照尼采的认识，解释是人支配外物的工具，因而解释具有暴力性特点。解释是权力意志的活动，它将外界事物转移到人的认识领域中来，因而世界是人解释出来的、创造出来的。由于个人彼此之间隔着一条鸿沟，所以理解与解释正确与否，并没有标准。解释与被解释者的实质并无关联，解释只是宣称，解释出来的就是实质。尼采的看法有其道理，因为阅读文本时，文本的意图实际上来自于读者。而这是因为,对文本意图的关注,实质上出自于读者自己的意图。但是,尼采忽略的是,解释固然注重价值而忽略事实,解释也确实往往出现于事实不明确之际,因而人仅在做解释时才接触事实。但是,细节性事实关联文本的整体性,文本的整体性为对细节性事实的解释圈定了范围。而这种整体性仅出现于说者与听者、文本与阅读共同投入之时。从这一意义上说,事实并非简单得只是解释出来的而已。另外,解释像翻译一样,是一种中介。作为一种翻译,解释意味着有所改变。它改变了目标语言,因为目标语言增加了原先没有的内容和表达,使得原始语言中的内容经过变化才保留下来了。

解释具有双重意义,一是演绎,二是解释。文本未得到阅读,即未得到演绎,便不是现实的文本。而对文本及其演绎的理解,来自于解释。因此,没有演绎,就没有解释,而没有解释,演绎就没有方向。演绎与解释的共同之处是,文本只是一种潜在的存在,只有在它被理解为有可能是别的什么时,才会从可能性变为现实性。而这一点是因为,解释也是表现。表现赋予被表现者以现时性,而这种现时性并非被表现者与生俱来的。这就是说,由于表现的作用,被表现者获得了更多的存在。这更多的存在是在表现中被发现的,且承载着表现的。这样,解释不是尼采意义上的随意性的,而是附着于文本的。不同的解释虽然以不同的方式让文本存在,但它们指向的,都是同一个文本。这一方面的实例是,解释如果偏离了文本,就会受到批评。

四、有限的理性与自由的文本

菲加尔的一个明确认识是,解释学的出现有一个背景,即哲学原先追求智慧,而后来智慧却为谦逊所替代,因为所有的哲学问题都业已提出,并已经得到过相当程度的回答。另外,鉴于思维关联语言,认识关联认识角度,所以涉及普遍性的要求越来越少,以至于最终性论证都是以自身为根据的。在这种背景下,解释学认为,理解以语言为媒介,是具有特定角度的历史性认识。理解无法对自己置身其中的背景形成全面认识,只有可能做出有限的表述。而解释学承认思维与认识的历史性,承认其语言相关性,恰恰是解释学的说服力所在。解释学的任务是,虽然说没有什么思想是全新的,但思想必须经过今天的不同表述,而不能一味重复。认识变换视角,并不代表认识的相对性,因为不同视角彼此间可以建立起联系。理解的这种境遇表明,理性有其界限,解释学是有限理性的哲学。而有限理性的哲学之所以表现为解释学,则是因为,文本解释作为一种认识模式始终是有效的。这种认识模式既涉及对文本的解释,又涉及历史传承,因为历史传承主要是靠文本来传达的。而为了理解起见,也有必要阐明文本解释的实质。关键在于,解释学提出有限理性的概念,揭示出理性在其限界内的可能性,而这才是哲学的使命所在。追问有限理性的概念,即追问有限理性的意义。这既涉及理性的根据,即理解到底是怎么一回事,又涉及理解的行为,即理解到底是如何发生的,以至于它是有意义的。

以文本解释为例来说,一方面,文本只是文本解释的前提,文本解释所提供出的,不是文本本身,而是文本的显现,它来自于解释者对文本的理解。解释者要做得比前在文本更多,并有所不同才行。文本的可理解性就呈现在这样一种解释中,而任何其他解释都在解释者的界限之外;另一方面,文本毕竟是文本解释的前提,解释的意义在于发挥文本固有的意义,因而文本解释隶属于待解释文本的框架,解释要联系前在文本来阐明对文本的理解。一方面,文本不是单义的;另一方面,解释者不可杜撰。所以,文本以其多义性供人理解,是解释者有所表述的条件;而如何理解文本,则是解释者自己的事情。文本愈是层次复杂,它对解释者的解释愈没有约束力。而且,待解释的文本不可一劳永逸地解释完,而允许无尽的解释。各种解释是彼此不同的,却因关联同一文本而彼此联系。这里没有对错之分,只有澄明与不甚澄明之别。而澄明的解释揭示了文本对解释的约束力,并为其他进一步的解释提供了参考。

文本的多义性及其非封闭性带来了文本的自由,即文本的可解释性空间,或者说解释的自由空间。但是,文本的自由受到历史性限定,因为文本隶属于时代语境,要根据时代语境来理解和解释。反过来说,由于历史性通过文本才可理喻,所以文本的可解释性的空间也是历史得以展现的空间。文本的历史性自由既意味着历史性的自由,又意味着人历史性地面对历史的自由。由于文本既提供、又限定了解释的游戏空间,所以解释者的自由实际上是文本的自由。在文本的历史性自由中,既有时间性因素,又有超时间性因素。这种超时间性因素指的是从时间性向现时性的指向,而这种现时性才是理解的意义所在。否则,理解就成为支离破碎的而无从谈起了。现时异质于时间,时间与现时的张力不可解除。正是在这种不可解除的张力关系中,时间与现时构成了理解的历史性自由。也正是由于时间与现时的关系不可采取单一的方式确定下来,所以解释学构想才具有多样性与多样性彼此间的互补性,否则解释学就只剩下一种构想了。

费加尔总结,对于理解中容纳的时间与现时彼此间的关系,总体上有三种理解。首先,伽达默尔持效应史的看法:理解与解释不仅维持于文本的自由空间之中,而且表露了文本所隶属的传统。传统的断裂令传统呈现为陌生性的,即呈现为以往历史的产物。而传统的历史化是理解的前提条件,它带来了与流传下来的文本对话所需要的间距。在这一间距上,文本理解总会发现已理解之物,而且会一再重新发现已理解之物,这就是效应史的含义。在效应史中,时间容纳现时,断裂中呈现出持存。经过历史化的传统成为理解中的传承,即持存的现时。历史化的时间因素与持存的现时因素并存,使得我们不可能完全洞悉历史传统。但是,这并非缺憾,因为可以完全洞悉的传统意味着传承的终结。相反,传统既限制理解的空间,又释放理解的自由,反而为理解提供了在断裂性中追求连贯性的游戏空间。其次,尼采持透视主义看法:历史只有借助于理解的行动才可呈现出来,而理解的行动并非仅仅表现历史联系而已,而是发明了这一联系,因为它体验到历史的不可穷尽性,而历史的不可穷尽性是一种历史的陌生性。这种历史的陌生性造成的结果是,现时无从体会,因而只剩下整合的做法,即把历史整合进当下,以当下为现时。这种从当下透视出来的历史迥异于效应史中的历史连贯性。再者,本雅明持星丛的看法:文本与解释位于星丛之中,互为依赖,展现出单凭任何一方都无法展现出来的内容。固然,解释为文本的呈现创造了空间,但这种空间只有在文本允诺解释以意义时才是可能的。文本并非随时允诺所有解释以意义,而需要文本与解释的同时性。这样,它在令时间失去意义的同时,令现时性得以体验。由于现时的作用,历史成为现时的时间性表露。这种看法不是将传承之物转变为自身之物,而是将自身纳入现时性之中,认为只有传统的断裂才能表现现时,只有依靠顿悟才能体验自由的空间。①

---

① 参见 Günter Figal, Der Sinn des Verstehens, Reclam Verlag, Stuttgart, 2006, S. 23–31.

费加尔本人显然认可第一种理解，即效应史的看法，因为在他看来，星丛的看法会割裂传统的连贯性，令人无法体会自身的文化归属性。透视主义的看法将现时归结为当下，便错失了历史传承的作用。而效应史的看法之所以可取，是因为它承认，陌生性是视域融合的前提条件，历史间距是理解所必需的。正是在历史间距与视域融合的张力中，意义才得以展现出来。

第四节　解释学在当今的面貌

哈贝马斯与伽达默尔的争论已过去许久，但他们的争论在思想界引起了广泛反响，并影响了批判理论与解释学各自的进一步发展。仅就解释学在今天的发展来说，它不但汲取了批判理论对解释学的批判，而且吸收了包括德里达开启的解构主义思想在内的方方面面思想对解释学的影响。像巴塞尔大学的埃米尔·安格恩教授的辉煌巨著《解释与解构》[①]就是解释学在今天得到进一步发展的成果，它系统地体现了解释学在今天的面貌。

一、意义与可理解性、解释与待解释性

安格恩从总体上将解释学思想分为理解、解释和解构这三个组成部分。这三个组成部分在思想逻辑上前后关联，并共同建立在意义的基础上。因此，意义问题是解释学的基本问题。在解释学的视角下，意义呈现出多重维度：第一重维度是感知意义，它是最基本的意义维度，并为其他意义维度奠定了基础；第二重维度是语义学与解释学意义，即表述、符号的意义；第三重维度是评价与规范意义，它蕴含对价值与合目的性的追问；第四重维度是生命意义，它关联人的生存。另外，解释学的意义概念将有意义的世界与无意义的世界区分开来，令世界的意义向理解开放。

随着解释学从文本解释艺术上升为对理解的反思，以及对人与世界及其与自身关系的普遍性反思，解释学成为研究理解的条件与形式的学科。对理解的

[①] Emil Angehrn: Interpretation und Destruktion, Velbrück Wissenschaft Verlag, Weilerswist., 2004.

追问一方面涉及我们把握意义的方式、条件和界限，另一方面涉及理解本身的意义。理解是对意义的把握，无论意义的载体是语言行为，还是语言行为的文字化，即文本。文本或语言行为带有言说主体的意图，要么是希望得到他人的理解，要么是希望达到某种目的。所以，除了具有意义之外，解释学的对象还具有可理解性。

理解意味着把握意义，而解释则成全了理解。像说明的对象与理解的对象的区分，本身就取决于解释。罗蒂认为，认识致力于与现实取得协调一致，解释学则致力于取得人际间的协调一致。哲学不是要反映世界，而是要取得共识。根据罗蒂这一看法，哲学就是解释学。认识与说明赋予世界以稳定性、确定性，理解与解释赋予世界以意义。这是关联世界的两种不同方式，因为世界不仅呈现出规律性，而且呈现出意义。世界的意义不是自在地给予人的，真理不是直接呈现给人的，意义与真理是经过解释才给予人的，意义需要解释的参与，解释意味着识别世界的意义、建构意义，解释是意义的中介。人之为人，就在于在理解和解释中关联世界。这样，世界才可以寓居。所以，人与世界的和解是在理解的意义上和解的。从这一点上说，世界具有待解释性。

解释学的对象不但具有意义、具有可理解性，而且具有待解释性。我们可以将文字遗存看作密码来解读，只是解读密码尚不意味着解读文本、开启意义，因为我们如何关涉密码，尚留待解释。解释自古意味着表述、解释和翻译。翻译与解释显然彼此结合，因为翻译本身就是解释。而表述与解释彼此结合，是说解释将表述的内在意思表露出来。解释学既澄清内在的意思，又追溯意义，强调的是表述与理解中的解释因素。文本具有多层次性，使得理解不是自然而然的。凡不可理解的，都有待于解释。另外，言不尽意的情况也导致原意有待于解释。由于待解释性可以带来各种理解方式，所以理解与解释处于矛盾之中。但是，文本的歧义性、不明确性并不会导致解释的随意性，因为文本还具有规范性，文本的规范性确保了解释的非随意性。而且，各种理解方式处理的，不是内容，而是如何界定意义。这恰恰证明，解释不是附加给理解的，而是理解所必需的。理解即说与听、写与读之间的视域沟通，解释即理解的形成过程。所以，准确地说，解释学对准的，不是可理解性，而是待解释性。具有意义、可理解性和待解释性的相互关系构成了解释学的视域。

二、理解与自我理喻、理解与语言

理解不仅意味着认识客观对象，而且意味着把握客观对象与主体之间的关系。再有就是，理解意味着理解者的自我理喻。在这后一意义上，理解才成其为解释学的主题。这是因为，认识与理解是主体关联世界的不同方式，客观认识或许相对独立于自我理解，而理解世界则关联着自我理喻。正像海德格尔讲在世存在时所揭示那样，人的存在属于自己理解的世界，并依靠理解世界来理喻自身。同样，对世界的理解也依赖于自我理喻。对世界的理解与自我理喻是合二为一的。伽达默尔表明，指向他物的理解，完全是理解他物的事情，而借助于他物的理解，则是以他物为视域来理解自身。因此，参与理解，并不限于从理论上建构对象，也不在于主体塑造客体，而在于理解的生存关联性，即在于理解者在生存意义上被卷入理解之中。理解以对象的被给定性为条件，并以理解者不局限于认知行为的完整性投入为条件。从这一意义上说，理解带有对话性质，即带有理解者与被理解者之间的对话性质。

理解的媒介主要是语言，我们靠语言有所表述，并赋予世界以意义。所以，语言的作用不仅是实用性的，它还有别于人的实际需要，建立起意义世界，而所有的理解、表述和解释都发生在意义世界中。正因为我们要求语言具有意义，所以才产生了语言的隐喻特点。伽达默尔认为，在德国先验唯心主义哲学与早期现象学当中，存在着一种遗忘语言的现象。直到后来，这种现象才为以解释学为视域的现象学所克服。解释学代表一种语言学转向，而且是较之语言分析更为深刻的语言学转向，因为它不是建立语言描述和语言分析的新机制，而是赋予意义以语言性，让意义自行流露出来，以便理解者接受这一意义。所以，解释学对准的不是事物，而是事物的可解释性。理解具有解释性，解释具有语言性，思维就是内在的言说、语言的应用，因而世界的语言性同世界的意义是一致的，语言就是意义之理解的界限。无论这语言是有声的语言，还是无声的语言，是口头的语言，还是落实为文字的语言，语言理解是我们与世界的关联的基础。因此，解释学的问题是，世界可以在何种程度上通过语言富有意义地建构起来。

伽达默尔讲，能理解的存在就是语言。这不仅意味着，我们借助于语言来阅读世界这一文本，而且意味着，世界借助于人类语言落实在言辞中。这并不是说，我们阅读某种自在本质的言辞，而是说我们靠有限生灵的语言来表露世界。令人接触世界的，不是超人的力量，而是人类语言。人类语言揭示世界，令世界得以寓居。世界回应人类语言的揭示时，既有所遮蔽，又有所启示。解释学关注的，不是语言的超越性根据，不是这种超越性根据赋予世界、命名世界的圣言，而是人类语言，是作为游戏的人类语言，是人类语言对世界之意义的建构与重构。或者说，解释学关注的，既是世界对人类有所言说与人类对世界有所言说的汇合，也是人类有所倾听与有所言说的汇合。语言是言说与倾听、询问与回答相融合的中介。我们不妨这样来理解：这就像艺术创作一样，艺术家有所感触，才会有所创作，他的创作是对艺术世界对他的要求的回应。但艺术品的实质是创作，而不是感触。

事物的语言与人的语言相吻合，这一点构成了解释学的核心。理解不是被动地接受现实，而是在我们受历史与文化制约的言说中揭示世界。世界的可理解性并不前在于我们的解释，而要在我们的解释中得以体会。我们是在解释中构建世界的种种可理解性的，而意义就是我们的筹划维度。

三、表述与理解、重构性理解与批判性理解

对于理解，传统的认识都采取理想态度，认为理解是直接发生的，而且是充分有效的。而解释学认为，这种传统认识下的理解一方面有赖于言说者的原意与其表述相符，另一方面有赖于倾听者的理解与言说者的表述相符。前一方面是由内及外、由原意到表述的过程，后一方面逆向追溯前一过程，是由外及内、由表述到原意的过程。由于这两个过程都有偏差的可能性，因而传统认识下的理解是一种理想的特殊情况。而通常的情况是，这两个过程都有待于解释。

在解释学看来，理解言说，重点不在于理解言说本身，而在于理解言说的内容，因为言说本身是主体性行为，言说的内容才涉及主体间性。因此，言说是相互理解的工具，而非目的所在。与此相反，理解行动，重点在于理解行动的意图，而不在于理解行动的事实，因为行动的目的在于实现意图，而不在于供人理解行动。所以，对言说的理解与对行动的理解彼此不同。比较而言，言

说的内容更为脱离言说者的动机。作为文本，言说的重点在于它表述出来的意义。如果把言说与行动都当作表述行为，那么对表述的理解便具有多层次性。简·奥斯丁区分开三种语言行为，即以言指物的行为、以言表意的行为和以言取效的行为。所以，理解语言行为，并非仅仅理解词义、掌握语法而已，而更是掌握语言游戏，即了解语言是如何得以应用的。就此而言，对于语言行为，可在四个层面上加以理解：首先是对语言行为予以意向性解释，即将语言行为语汇转变为行动语汇，把握语言行为的意思；其次是对语言行为予以目的性解释，也就是将询问"什么"深化为询问"为什么"；第三是对语言行为予以目的合理化解释，因为理解一种语言行为，并不是要重复这种语言行为，而是要对其进行合理性论证，因为理解只能接受合理之物，而不会认同不合理之物；第四是对语言行为予以伦理性解释，它是对第三个层面的深化，进一步赋予行动目的以合法性。

要理解表述的意义，就要遵循理解的方法及其规则，因为意义是主体间性的，我们分享共同的语言世界，没有人能够脱离语言规则，独自发明表述的形式。所以，意义形成于语言规则之中。另外，表述既是超个体的语言性机制，又是个人心灵的明证。因而理解要么接近语言背景，即建立与其他隶属于同一语言与时代的著作的联系，要么接近表述者的个人心理与表述方式。而完善的理解则实现在这两个方面的完美结合中。因此，理解表述，一是要立足于文本与读者之间的间距，二是要立足于作者原意与表述之间的间距。而这两者相互交融，因为作者主观原意与客观表述之间的间距蕴涵着读者与有待理解的意义之间的间距。如果注重文本与读者之间的间距，致力于沟通表述与理解、沟通语境与对意义的接受，就像伽达默尔致力于揭示文献的产生视域与我们的理解视域之间的间距那样，那么这就是一种重构性理解。如果注重原意与表述之间的间距，就像利科致力于揭示表述性主体的误指那样，那么这就是一种批判性理解。

表述不仅可以采取直接的形式，而且可以采取客观化形式。像历史文本、文化传统与社会机制等等，都属于人类表述的客观化形式。而且与原始文本间距愈远，理解过程就愈复杂，就愈需要通过解释对原始文本进行重构。重构性理解可分为四种类型：文本理解指把握个人语言表述的含义，文化理解指把握社会语言表述及其意义，社会理解指把握社会的共同行动，历史理解指把握人类行为在历史上的积淀。

文本是最接近于直接性表述的间接性、客观化表述。一方面，似乎作者直接向读者有所表述；另一方面，文本的意义难于追溯到作者身上去，它落实在一种无名的语言情境之中。也就是说，作者的意思无法直接通达读者。这是因为，口头表述落实为文本，便失去了提问与回答的具体对话情境。这样，应当如何理解和阐释文本，便成为问题。而这也是解释学的核心问题。对此，文本解释学可采取三条思路，第一条思路视文本近似于作者与读者的口头交流，只是由于作者的主观意图外在地为文本所掩饰，所以通过解读文字来突破文本的外在形态，读者便可直接把握作者尚未客观化的意向，即使这意向未必会完全为作者本人所掌握。这一思路以作者的原意为准绳，并且努力让读者取得比作者理解得更好的效果。第二条思路将文本本身当作意义的来源，以文本内在地建构起来的意义为准绳。就像《圣经》显示出来的情况那样，不知名的作者只是福音的传声筒，因而作者原意相对于文本的效应来说仅具有次要意义。这一思路立足于文本的独立性，一方面独立于文本处理的对象，构成新的解释的规范性机制；另一方面独立于作者的表述，构成意义之重温与再现的来源。这既是本雅明关于作品需要翻译的缘由，又是德里达由于言不尽意而阐述解构性解释的由来。第三条思路关注文本的对象性维度，认为文本同作者的主观意义表述及读者对意义的理解彼此相关，是这后两个方面交互作用的场合，它也因此而构成了相互理解与共识的空间。利科认为，说明与理解的关系、文本结构与意义的辩证关系，以及解释学整体与局部的循环为文本理解奠定了基础。理解的对象是文本涉及的世界，解释是文本的意义与世界之关联的中介，是文本所关联的世界的一个维度。因此，要突破上述作者意图与文本内在意义，做到面向解释意义上的事实。

除文本理解之外，文化理解同样对准了理解与解释的对象。文化遗存之所以存在，是因为人不仅理解性地关联世界，而且象征性地关联世界。文化理解不像文本理解那样关涉意向，而是分享以象征为媒介的共识。至于社会理解，是对准落实为文本与文化遗存的言说之外的行动的。行动不完全是有意识的，因而难于归结为意向，它只能从交互性作用的结果来得以理解。而且社会理解不局限于个别社会事实,而要扩大到社会意义的视域。而理解社会意义,以掌握善恶之分为条件。最后,历史理解突出了理解与自我理喻的相互归属性。历史固然是人的对象,但人也从属于历史。人借助于理解历史来自我理喻,理解历史,是人自我理喻的手段。因此,历史间距不仅意味着要为历史性理解所克服的陌生性,它还影响着人的历史性建构。正因如此,伽达默尔强调理解的前结构。但是,理解与历史对象并不直接相遇,理解经过了效应史反思的作用,是从经过历史中介的立场出发的。因此,理解不是行动,而是无人能掌控的事件,意味着主体从属于它理解的历史文本。

在对象不可直接理解、而需要理解者的中介作用这一点上,文本理解、文化理解、社会理解和历史理解是依次递进的。但它们仍属于表述与理解之间的关系。而仅就表述本身而言,无论是由于人的有限性,还是由于意义的扭曲和交往的有限性,都会产生并非针对读者而言、而是针对作者而言的不可理解性,或者说待解释性。这并不是指表述与理解之间不尽一致,而是指意旨与言说之间不尽一致,它是批判性理解的对象。

就意旨与言说之间不尽一致而言,人的表述能力是有限的,表述有可能词不达意,也有可能超出原意,因而人往往事后才"正确地"理解或解释自己原先的表述。这意味着,相对于表述者而言,原意往往也是遮蔽的。这也是关于读者有可能比作者理解得更好这种看法的由来。它证明,作者的主观意图不能充当解释的标准。心理分析与意识形态批判之所以必要,就是因为人不能够克服错误、虚假的意识,因而心理分析与意识形态批判深入表述者或行动者所不知晓的主观意向背后,反思主观意向的界限,挖掘不可仅仅归结为主观意向的意义。这种挖掘意义的过程毋宁说是表述者与理解者之间的一种交互性活动,因为理解者不是作为旁观者,而是作为介入性活动的伙伴、意义形成过程的参与者,才能发挥批判性反思作为理解的内在因素、意义的创生性因素的作用。意义的澄清同自我的澄明是同一个理解过程的两个方面,正像哈贝马斯所表明的那样,认识的旨趣不在于接受和传承流传下来的意义的内容,而在于自我澄明与自我解放。

利科之所以提出批判性理解,是因为他认为,各种表述和症候所起的作用,不是表述,而是掩饰。因而解释学要针对各种意义的自我阐释,揭示令各种意义得以表述出来的背后的缘由。正因如此，解释学带有消解性因素，同解构相仿。但是，这种消解性因素起的是积极的作用，因为解构与建构是同一个过程。利科认为，我们并不掌握一门普遍解释学，而只掌握各领域特定的解释学。他宣称，讲述解释的冲突，比起给各种解释罗列一个体系来说，要有价值得多。像批判性理解就同重构性理解彼此冲突，因为前者致力于消除虚幻，后者致力于接受意义。而这些彼此矛盾的理解形式共同构成意义的沉淀，并因此而各具价值，因为以理解和解释为特点的人的生存把握的，是意义的各个方向。因此，应当放弃意向性取向，转而以陌生的他者为取向。这既意味着超越主体的自我关联性、采取解主体中心化的取向，也意味着针对传统性理解的转向。传统的理解以意义的接受为重点，而在重构性理解和批判性理解的视角下，意义不是给定的，而要靠解构与建构的步骤来获取。理解的宗旨不是最终趋向某一种理解的形式，而是保持不同理解之间的张力。

四、作为对话的理解与作为意义事件的理解

要理解一个表述，就要理解这一表述作为答复所回答的问题。提问是答复的意义视域，为答复提供了做答复的缘由、要反驳的看法、需要解决的问题，等等。因此，解释学强调，提问相对于答复具有优先性。理解意义，重点是理解提问，即理解答复的意义视域，而不是理解答复本身。也正因如此，解释学主张，同答复保持间距，以便对答复形成前理解，并考虑多种不同的答复的可能性，从而开启答复的意义视域。新的意义视域往往伴随着理论变迁和视角转换而来，因为理论变迁和视角转换带来新的问题、新的旨趣视域，而新的问题和新的旨趣视域带来新的答复。这种开放态度是理解的前提，是意义的形成条件。

提问可采取两个方向，要么是批判式的，要么是建构式的。前者探索迄今有效的视域，后者开启新的视域。这两个方向可彼此交织，共同展示人的自由表述。尽管如此，由于人的能力有限，提问仍有突如其来、超出任何方法论的特点。这就是说，提问不仅是主体的行为，而且来自于事物值得提问的特点。人的提问是对事物这样一种特点的回应，是人对自己为事物所触动而做出的答复。这样，我们与事物的关系深化为主体间关系，事物值得提问的特点转变为

他者对我们的提问。我们的提问本身就是对此的回答,提问随之深化为提问与答复的游戏。这种提问与答复的对话中交织着我们的自由与依附性,印证人是以富有意义的理解来关联世界的。

为这种提问与回答的理解游戏奠定基础的,是交往关系。理解就是交往,这一点不仅有效于对话,而且有效于文本解读。尽管在文本中,作者是阙如的。语言之所以相对于理解至关重要,就是因为语言是表述给他人的言说,即对话。如果没有接受表述的他人,那么言说则是空洞的言辞。就表述者这一方来说,表述同时是一种自我理喻。就表述的接受者这一方而言,理解表述,同时就是参与表述者的自我理喻。所以,理解是一种相遇。

解释学处理的,是理解他者的问题,是理解不同语言、不同时代、不同文化中的他者的问题。正如伽达默尔在其代表作的开篇所写的那样,解释学不是要接住自己抛出的球,而是要接住永恒游戏者抛出的球。更准确地说,解释学处理的,是陌生者的问题。陌生者并不完全等同于他者,尽管这两者在概念和内容上有可能彼此交织。他者指外在于自我,而陌生者指外在于自我的所属。切近的有可能是陌生的,而遥远的有可能是属我的。陌生者取决于,自我将陌生者变成自我的所属,抑或保持其为陌生者。所以,陌生者与其说是一个概念问题,不如说是理解中的具体问题。陌生性就存在于意义的产生过程之中,存在于作为事件的意义之中。无论如何,它都表明了理解中的非同一性问题,即作者与读者、文本与解读、自我与自我所属永远无法达成完全的同一性。这样就排除了关于同一性的内在意义前在于分散性的外在表述这一传统看法,解构了原始的自我同一性。其引申出来的结论是,意义并不来自于自我,而来自于他人。他人呼吁自我做出回应,他人才是意义的主体。因此,解释学强调,既要吸收这种陌生性,又要尊重他者。

理解存在于自我与他在性的张力之中,存在于自我理喻与对他人之他在性的体验的张力之中。伽达默尔的主导动机之一是克服单纯的主体的自我关联性,并代之以我与你的关系。这不仅是说,要将自我理喻纳入对陌生者的理解,而且是说,要在理解陌生者时将自我当作对象。我们的自我理喻关联着他人的自我理喻,因而在理解之中,我们的自我关联性与关联他者处于张力之中。

理解不是主体的行为，而是主体卷入其中且无法掌控的事件。只有隶属于一定的时代、一定的文化，人才能够分享意义事件。历史不仅是限制，而且是根据。所谓理解，就是被卷入历史传承，从而吸收历史意义。因此，历史展现在理解的反思性媒介中，并从中发挥出相对于理解的作用。对历史的阐释与描述不是附加给历史的维度，而是历史自身的存在模式。虽然理解不可与历史相同时，但历史间距恰恰为理解参与历史意义的创生奠定了条件。这样，人在历史的效应史中不仅是客体，而且是有所作为的主体。

人的理解是有限的，因而是无止境的。理解者与被理解者之间的差异永远无法彻底涤除，你相对于我的他在性永远无法彻底消除。因此，理解总是有所不同的理解，理解始终是一个开放性过程。任何理解和解释都不能穷尽意义，意义需要在新的理解和解释中得到不断弥补。意义的可弥补性与理解的非终结性构成了历史性意义建构的基本条件。无论是就意义之接受而言，还是就意义之创生而言，意义都是不可终结的。对文本的解释本身并非最终的文本，而是文本之形成的一个组成部分。因此，文本也是开放性的，并同作者的开放性、读者的开放性、意义的开放性、理解和解释的开放性交织在一起。但是，这种有限性与开放性的关系并不意味着古典哲学意义上的那种有限性与无限性的关系。它既不是黑格尔所讲的那种坏的无限，也不会将差异性扬弃进同一性之中，因为它不是将同一性整体当作理解的对象，而是将其当作理解的视域。

解释学认为，世界是可理解的。而理解世界，靠的是语言。这不仅是指，社会历史事实要借助于语言描述和语言阐释才成其为社会历史事实，而且是指，一般意义上的现实是通过语言结构给予我们的。因此，解释学的普遍性要求是建立在语言的基础上的。解释学之所以能够上升为哲学解释学，就是因为它可以胜任澄清人类思维与认识这一哲学的使命。对人类思维与认识的反思不是认识式的，而是解释式的。它赋予我们借以联系世界的语言以意义，通过解读我们解读世界的方式来认识我们的认识，并因此影响了当今的哲学。

当今哲学界的普遍性认识是，追求客观性，实质上是追求同一性，因而是对人的自由的背离。人的创造性不在于发现客观真理，而在于描述和解释世界。因此，当今的哲学不像传统形而上学那样，认定先验性存在独立于历史变迁和解释。在这一理论背景下，解释学讲求的真理不在于同给定的现实取得一致,而在于令世界呈现出来,便接近于一种后形而上学思想。

五、理解与解释、语言与符号

解释学的理解不是一般的理解,而是需要解释的理解。文本的意义不是直接给予人的,因而理解不能够自行发生,而需要以解释为中介。世界有待于解释,理解有待于解释。如若理解无须解释,那么世界就可自行表述了。因此,解释不是附加给理解的,而意味着理解的实现。尽管按照通常的认识,文本的意义是明确的,理解是直接的,因而解释是追加的行为,但通常的认识建立在对文本字面直接理解的基础之上,因而实质上构建了文本的引申意义。针对这种简单而理想的理解,解释学讲求文本的开放性和意义的未完成性,主张理解有待于解释起到中介与建构原初意义的作用,并认为解释并不一定遵循某种原初给定的意义。

解释学的这种观点不是将文本的多层次性建立在对词义理解与深层阅读的区分上,而是将其建立在素材与意义的区分上,即将文本字面当作含有意义的素材,认为其意义要靠解释才能挖掘出来。因此,解释对立于客观性理解。解释不是分析对象的条件,而是富有意义地阐述对象。解释不是追加性的,而是对对象的塑造和建构,因而解释并非外在于对象,而是构成了对象的规定性。对象的意义凭借解释呈现出来,随后又会成为新的解释的主题。这就是说,解释本身也会成为解释的对象,即后继的解释的对象。所以,建构性解释蕴涵着追加性解释与对象建构的交互性。

强调解释相对于理解的作用,是有其理论背景的。从解释与理解的关系上说,尼采的论断脍炙人口:没有事实,只有解释。这就是说,没有现成的事实等着我们去理解,一切事实都来自于解释。所以,我们只能理解自己通过解释建构起来的,解释的界限即世界的界限。我们是在解释中接触世界的,因而永远无法超出自己的解释。另外,有一种通行的认识将解释当作语言理解的基础,认为即使我们不熟悉陌生表述的含义,但只要我们认识这种表述的真理条件,也可将这种表述翻译成自己所熟悉的语言,从而理解陌生语言。这实际上是将语言表述当作符号,认为通过将一种符号转变为另一种符号,就可以根据意义背景来澄清原本不可理喻的表述。上述两种极端的认识带来了关于解释的作用问题,而解释的作用指向世界的待解释性与主体的待解释性这两个方面。世界并非自在之物,其意义有待于解释来建构。解释赋予世界以意义,赋予我们与世界的关联以意义,使得世界成为可以寓居的世界,也使得主体通过解释来理喻自身,即理喻自身作为意义的赋予者与世界的创造者的作用,从而实现对主体自身的肯定。应当说,上述两种极端的认识构成了解释学处理理解与解释之间关系的理论背景,尽管解释学未必接受这样极端的结论。

  涉及上述两种有关解释的极端观点,唐纳德·戴维孙的观点具有一定的代表性。① 按照他的观点,所谓彻底的解释,一方面指解释存在于理解的过程之中,而不是立足于理解、在不理解之处深化理解,另一方面指意义理解不需要语义学条件,因为理解是一种交往,其核心不是语言理解,而是对另一个主体的表述的理解。表述者认定语句为真,是同语句的意义联系在一起的。我们如果理解表述者的信念,即使不理解语句的意义,也可理解他表述的意义。这样,表述行为、语句意义、对事实的信念便结合起来了。这是一种整体论观念,即表述者信以为真的语句不是孤立的。我们感到陌生的表述与我们熟悉的表述具有一种聚合性,而大多数表述又是真实的,这使得我们将陌生表述看作自己的表述,同表述者采取对世界的一致反映。与这种观念相辅相成的,是特定的真理观,即真理仅仅存在于语言与经验的彼此相符之中,因为我们无法对准语言之外的事物。所以,没有客观真理,只有语言中的真理。由于语言与世界彼此之间不是一一对应的关系,所以伴随着语言学转向,语言哲学的重心便从语义学转向交往理论。这是对意识哲学向语言哲学的范式转换的补充。

  在解释学的视域内,真理不在于认识,而在于理解,或者更准确地说,在于取得共识。语言的目标不在于切中客观现实,而在于自我理喻,在于交往。我们与他人的关系为我们与世界的关系奠定了基础,我们共享的语言及对世界的解释为我们辨析客观真伪奠定了基础,我们的理解中的共同点为真理概念与现实概念奠定了基础。所以,语义学和符号学共同拒绝客观性认识,因为客观性认识将语言符号当作认识工具,而不承认语言符号相对于理解的建构性作

---

① 参见 Donald Davidson: Handlung und Ereignis, Frankfurt am Main, 1985. 转引自 Emil Angehrn: Interpretation und Destruktion, Velbrück Wissenschaft Verlag, Weilerswist, 2004, S. 159. ff.

用。但是，语言符号建构起主体间关系，而主体间关系是客观性认识的中介。从解释需要与他人分享的语言这一点上说，语言符号相对于解释学式理解具有重要作用。语言符号是意义的载体与表述，为解释提供了条件。随着符号的重点从符号与对象的关系转移到符号与解释者的关系上来，符号仅在关联符号使用者兼解释者时，才成其为符号。因此，解释学不可归结为语义学，而是说解释学要同语义学相联系，成为解释学语义学。

六、解释与建构、解释与自我解释

在解释学的视角下，意义是对象的一个不可削减的层面。由于社会历史对象本身就是解释的产物，所以对社会历史的解释就成为对解释的解释。但是，这并不意味着，要一味重复沉淀在对象中的解释，或者说以对象的自我解释为准绳，而意味着要对这种解释做出辨析。这就是说，这种解释本身也需要解释。对陌生文化的理解最为透彻地表明，解释是一种与他者的对话，或者说交往。交往不但成就了相互理解，而且在这种相互理解中成就了自我与他人的自我理解。

解释学研究的对象不是作者的主观动机，而是客观表述，即独立的文本。解释学研究的重点从文本创作转向文本接受，表明一种解主体中心化的趋势。而为了避免产生相反的倾向，即以读者为中心、从而导致随意解读与过度解读这一倾向，埃科为解释制订了一系列规则，如注重有益于阐明文本的那些解释假设，注重赋予解读以意义的那些解释旨趣，等等。其核心性规则是，相对于读者的偶然想法与个别期待，赋予文本的内在性联系以优先性。[①] 这意味着，解释是由文本唤起的解读，文本与解读这两方面均不可偏废。这样来确定解释的界限，目的在于确保解释更为恰当。

在解释学的视角下，理解是作为解释而发生的，因而解释的作用得到强调，以至于它的作用不限于阐发对象现有的意义，而且起到了建构意义的作用。我们把握的，不是世界的自在自为，而是世界的为我存在。所以，我们把

[①] 参见 Umberto Eco, Zwischen Autor und Text. Interpretation und Überinterpretation, München/Wien 1994, S. 76. 转引自 Emil Angehhrn: Interpretation und Destruktion, Velbrück Wissenschaft Verlag, Weilerswist, 2004, S. 185. ff.

握的，不是一个世界，而是诸多与我们相关的世界。解释首先要界定对象，随后要将其予以归类，最后建构知识和意义体系。这样，根据解释同世界的关系，可以确定三种结构：世界的本原性结构、产生于习俗并在历史中积淀下来的结构、描述和解释世界的结构。愈是排在前面的结构，就愈是依赖于世界地建构起来的，解释与世界的关系也就愈是一一对应的。像语言结构那样，改变结构，也就意味着面对另外一个世界。愈是排在后面的结构，就愈是依赖于解释地建构起来的，解释与解释对象的距离也就愈远，也就愈不具有世界与解释之间的一一对应性，也就是说，愈是具有不同解释的可能性。

解释与世界的关系涉及解释的真理问题。从上述不同结构中可以看出，不同解释同世界的关联彼此不同，因而不存在唯一的真理。真理仅存在于得到共同认可的语言中，而且不同语境中的真理应当彼此圆融一贯。即使上述排在后面的结构取自于解释，而非取自于世界，它也必须与世界相符合，而且建立在排在前面的结构的基础之上。因而在真理问题上，解释学既反对质朴的自然主义，也反对主观主义。解释学并不意味着相对主义与怀疑主义，而意味着在解释的视域中重新界定真理。解释者分享意义的形成过程，就为真理奠定了基础。

真理问题关联着意义问题，即解释所建构的，到底是对象的意义，抑或现实对象本身。为解决这一问题，伦克区分了解释建构意义的四个步骤。第一步骤建构对象的特定规定性，此时尚未涉及意义；第二步骤用特定理论描述对象，此时已然涉及对象的意义，只是有各种解释可供选择；第三步骤赋予对象以意义，而这意义是通过我们赋予对象的语言表露出来的；第四步骤从对象中解读出我们并不熟悉的意义，而这种挖掘出来的意义有可能同对象提供给我们的意义并不一致。[①] 这样，伦克将意义的建构建立在现实对象的建构基础上，将意义建构当作对象建构的深化。

解释的主体卷入理解的过程，带来两方面的结果，其一是主体从属于意义的形成过程，其二是主体借助于解释形成自我理喻。因此，解释学不仅关注解

---

① 参见 Hans Lenk, Interpretationskonstrukte. Zur Kritik der interpretatorischen Vernunft, Frankfurt am Main, 1994, S. 55. 转引自 Emil Angehrn: Interpretation und Destruktion, Velbrück Wissenschaft Verlag, Weilerswist, 2004, S. 196. ff.

释对象，而且关注解释者的自我理喻。人的生存是在不断的自我界定中形成的，这种自我界定、自我解释关联着对人寓居其中的世界做出的解释。而对世界的解释不仅是理论阐述，它还渗透着人的价值判断与自我设计等因素。因此，自我解释关联对世界的解释，就不仅是描述，它同时也是表露、希望。对世界、对自身、对自身与世界的关联做出解释，这是人的生存不可或缺的一个组成部分。只不过，这种表露与希望也有一个正当与否的问题。因此，它需要得到修正、反思和启蒙。同时，自我解释永远是未完结的，因为人的变化和发展永无止境。这样，自我解释便具有一种解主体中心化的趋势，它将人纳入世界的意义的形成过程中。所以，自我解释同样需要得到进一步的解释。

自我解释的重点并不在于，解释以自我为对象。也就是说，解释的重点不在于自我反思，而在于解释出自于自我。这意味着，自我解释并非一种与自我的封闭性关系，它实现在对世界的理解与解释之中。同时，它需要融入意义的形成过程，并需要再度从意义的形成过程中返归自身。自我解释既有所接受，又有所建构，并在有所接受与有所建构之间、自我认识与自我创造之间促成一种张力。

七、解释学与哲学、解释与解构

在海德格尔之前，人文科学与自然科学已经在方法论上彼此对立。这种对立的突出表现就是，说明与理解作为自然科学与人文科学的不同方法，显示出一条彼此间的鸿沟。例如，狄尔泰将解释学当作人文科学的基础，在此基础上讲求主体的历史性，从而克服了先验主体。他还讲求理解相对于对象的依附性，这种依附性界定了人文科学的界限。在这一背景下，海德格尔将理解与解释当作生存的基本特征，当作人与自身及其与世界之关联的基础。伽达默尔进而弘扬解释学的普遍性，认为这种普遍性与语言密切相关。这不仅指文本扩充为人与自身及其与世界的关系，而且指解释学扩充为哲学的视域。解释学的出发点是历史性地理解世界及理解自身的人，因而解释学针对着意识哲学和传统认识论，实现了哲学的彻底转变。这样，解释学从一门关于解释的理论扩展为精神科学与人文科学的理论基础，进而扩展为关于人的存在及人的自我理解的哲学理论。语文学解释学发展为哲学解释学，也就解决了解释学在人文科学中的地位问题。解释学不再是一门辅助性学科,而成为反思意义的独立性科学。作为这样一门独立性科学,解释学的旨趣不在于认识世界,而在于解释世界,不在于取得符合世界的知识,而在于人际间的交流沟通。

随着解释学的发展,关于理解与解释的形式与内容的不同思想或彼此补充,或相互冲突。利科提出关于解释性理解采用何种形式的问题,这一问题同关于何为理解的对象的问题实质上是一体之两面。它进而引发的一个问题是,如何确定解释的意义及其关联生活世界的功能。由于这些问题尚未得到一致性认识,所以在今天,了解解释学,就是了解关于理解与解释的各类认识。而且,解释学面临着解构观念的挑战。甚至解构的观念同解释学之间是一种外在关系,抑或是解释学内部的分歧,也依然是一个需要得以进一步阐发的问题。安格恩认为,解构思想同解释学是一种内在关系,并认为解构思想是对解释学思想的进一步发展。

解构思想同解释学思想具有千丝万缕的联系,这一是因为,解构同解释目的一样,是赋予世界以新的意义。二是因为,解构思想所解构的,是解释所建构起来的世界的结构。也就是说,解构思想所解构的,不是世界,而是世界的某种可解释性,不是存在本身,而是存在的某种结构。因此,解构是解读文本的一种方式。只不过,作为一种文本解读方式,解构远离作者意图,远离直接性理解,更加趋向解释的间接性、反思性,趋向同文本原貌保持距离。而这样做,可以脱离语义学研究地从语境中挖掘文本的空白之处、言不尽意之处。进而言之,解构思想不局限于文本的意义视域,而是深入文本的形而上学前提,即探讨一与多、内与外等概念的逻辑关系,从而为挖掘文本的意义视域及其空白奠定基础。这样也就建立起解构的思想方式,即作为间接性理解的文本解读方式。

作为一种理解的方式,解构思想分享文本意义的形成过程,只不过,它采取的是解构、建构和接受文本意义的方式。首先,它消解了概念、文本、传统的现有形式,从而建构起解读其意义的新形式。所以,解构就是建构。解构不是一味摧毁而已,而是破除对传统的遮蔽,挖掘为传统奠定基础的本源性经验,从而更为彻底地吸收传统。从这一意义上说,解构思想同批判理论是吻合的,即它反对同一性和整体性,主张多样性和差异性。具体而言,它既反对传统形而上学中的同一性主体和同一性理解,又反对同一性所指和同一性意义。也就是说,它既反对主体与意义之间的同一性,又反对意义自身的同一性。就它反对前一种同一性而言,在意义的创建者与接受者之间,存在着历史与文化上的间距,间距带来的异质性迫使接受性主体,通过重构意义来接受意义。而在作为意义创建者的主体那里,则存在着词与意之间的差距,或者说意义与意义的客观化之间的差距。而这也就是解释学研究的内容,伽达默尔不仅关注表述与理解之间的不一致性,而且关注表述本身的不一致性。就解构思想反对后一种同一性而言,它认为意义并不固定在表述之中,而会流溢出表述的界限之外。因而表述界限之内的意义并非一劳永逸地固定下来的,也并非明确单一的。解构思想消除意义的封闭性,也同解释学思想如出一辙,因为解释学同样不将实际上的表述固定下来,而是追究有可能的原意。所以说,解构思想虽然使用了解释学未曾使用的延异等概念,但它在一定程度上仍然是解释学思想的延续和发展。

解构作为一种解释所把握的,不是文本的特定意义,而是文本的各种解读方式。在解构的观念下,意义是语境的功能,而语境可以得到无限的演绎。由于文本无法得以充分的表述,所以解释就是重新撰写文本、无尽地演绎言说。因此,解构致力于现有语言表述之外的言说。正像罗兰·巴特所主张的那样,文本不是封闭性的,它为读者留下了无尽的游戏空间。意义是多元的,不可为任何一种解释所覆盖。而且文本愈是多元性的,读者便愈有可能参与文本的创造,以至于文本在为读者阅读之前并不成其为文本。而读者也不是致力于最终的解释,而是致力于扩展理解。但是,这并不意味着,解构是随心所欲的,因为解释学所强调的理解对对象的归属性,依然有效于对文本的解构性阅读。

文本解构的必要性在于,文本有可能带有自相矛盾的成分,作者有可能未充分意识到,文本有可能阐发出哪些意义。这样,意义的进一步阐发就存在于文本阅读之中,以至于读者在原有文本基础上进而阐发出一个新文本,而这新阐发出的文本理应包含在原有文本之中,只是未为作者所充分意识,或未得到充分表述而已。这既可理解为读者对原有文本的补充,也可理解为原有文本自身的扩展,因为它可理解为从原有文本之中滋生出来的。无论如何,它都与伽达默尔的效应史观念相吻合,因为它不是将原有文本理解为一个固定、封闭的文本，而是将其理解为一个由反思和接受而来的意义构成物。

另外，解构思想也同阿多诺的非同一性思想彼此吻合，因为解构的思想前提是差异性、延异性，而差异性与延异性从思想来源上说就来自于阿多诺的非同一性思想。可以说，非同一性思想蕴含了解构的思想萌芽，解构思想是非同一性思想在后现代的发展。因此，解构思想也是对批判理论的印证。它批判虚假的同一性，认为这种同一性掩盖和扭曲了事物的真相，正像阿多诺的非同一性思想是对同一性暴力的反抗一样。

从解构思想与解释学及批判理论的契合特点来讲，也许它蕴含着一个理论的发展趋势，而这一趋势由于是从解释学与批判理论之间的张力发展而来，因而有可能意味着对这两种理论兼收并蓄式的发展。当然，这种预见已经超出安格恩本人的论述，而属于我们作为解读者的自由发挥了。

第五节 内在自然的观念

在当今德国，霍克海默尔和阿多诺的早期批判理论除了为法兰克福大学内部的批判理论学者所发展外，还为德国其他一些大学的批判理论学者所秉承。相对于法兰克福大学内部的批判理论学者来说，其他大学学者的特点在于，他们更为原汁原味地秉承了早期批判理论的思想。自上个世纪70年代起，他们以《批判性理论杂志》为阵地，阐发了有别于当今法兰克福大学内部的学术思想。这一点尤其体现在这些哲学家对人与自然的关系的认识中，体现在他们借此对早期批判理论的乌托邦理想做出的进一步阐发中。

一、自然作为外界自然

在关于人与自然的关系问题上，法兰克福学派内部的批判理论学者依据人际关系阐发了不同于早期批判理论有关人与自然的关系的思想，而在法兰克福学派之外从事批判理论研究的学者则重视与身体概念密切相关的内在自然概念，并借此阐发了更为符合早期批判理论的独到思想。认识这种独到的思想，便于我们从一个具体的方面把握批判理论在今天的演变，以及这种演变同早期批判理论的关系。

通常来说，自然是对立于文明而言的，指的是外界自然。因此，自然指在文化、文明、技术、科学、社会、生产、分配、资本等等范畴之外的一片人类生活的天然空间，即一种未经人类染指并予以改变的天然状态。但是，自然固然是天然的、给定的，却也是由人类社会构建起来的，因为它同样是我们之前的一代又一代人的历史性产物。马克思就是在这一意义上讲述人化自然的，唯物史观就是用文明、社会意义上的自然去统一天然意义上的自然的，因为马克思强调的不是自然本身，而是人类劳动、社会实践。

这样，有关自然的观念维系在天然与文明这两极之间。我们在认识自然时，如果强调自然区别于文明与社会，便倾向于自然的天然意义这一极；如果将自然确定为历史与社会的构成物，便倾向于自然的文明意义这一极。但是，无论我们倾向于这两极中的哪一极，天然与文明彼此对立的二分法却都保留下来了。所谓统一，实质上是偏向两极中的一极来解决两极之间的矛盾关系，因为人类无法靠文明、社会意义上的自然来完全统一天然意义上的自然。而这又是因为，自然的天然特点在被人化、社会化、被商品化、被资本化的同时，又在顽固地抗拒着被人化、社会化、商品化、资本化。例如，自然美就保持在自然的天然特点被人化与抗拒人化的张力中。另外，如果我们承认自然是无限的，而人类的认识与行为是有限的，那么自然的无限性便始终保持在人类的有限认识与行为的限界之外。所以说，充斥于自然的天然意义与文明意义之间的，是一种不可解除的张力关系，而不是一方统一另一方的关系。统一意味着解决矛盾，升入更高逻辑关系。而在自然的天然意义与文明意义的关系上，并没有更高的逻辑关系，毋宁说它们保持着一种张力关系。

之所以出现这样一种情况，即有关自然的观念维持在天然与文明这两极之间，是因为我们把自然当成了单纯的外界自然，即人自身之外的、人所陌生的自然，需要人去征服的自然。这样，我们就将人与自然的关系当成了人与外界的关系。而这样一种对自然以及人与自然的关系的理解显然是片面的，而且这种对人与自然的关系的片面理解显然影响了我们对人与自身的关系、人与他人的关系的理解。例如，人要征服自然、统治自然，因而人与外界自然的关系是一种工具性关系。在这种思维和行动的工具性模式影响下，人认为充斥于自己与自身、自己与他人之间的,同样是一种工具性关系,因而对自身及他人同样采取征服和统治的态度。就人对他人的态度而言,由于他人像外界自然一样,是在人自身"之外"的,所以人对外界自然的征服和统治同样可挪用于他人身上。同样,就人对自身的态度而言,人将自身当作一个客观对象来认识,像动西医手术那样予以剖析,从而在意识当中对作为客体的自身予以征服和统治。这样,作为客体的自身同样是外在于作为主体的自身的。

总之,将自然当作单纯的外界自然,难于取得自然在天然的意义上与在文明的意义上的统一,并且导致人与自身的关系及与他人的关系同人与自然的关系一样,沦为工具性关系。这种情况引发批判理论对人与自然的关系问题做出反思,而这种反思呈现出两条线索,一是从早期批判理论到当今的法兰克福大学内部的批判理论线索,二是从早期批判理论到当今的法兰克福大学以外的批判理论的线索。

二、当今法兰克福学派批判理论的有关认识

基于上述认识,阿多诺确信,人对外界自然、自身和他人的处理,具有某种结构上的相似性和相关性。这就是说,人与自身的关系、人与他人的关系可归结为人与外界自然的关系,前两者是按照后者的模式设想出来的。由于人与自然的关系史是统治自然的历史,所以人与自身的关系、人与他人的关系可以理解为这种统治关系的变体,迄今的人类历史是自然史。由此看来,早期批判理论在人与自然的关系基础上对人类各种关系做出了齐整的总结,以批判的眼光审视了人类社会总体。

但是,在法兰克福学派内部,早期批判理论的这种认识并未贯彻下去。如哈贝马斯认为,上述三种关系在结构上并不具有相似性,彼此并无必然联系。他批评霍克海默尔和阿多诺把人对自然的统治当作公分母,用来通分对外界自然的统治、对人自身的压抑、以及对他人的支配。哈贝马斯倾向于将前者同后两者划分开,因为自然的领域并不完全属于文明的领域:"那种在'工业中'形成的社会主体和自然的统一,无法根除自然的自主性以及那种处在其事实性中的完整他者的剩余。……在社会劳动制度中所进行的生产过程,是一种人类和自然的综合形式,这种综合形式一方面将自然的客观性束缚在主体的客观活

动上，另一方面又没有消除自然存在的独立性。"① 哈贝马斯这番话印证了上文关于自然的天然意义无法完全统一进文明意义的看法。他进而指出，早期批判理论形成的认识的缺点在于，除了工具理性之外，它未给任何其他理性留下空间。因此，他提出交往理性的观念，认为问题的关键并不在于要在上述三种关系中同自然取得和解，而在于取得人际的非统治性交往关系。这样，哈贝马斯便突破了早期批判理论建立在人与自然的关系基础上的人类社会总体建构。

霍耐特进而批评霍克海默尔和阿多诺在处理人际关系时忽略了社会性，而社会性既是个体化的维度，又是社会斗争的维度。而且这两种维度都是以主体间性和交往为标志的维度，区别于同外界的、外在于人的自然的关系这一维度。因此，在霍耐特看来，就人际关系而言，促进文明与取得解放的潜力并不来自于人类统治自然的力量，而来自于交互性关系的活力，以及来自于社会群体为获得认可而展开斗争的活力。由此可见，霍耐特沿着哈贝马斯的思路，将人与外界自然的关系这一方同人与自身及他人的关系这另一方划分开，并为哈贝马斯提出的交往观念附加了为承认而斗争的维度。交往是一种理想的主体间关系，而为承认而斗争是更为现实的主体间关系。显然，为人际承认而展开的斗争区别于为征服自然而展开的斗争，前者奉行的，是主体间的斗争原则，而后者奉行的，是主客体之间的斗争原则。

显然，早期批判理论与当今法兰克福学派在人与自然的关系问题上做出了不同的努力。而分析他们的利弊得失，可以说霍克海默尔和阿多诺以对自然的统治为主导线索，总结三种关系在结构上的类似性和彼此相关性，这种做法难免削足适履之嫌，因为它忽略了自然相对于文明或者说社会关系的独立性、他在性。相反，哈贝马斯和霍耐特划分合理性的不同领域，认为工具理性有效于与外界自然的关系这一维度，而交互性与同一性、社会化与个体化这一维度属于交往理性，则彻底分开了两个不同领域，使得人与自然的关系这一方面同社会关系这另一方面丧失了彼此间的必然性联系，给人留下矫枉过正的感觉。②

---

① 哈贝马斯：《认识与旨趣》，转引自托马斯·麦卡锡：《哈贝马斯的批判理论》，王江涛译，华东师范大学出版社2010年版，第144页。

② 参见罗尔夫·维格豪斯：《对抗性社会及自然的关系》，载于《多元视角与社会批判》下卷，拙译，人民出版社2010年版，第84—106页。

另外，无论是早期批判理论，还是当今法兰克福学派的批判理论，都是在外界自然的意义上看待自然的。这样，当今法兰克福学派的批判理论相对于早期批判理论的思想发展，才呈现为从人类社会总体建构到以人与自然的关系为一方、以人与他人的关系为另一方这样一个由合到分的过程。而在这一由合到分的过程中，人与自身的关系则很少得到论述。由此看来，在认识人与自然的关系时，要避免当今法兰克福学派的批判理论对早期批判理论做出发展时留下的缺憾，还需要补充以新的认识。而这种新的认识尤其要从人与自身的关系入手，并对外界自然的观念做出突破。

三、法兰克福学派之外的当今批判理论的有关认识

首先，同当今法兰克福学派一样，在法兰克福学派之外从事批判理论的德国学者认识到，征服自然，带来了人对他人的统治，因为只有维系对他人的统治，才能做到以群体的方式来征服自然。但是，按常理说，随着技术科学的日益发展，繁重的体力劳动在原则上已属多余，因而靠统治他人来从事劳动，在原则上也不必要了。相反，人与人之间的非统治性的、个体化的关系反而有利于工作效率的提高。但是，现实情况是，技术进步和对外界自然的有效统治并未改变统治与被统治这一现有人际关系，反而受制于个人与社会群体之间的各种统治性关系。针对这种现实情况，在法兰克福学派之外从事批判理论的学者认为，在现代社会中，个体化实现在社会化之中，因为个体在一定程度上是彼此一致的。所谓个体化，是由社会化与人际相互承认关系而来的，而人际相互承认关系根本无需人与自然的工具性关系作准绳。从这一意义上说，法兰克福学派之外的批判理论学者同法兰克福学派内部的批判理论学者是一致的，他们都对早期批判理论做出了思想发展。

其次，与当今法兰克福学派不同，在法兰克福学派之外从事批判理论的德国学者还采取了另外一条思路。针对将自然理解为外界自然这样一种认识上的偏差，他们不仅将目光对准人际关系，而且将目光对准人与自身的关系，或者说将目光投向人自身、投向人的内部自然。人自身就是自然，而人的内部自然尤其指人的身体。自然不仅在人的身体之外，而同样存在于人的身体内部。这里，要区分开外界自然与内部自然观念，我们首先有必要区分开躯体概念与身

体概念。所谓躯体，实质上是外界自然意义上的概念，即作为对象、作为客体的概念。在这样一种概念下，躯体发挥着客体的功能，可为人外在地加以支配，形同人掌握的工具。因此，它不具有人的本己性、亲身性，反而形同人所陌生之物、异己之物。而且，作为一个"物"，它并未灌注着人的感情，也不享有人的尊重。正因如此，才会出现自然科学和医学中那种侮辱性地处理人的躯体的做法。① 夸张一些地说，这样一种躯体的概念已经不再对立于尸体的概念，而是接近于尸体的概念了。反过来说，尸体概念已近似于躯体概念的子概念，因为尸体不过是不能自行活动、无法正常发挥功能的躯体，而躯体无非较之尸体能发挥更多功能而已。

更何况，现代基因复制、人体器官再造技术的发展，混淆了人的躯体的生与死的界限，足以破除将人的存在同人原有的躯体存在等同起来的传统观念。同时，这也证明，依据躯体的可支配性来衡量人的自然属性这一传统观念已经难以为继了。再说，就算躯体可为人类所支配，可以凭借医学技术而在一定程度上获得新生，但它同时又是最终不可支配的。例如，我们是有死的，而死亡只可延迟，最终却不可为人所支配。再例如，躯体是有感觉的，而感觉是不由自主的，即不可支配的。所以说，躯体固然是可支配的，但躯体的感觉却不可支配，躯体的感觉在躯体的可支配性之外。躯体的这种不为我们所支配的特点突破了我们原有的躯体概念，使得我们意识到在躯体概念之外的身体概念，意识到我们这种自然不仅仅是躯体，而同样是身体。

身体概念区别于躯体概念，因为身体是对立于心灵而言的，躯体是对立于精神而言的。而且从概念的发生史上说，身体与心灵的对立出现得远远早于精神与躯体的对立，前一种对立发端于古代，后一种对立产生于近代。古代只有身体概念，没有躯体概念。心灵的概念代表人的理性、渴望安宁的一面，身体概念代表人的非理性与活跃性的一面。因此，身体是心灵的对手，是思想和理性的界限。随着近代出现了机械论思想，才出现了躯体概念。在近代机械唯物论的意义上，躯体不是自发的、自主的活动者，而是可为精神支配的、被动的

---

① 参见格尔诺特·伯默：《自然批判理论》，载于《多元视角与社会批判》下卷，拙译，人民出版社2010年版，第3—15页。

客体。这样，在通常的意识中，可加以自然科学式界定、可予以支配的躯体概念就替代了活跃的、不可支配的身体概念。直到佛洛伊德提出无意识动机，身体概念才在现代得以回归。① 而身体概念的回归，突破了躯体概念的框架，为当今在法兰克福学派之外从事批判理论的德国学者重新认识人与自然的关系奠定了必要的条件。

随着身体观念的回归，内在自然取代了外界自然在人的意识中的地位。而以内在自然为准绳，便可以意识到以外界自然为准绳所无法意识到的。这就是，人征服外界自然，是以牺牲内在自然为代价的，因为在人征服外界自然时，人自身的本性作为一种自然，同样要被当作单纯的外界自然而受到征服。这就是说，征服外界自然与压抑自身本性，是一体之两面。在这方面，《启蒙的辩证法》为我们提供了最为鲜明的实例：奥德修斯倾听女妖的歌声时，要让人把自己捆绑在船桅上，并用蜡封住划桨的水手的耳朵。霍克海默尔和阿多诺借此表明，躯体——如水手划桨的双臂——作为工具，固然是人用来克服外界阻力、伸张自我的力量的，而身体——如水手的双耳——作为享受的渠道，却恰恰因此而要被封闭起来。水手的双耳固然也属于躯体，但它们是在听觉器官的意义上属于躯体的。而在享受女妖美妙歌声的意义上，双耳则属于身体了。所以说，恰恰是躯体的投入堵塞了身体的感受，恰恰是躯体的观念压抑了身体的观念。无独有偶，黑格尔在《精神现象学》中讲到，劳动是受到限制或节制的欲望。这里的劳动指体力劳动，或者说躯体活动，即由思想、精神支配的客体的活动，而欲望则是身体的欲望，即自发的、活跃的渴望。这就从古典哲学的角度印证了，服务于主体的客观躯体压抑了自主的身体，外界自然意义上的人压抑了内在自然意义上的人。

在法兰克福学派之外从事批判理论的德国学者取得的思想成就在于，他们独到地处理了身体与躯体的关系问题，认为人的生存并不像动物那样，是一种以自我为中心的生命形式，而是在不断地拉开同自身的距离。所谓同自身拉开距离，指人不是将自身理解为一个个体，而是将自身理解为一种关系，一种自

---

① 参见亚里山大·曼才：《是对主体的活跃性的怀念吗？》，载于《多元视角与社会批判》下卷，拙译，人民出版社 2010 年版，第 16—42 页。

身与自身的关系，并借助于各种象征和符号来建构这种关系。换句话说，人的自然属性是以文明和技术为中介的。作为身体性生存，人是直接地给定的，这种自我给定性可体验为具体的境遇。作为躯体，人同样给定的，但人可以将躯体当作自己和他人的对象。躯体作为对象，不同于身体作为境遇，而是带有抽象和固定的客观化特点，这种抽象而固定的客观化特点超越于一切具体的生存境遇之上。将自身的躯体当作客观化对象，实质上就是将作为躯体的自身同作为身体的自身拉开距离。这种同自身的距离是人类生存所必须的条件，人类生存就维系在身体性存在与躯体性存在这两个维度的关系中，或者说维系在人的外界自然与内在自然的关系中。

在这种关系中，人的内在自然与人的外界自然构成了反差。这种反差恰恰为人重视身体、重视内在自然奠定了条件，因为正像阿多诺所说的那样，没有混凝土，就没有对树木的崇拜。出于这一理由，人不仅寻求从外界自然中解放作为躯体的自身，而且寻求解放作为内在自然的自身，即解放作为身体的自身。所以，就算在今天的技术条件下，人体器官是可以再造的，就算人的躯体起着服务于人的目的的工具性作用，对人的存在的反思也要维系在可制造性与给定性、有限性与可能性、可支配性与不可支配性之间的张力中，即维系在躯体与身体的张力中。只有在这种张力下，我们才能批判并弃绝上文提及的侮辱性地处理人的躯体的做法，因为人的躯体直接关联人的身体。也只有在这种张力下，我们才能谈到人的自然不可触犯，谈到人的尊严不可触犯。

如果说当今法兰克福学派侧重人际关系，发展了早期批判理论的思想，那么当今在法兰克福学派之外从事批判理论研究的德国学者则在关注人际关系的同时，更为重视人与自身的关系，即内在自然的观念。内在自然突破了外界自然的概念框架，也就取消了在外界自然概念框架下难于处理的外界自然与人类社会的关系问题，因为从人的身体出发，则外界自然与人类社会的意义都在于它们对内在自然的作用。至于它们彼此间的分野，反倒无足轻重了。而从身体出发，构建起来的是身体之内与身体之外的关系，这种关系横贯于主客体关系及主体间关系之中，是对早期批判理论与当今法兰克福学派批判理论的进一步发展。

在这里，我们不妨插入一句题外话。就批判理论自身而言，由于早期法兰克福学派如今已经分化为两个学派,即法兰克福大学内部从事批判理论的学者与在法兰克福大学之外从事批判理论的学者,而前者更注重对早期批判理论的发展,后者更注重对早期批判理论的继承,所以在批判理论内部的这两个学派之间,应当是一种互补关系,正如本书致力于揭示的那样,批判理论与解释学虽然分属不同学派,但彼此间是一种互补关系。只有借助于这种互补关系,在今天,即在批判理论已然式微的情况下,它才有希望继续取得学术中兴,对此,西方学者也有所认识,如有评价批判理论的学者讲道:"批判理论只有同不同的理论、模式和方法展开对话,对社会变迁及转型的可能性保持敏感,才能富有创造性地继续发展下去。"①

较之当今法兰克福学派来说,法兰克福学派之外的批判理论学者似乎更为原汁原味地秉承了早期批判理论的思想。这一点最为突出地体现为,正如我们在本书前面的章节中揭示的那样,在早期批判理论那里,有一种乌托邦观念。而当今的法兰克福学派之外的批判理论学者则在内在自然的观念基础上阐发了乌托邦观念。他们认为,人的存在就在于积极地、创造性地体验自身的自然。在那种动物式的自我中心的彼岸,不断地调和这内在自然与外界自然两个维度。就人对自然的态度来说,内在自然与外界自然协调一致,便取得了一种理想状态。在这种理想状态中,自然是一种美好的存在的显现,是像乌托邦一般的存在的显现。②

在法兰克福学派之外从事批判理论的学者在今天提出的这种乌托邦观念,是向我们在本书开头章节中论述的阿多诺的乌托邦观念的复归。这种复归表明,批判理论在当今德国虽然不再是一门学术界的显学,但它依然保持着理论上的生命力。无论是它的乌托邦观念,还是它同解释学的交锋,都为我们留下了无尽的思想启迪。

---

① Reiner Winter (herg.) Kritische Theorie Heute, Transscript Verlag, 2007, Bielefeld, S. 15.
② 参见让·罗伯特·布洛赫:《自然艺术作为一种乌托邦一般更美好的存在的显现》,载于《多元视角与社会批判》下卷,拙译,人民出版社2010年版,第253—264页。

外文参考文献

Adorno, Theodor W.: Negative Dialektik, Suhrkamp Verlag, Frankfurt am Main, 1966.

Angehrn, Emil: Interpretation und Dekonstruktion—Untersuchungen zur Hermeneutik, Velbrück Wissenschaft Verlag, Weilerswist, 2004.

Apel, Karl Otto: Diskurs und Verantwortung, Suhrkamp Verlag, Frankfurt am Main, 1988.

Bolte, Gerhard (herg.): Unkritische Theorie—gegen Habermas, zu Klampen Verlag, Lüneburg, 1989.

Dubiel, Helmut: Kritische Theorie der Gesellschaft, Juventa Verlag, Weinheim und München, 1988, 3. Auflage, 2001.

Eagleton, Terry: Ideologie—Eine Einführung, J. B. Metzler Verlag, Stuttgart, Weimar, 2000.

Faber, Richard / Ziege, Eva-Maria (herg): Das Feld der Frankfurter Kultur und Sozialwissenschaften vor 1945, Königshausen &Neumann Verlag, Würzburg, 2007.

Faber, Richard / Ziege, Eva-Maria (herg): Das Feld der Frankfurter Kultur und Sozialwissenschaften nach 1945, Königshausen &Neumann Verlag, Würzburg, 2008.

Figal, Günter (herg.): Begegnungen mit Hans-Georg Gadamer, Philipp Reclam jün. Verlag, Stuttgart, 2000.

Figal, Günter: Der Sinn des Verstehens, Philipp Reclam jun. GmbH, Stuttgart,

1996.

Figal, Günter: Gegenständlichkeit, Mohr Siebeck Verlag, Tübingen, 2006.

Figal, Günter (herg. mit anderen): Hermeneutische Wege, Mohr Siebeck Verlag, Tübingen, 2000.

Figal, Günter: Lebensverstricktheit und Abstandnahme, Attempto Verlag, Tübingen, 2001.

Figal, Günter: Martin Heidegger—Phänomenologie der Freiheit, Beltz Arthenäum Verlag, Weinheim, 2000.

Figal, Günter: Martin Heidegger zur Einführung, Junius Verlag, Hamburg 1992.

Figal, Günter: Verstehensfragen, Mohr Siebeck Verlag, Tübingen, 2009.

Gadamer, Hans-Georg: Gesammelte Werke, 10 Bände, Mohr Siebeck Verlag.

Geuss, Raymond: Die Idee einer Kritischen Theorie, Anton Hain Meisenheim Verlag, Königstein/Ts. 1983.

Gmünder, Ulrich: Kritische Theorie, Metzler Verlag, Stuttgart, 1985.

Gripp, Helga: Theodor W. Adorno—Erkenntnisdimensionen negativer Dialektik, Ferdinand Schöningl Verlag, Paderborn, 1986.

Gripp, Helga: Und es gibt sie doch—Zur kommunikationstheoretischen Begründung von Vernuft bei Jürgen Habermas, Ferdinand Schöningh Verlag, Paderborn, München, Wien, Zürich, 1984.

Grondin, Jean: Einführung in die philosophische Hermeneutik, Wissenschaftliche Buchgesellschaft, Darmstadt, 2001.

Grondin, Jean: Von Heidegger zu Gadamer, Wissenschaftliche Buchgesellschaft, Darmstadt 2001.

Habermas, Jürgen: A Review of Gadameräs Truth and Method, in: Fred R. Dallmayr and Thomas A. McCarthy (ed.): Understanding and Social Inquiry, University of Notre Dame Press, Indiana, 1977.

Habermas, Jürgen: Die nachholende Revolution, Suhrkamp Verlag, Frankfurt am Main, 1990.

Habermas, Jürgen: Faktizität und Geltung, Suhrkamp Verlag, Frankfurt am Main, 1992.

Habermas, Jürgen: Moralbewußtsein und kommunikatives Handeln, Suhrkamp Verlag, Frankfurt am Main, 1999.

Habermas, Jürgen: Nachmetaphysisches Denken, Suhrkamp Verlag, Frankfurt am Main, 1988.

Habermas, Jürgen: Strukturwandel der Öffentlichkeit, Hermann Luchterhand Gmbh, Darmstadt und Neuwied, 1962

Habermas, Jürgen: Student und Polotik, Hermann Luchterhand GmbH, Neuwied am Rhein und Berlin, 1961.

Habermas, Jürgen: Technik und Wissenschaft als "Ideologie", Suhrkamp Verlag, Frankfurt am Main, 1969.

Habermas, Jürgen: Theorie des kommunikativen Handels, Suhrkamp Verlag, Frankfurt am Main, 1981.

Habermas, Jürgen: Vom sinnlichen Eindruck zum symbolischen Ausdruck, Suhrkamp Verlag, Frankfurt am Main, 1997.

Habermas, Jürgen: Zur Logik der Sozialwissenschaften, Suhrkamp Verlag, Frankfurt am Main, 1970.

Habermas, Jürgen: Zur Rekonstruktion des Historischen Materialismus, Suhrkamp Verlag, Frankfurt am Main, 1976.

Heidegger Martin: Sein und Zeit, Max Niemeyer Verlag, Tübingen, 1986.

Horkheimer, Max: Traditionelle und kritische Theorie, Fischer Verlag, Frankfurt am Main, 2005.

Horster, Detlef: Jürgen Habermas zur Einführung, Junius Verlag, Hamburg, 1999.

Hufnagel, Erwin: Einführung in die Hermeneutik, Gardez Verlag, St. Augustin, 2000.

Kager, Reinhard: Herrschaft und Versöhnung—Einführung in das Denken Theodor W. Adornos, Campus Verlag, Frankfurt am Main, 1988.

Knapp, Gerhard P.: Theodor W. Adorno, Colloquium Verlag, Berlin, 1980.

Kohler, Georg / Müller-Doohm, Stefan: Wozu Adorno? —Beiträge zur Kritik zum Fortbastand einer Schlüsseltheorie des 20. Jahrhunderts, Vilbrück Wissenschaft Verlag, Weilerswist, 2008.

Krämer, Hans, Kritik der Hermeneutik—Interpretationsphilosophie und Realismus, C. H. Beck Verlag, München, 2007.

Krüger, Hans-Peter: Kritik der kommunikativen Vernunft, Akademie Verlag, Berlin, 1990.

Müller, Ulrich: Theodou W. Adornos "Negative Dialektik", Wissenschaftliche Buchgesellschaft, Darmstadt, 2006.

Naeher, Jürgen: Die Negative Dialektik Adornos, Leske Verlag, Opladen, 1984.

Nassen, Ulrich (herg.): Texthermeneutik—Aktualität, Geschichte, Kritik, Schöningh Verlag, München, 1979.

Ries Wiebrecht: Hans-Georg Gadamers "Wahrheit und Methode", WBG Verlag, Darmstadt, 2009.

Ricoeur, Paul: Interpretation, Suhrkamp Verlag, Frankfurt am Main 1969.

Roderick, Rich: Habermas und das Problem der Rationalität, Argumen Verlag, Hamburg, 1989.

Rush, Fred (ed.): Critical Theory, Cambridge University Press, 2004.

Schelsky, Helmut: Die Hoffnung Blochs, Ernst Klett Verlag, Stuttgart, 1979.

Schmidt, Alfred: Zur Idee der Kritischen Theorie, Carl Hanser Verlag, München, 1974.

Scholz, Gunter: Ethik und Hermaneutik, Suhrkamp Verlag, Frankfurt am Main, 1995.

Schreiter, Jörg: Hermeneutik—Wahrheit und Verstehen, Akademie Verlag, Berlin, 1988.

Schweppenhäuser, Gerhard: Theodor W. Adorno zur Einführung, Junius Verlag, Hamburg, 2008.

Silverman, Hugh J.: Textualitäten— Zwischen Hermeneutik und Destruktion, Turia + Kant Verlag, Wien, 1997.

Simon, Josef (herg.): Distanz im Verstehen, Suhrkamp Verlag, Frankfurt am Main, 1975.

Szondi, Peter: Eibführung in die literalische Hermaneutik, Suhrkamp Verlag, Frankfurt am Main, 1975.

Tietz, Udo: Hans-Geirg Gadamer zur Einführung, Junius Verlag, Hamburg, 1999.

Vetter, Helmuth, Philosophische Hermeneutik— unterwegs zu Heidegger und Gadamer, Peter Lang Verlag, Frankfurt am Main, 2007.

Von Friedeburg, Ludwig/Habermas Jürgen (herg.): Adorno-Konferenz, Suhrkamp Verlag, Frankfurt am Main, 1983.

Waldenfels, Bernhard/Broekman, Jan M./Pazanin, Ante (herg.): Phänomenologie und Marxismus, Bd. I Konzepte und Methoden, Bd. II Praktische Philosophie, Bd. III Sozialphilosophie, Suhrkamp Verlag, Frankfurt am Main, 1977, 1978.

Wernet, Andereas: Einführung in die Interpretationstechnik der objektiven Hermeneutik, Laske + Budrich Verlag, Opladen, 2000.

Winter, Rainer / Zima, Peter V. (herg.): Krittische Theorie Heute, Transcript Verlag, Bielefeld, 2007.

Wischke, Mirko / Hofer, Michael (herg.): Gadamer verstehen, WBG Verlag, Darmstadt, 2003.

Von Wright, Georg Henrik: Erklären und Verstehen, Athenäum Verlag, Königstein/Ts, 1984

Theorie-Diskussion: Hermeneutik und Ideologiekritik, Suhrkamp Verlag, Frankfurt am Main, 1971.

Hamburger Adorno-Symposion, Dietrich zu Klampen Verlag, Lüneburg, 1984.

中文参考文献

马克斯·霍克海默尔：《批判理论》，李小兵等译，重庆出版社1989年版。

曹卫东（编）：《霍克海默集》，渠东、付德根等译，上海远东出版社2004年版。

马克斯·霍克海默、西奥多·阿多诺：《启蒙的辩证法》，渠敬东、曹卫东译，世纪出版集团、上海人民出版社2005年版。

泰·威·阿多诺：《克尔凯郭尔：审美对象的建构》，李理译，人民出版社2008年版。

泰·威·阿多诺：《道德哲学的问题》，谢地坤、王彤译，人民出版社2007年版。

西奥多·阿多诺：《否定的辩证法》，张峰译，重庆出版社1993年版。

弗雷德里克·杰姆逊：《晚期马克思主义——阿多诺，或辩证法的韧性》，李永红译，南京大学出版社2008年版。

洛伦茨·耶格尔：《阿多诺：一部政治传记》，陈晓春译，上海人民出版社2007年版。

细见和之：《阿多诺——非同一性哲学》，谢海静、李浩原译，卞崇道校，河北教育出版社2002年版。

张一兵：《无调式的辩证想象》，三联书店2001年版。

孙斌：《守护星空的星座——美学问题史中的阿多诺》，复旦大学出版社2004年版。

孙利军：《作为真理性内容的艺术作品——阿多诺审美及文化理论研究》，湖南大学出版社2005年版。

谢永康：《形而上学的批判与拯救——阿多诺否定辩证法的逻辑和影响》，江苏人民出版社 2008 年版。

瓦尔特·本雅明：《单行道》，王才勇译，凤凰传媒集团、江苏人民出版社 2006 年版。

瓦尔特·本雅明：《启迪》，汉娜·阿伦特编，张旭东、王斑译，三联书店 2008 年版。

瓦尔特·本雅明：《发达资本主义时代的抒情诗人》，张旭东、魏文生译，张旭东校，三联书店 1989 年版。

特里·伊格尔顿：《沃尔特·本雅明——或走向革命批评》，郭国良、陆汉臻译，译林出版社 2005 年版。

理查德·沃林：《瓦尔特·本雅明——救赎美学》，吴勇立、张亮译，凤凰传媒集团、江苏人民出版社 2008 年版。

郭军、曹雷雨（编）：《论瓦尔特·本雅明——现代性、寓言和语言的种子》，吉林人民出版社 2003 年版。

于闽梅：《灵韵与救赎——本雅明思想研究》，文化艺术出版社 2008 年版。

赫伯特·马尔库塞：《爱欲与文明》，黄勇、薛民译，上海译文出版社 1987 年版。

赫伯特·马尔库塞：《单向度的人》，刘继译，上海译文出版社 1989 年版。

范晓丽：《马尔库塞——批判的理性与新感性思想研究》，人民出版社 2007 年版。

卡尔-奥托·阿佩尔：《哲学的改造》，孙周兴、陆兴华译，上海译文出版社 2005 年版。

阿尔布莱希特·韦尔默：《后形而上学现代性》，应奇、罗亚玲译，上海译文出版社 2007 年版。

于尔根·哈贝马斯：《现代性的哲学话语》，曹卫东译，译林出版社 2004 年版。

于尔根·哈贝马斯：《包容他者》，曹卫东译，上海人民出版社 2002 年版。

于尔根·哈贝马斯：《后民族结构》，曹卫东译，上海人民出版社 2002 年版。

于尔根·哈贝马斯：《后形而上学思想》，曹卫东译，译林出版社 2001 年版。

于尔根·哈贝马斯：《哈贝马斯精粹》，曹卫东译，南京大学出版社 2004 年版。

于尔根·哈贝马斯：《交往行为理论》第一卷，曹卫东译，上海人民出版社 2004 年版。

于尔根·哈贝马斯：《交往行动理论》第二卷，洪佩郁、蔺青译，重庆出版社 1994 年版。

于尔根·哈贝马斯：《在事实与规范之间》，童世骏译，三联书店 2004 年版。

于尔根·哈贝马斯：《重建历史唯物主义》，郭官义译，社会科学文献出版社 2000 年版。

于尔根·哈贝马斯：《理论与实践》，郭官义、李黎译，社会科学文献出版社 2004 年版。

于尔根·哈贝马斯：《作为"意识形态"的技术与科学》，郭官义、李黎译，学林出版社 1999 年版。

于尔根·哈贝马斯：《交往与社会进化》，张博树译，重庆出版社 1989 年版。

托马斯·麦卡锡：《哈贝马斯的批判理论》，王江涛译，华东师范大学出版社 2010 年版。

莱斯利·A. 豪：《哈贝马斯》，陈志刚译，曹卫东校，中华书局 2002 年版。

弗拉克：《理解的界限——利奥丁与哈贝马斯的精神对话》，先刚译，华夏出版社 2003 年版。

陈学明：《哈贝马斯的"晚期资本主义"论述评》，重庆出版社 1993 年版。

汪行福：《通向民主话语之路——与哈贝马斯对话》，四川人民出版社 2002 年版。

王晓升：《哈贝马斯的现代性社会理论》，社会科学文献出版社 2006 年版。

童世骏：《批判与实践——评哈贝马斯的批判理论》，三联书店 2007 年版。

李淑梅、马俊峰：《哈贝马斯以兴趣为导向的认识论》，中国社会科学出版社 2007 年版。

韩红：《交往的合理化与现代性的重建——哈贝马斯交往行动理论的深层解读》，人民出版社 2005 年版。

郑晓松：《技术与合理化——哈贝马斯技术哲学研究》，齐鲁书社 2007 年版。

曹卫东：《曹卫东讲哈贝马斯》，北京大学出版社 2006 年版。

阿克塞尔·霍耐特：《为承认而斗争》，胡继华译，曹卫东校，上海人民出版社 2005 年版。

王凤才：《蔑视与反抗》，重庆出版社 2008 年版。

路易·阿尔都塞：《保卫马克思》，顾良译，商务印书馆 2006 年版。

路易·阿尔都塞：《黑格尔的幽灵——政治哲学论文集》，唐正东、吴静译，南京大学出版社 2005 年版。

陈越（编）：《哲学与政治——阿尔都塞读本》，吉林人民出版社 2003 年版。

张一兵：《问题式、症候阅读与意识形态——关于阿尔都塞的一种文本学解读》，中央编译出版社 2003 年版。

朱晓慧：《哲学是革命的武器——阿尔都塞意识形态理论研究》，学林出版社 2007 年版。

路易·阿尔都塞、埃蒂安·巴里巴尔：《读〈资本论〉》，李其庆、冯文光译，中央编译出版社 2001 年版。

埃蒂安·巴里巴尔：《马克思的哲学》，王吉会译，中国人民大学出版社 2007 年版。

卡尔·曼海姆：《意识形态和乌托邦》，艾颜译，华夏出版社 2001 年版。

乔治·拉兰：《意识形态与文化身份：现代性和第三世界的在场》，戴从容译，上海教育出版社 2005 年版。

安东尼·吉登斯：《现代性的后果》，田禾译，黄平校，译林出版社 2000 年版。

安东尼·卡斯卡迪：《启蒙的结果》，严忠志译，商务印书馆 2006 年版。

大卫·库尔珀：《纯粹现代性批判——黑格尔、黑格尔及其以后》，臧佩洪译，商务印书馆 2004 年版。

沃尔夫冈·韦尔德：《我们的后现代的现代》，洪天富译，商务印书馆 2004

年版。

彼得·奥斯本：《时间的政治——现代性与先锋》，王志宏译，商务印书馆2004年版。

克劳斯·黑尔德：《世界现象学》，孙周兴编，倪梁康、孙周兴、靳希平、罗丽君、吴俊业、梁宝珊译，三联书店2003年版。

马丁·海德格尔：《存在与时间》，陈嘉映、熊伟合译，熊伟校，陈嘉映修订，三联书店2006年版。

马丁·海德格尔：《现象学之基本问题》，丁耘译，上海译文出版社2008年版。

马丁·海德格尔：《林中路》，孙周兴译，上海译文出版社2004年版。

马丁·海德格尔：《形而上学导论》，熊伟、王庆节译，商务印书馆1996年版。

马丁·海德格尔：《面向思的事情》陈小文、孙周兴译，商务印书馆1999年版。

马丁·海德格尔：《路标》，孙周兴译，商务印书馆2000年版。

马丁·海德格尔：《在通向语言的途中》，孙周兴译，商务印书馆2005年版。

马丁·海德格尔：《思的经验》，陈春文译，人民出版社2008年版。

马丁·海德格尔：《存在论：实际性的解释学》，何卫平译，人民出版社2009年版。

孙周兴（编）：《海德格尔选集》上海三联书店1996年版。

S. 马尔霍尔：《海德格尔与〈存在与时间〉》，亓校盛译，广西师范大学出版社2007年版。

张祥龙：《海德格尔与中国天道》，三联书店2007年版。

汉斯-格奥尔格·伽达默尔：《真理与方法》上、下卷，洪汉鼎译，上海译文出版社2004年版。

汉斯-格奥尔格·伽达默尔：《哲学解释学》，夏镇平、宋建平译，上海译文出版社2004年版。

《伽达默尔集》，严平编选、邓安庆等译，上海远东出版社2003年版。

《理解与解释——诠释学经典文选》，洪汉鼎主编，东方出版社2006年版。

乔治娅·沃恩克：《伽达默尔——诠释学、传统和理性》，洪汉鼎译，商务印书馆2009年版。

帕特里夏·奥坦伯德·约翰逊：《伽达默尔》，何卫平译，中华书局2003年版。

乌多·迪茨：《伽达默尔》，朱毅译，中国人民大学出版社2010年版。

洪汉鼎：《理解的真理》，山东人民出版社2001年版。

严平：《走向解释学的真理》，东方出版社1998年版。

何卫平：《通向解释学辩证法之途》，上海三联书店2002年版。

保罗·利科：《解释的冲突——解释学文集》，莫伟民译，商务印书馆2008年版。

保罗·利科：《活的隐喻》，汪堂家译，上海译文出版社2004年版。

保罗·利科：《历史与真理》，姜志辉译，上海译文出版社2004年版。

罗兰·巴特：《文之悦》，屠友祥译，上海人民出版社2009年版。

罗兰·巴特：《恋人絮语——一个解构主义的文本》，汪耀进、武佩荣译，上海人民出版社2009年版。

蒙甘：《从文本到行动》，刘自强译，北京大学出版社1999年版。

铃村和成：《巴特——文本的愉悦》，河北教育出版社2001年版。

雅各·德里达：《书写与差异》张宁译，三联书店2001年版。

雅各·德里达：《多义的记忆》，蒋梓骅译，中央编译出版社1999年版。

斯蒂芬·哈恩：《德里达》，吴琼译，中华书局2003年版。

肖锦龙：《德里达的解构理论思想性质论》，中国社会科学出版社2004年版。

方向红：《生成与解构——德里达早期现象学批判疏论》，南京大学出版社2006年版。

朱刚：《本原与延异——德里达对本原形而上学的解构》，上海人民出版社2006年版。

李振：《解构与解构的马克思主义》，上海人民出版社2004年版。

叶秀山：《无尽的学与思——叶秀山哲学论文集》，云南大学出版社1995

年版。

叶秀山:《中西智慧的贯通》,江苏人民出版社2002年版。

王峰:《意义诠释与未来时间维度——探索一种意义诠释学》,上海人民出版社2007年版。

张震:《理解的真理及其限度——西方现代诠释学的艺术哲学向度的考察与批判》(华东师范大学2006届研究生博士学位论文)。

图书在版编目(CIP)数据

批判与解释 / 鲁路著. —北京：中央编译出版社，2014.7
ISBN 978-7-5117-2200-3

Ⅰ. ①批… Ⅱ. ①鲁… Ⅲ. ①哲学-研究-德国 Ⅳ. ①B516

中国版本图书馆 CIP 数据核字(2014)第 112459 号

批判与解释

出 版 人	刘明清
出版统筹	董　巍
责任编辑	王丽芳
责任印制	尹　珺
出版发行	中央编译出版社
地　　址	北京西城区车公庄大街乙 5 号鸿儒大厦 B 座(100044)
电　　话	(010)52612345(总编室)　(010)52612349(编辑室) (010)52612316(发行部)　(010)52612315(网络销售) (010)52612346(馆配部)　(010)66509618(读者服务部)
传　　真	(010)66515838
经　　销	全国新华书店
印　　刷	北京中兴印刷有限公司
开　　本	787 毫米×1092 毫米　1/16
字　　数	209 千字
印　　张	13.25
版　　次	2014 年 7 月第 1 版第 1 次印刷
定　　价	68.00 元

网　　址	www.cctphome.com　　邮　箱：cctp@cctphome.com
新浪微博	@中央编译出版社　　微　信：中央编译出版社(ID：cctphome)
淘宝店铺	中央编译出版社直销店(http://shop108367160.taobao.com/)

本社常年法律顾问：北京市吴栾赵阎律师事务所律师　闫军　梁勤
凡有印装质量问题,本社负责调换,电话：(010)66509618